W0071150

**Gerti Samel**

*Die sieben Gesetze des Glücks*

Gerti Samel

# *Die sieben Gesetze des Glücks*

**Die tibetische Typenlehre
für Liebe und Beruf**

Wunderlich

1. Auflage Januar 2002
Copyright © 2002 by Rowohlt Verlag GmbH,
Reinbek bei Hamburg
Alle Rechte vorbehalten
Illustrationen im Innenteil © 2002 by Thomas Andrae
Umschlaggestaltung Susanne Müller
Coverfotos © 2002 by Sonja Schäfer
Satz aus der Berkeley und Rotis PostScript
QuarkXPress 4.1
Gesamtherstellung Clausen & Bosse, Leck
Printed in Germany
ISBN 3 8052 0719 0

Die Schreibweise entspricht den Regeln
der neuen Rechtschreibung.

# Inhalt

# Vorwort

Als ich «Die sieben Tibeterinnen – Das Geheimnis der Lebenslust» schrieb, stand für mich bereits fest: Es wäre schade, es dabei zu belassen. Zu viele Fragen waren offen geblieben, zu viele Bereiche nur angeschnitten. Kurzum, es gab noch einiges zu sagen.

Heute freue ich mich, Ihnen den Folgetitel zu den «Sieben Tibeterinnen» vorlegen zu dürfen: «Die Sieben Gesetze des Glücks», ein Ratgeber über die Geheimnisse menschlicher Beziehungen. Er ist dem Bereich unseres Lebens gewidmet, der ganz besonders über Glück oder Unglück entscheidet. Es geht um unser Verhältnis zu den Menschen, mit denen wir tagtäglich zu tun haben, um die Gefühle und Emotionen, die sie bei uns auslösen, um Sympathie und Antipathie, um das, was uns verbindet oder trennt.

Aber es geht auch um uns selbst, um unseren persönlichen Weg zu innerer Zufriedenheit. Nach Gesprächen und Diskussionen mit meinen tibetischen Lehrern ist es mir gelungen, die viele Jahrhunderte alte buddhistische Typenlehre so zu interpretieren, dass Sie, liebe Leserin und lieber Leser, sehr viel Neues über sich erfahren. Mit diesem Buch wird es erstmals möglich, das alte Wissen der Tibeter konkret im westlichen Beziehungsalltag umzusetzen. Eine ganz neue Ost-West-Transaktion also, die Ihr Verhältnis zu sich und zu den anderen verbessern wird. Finden Sie nun heraus, welches der Sieben Gesetze des Glücks für Sie persönlich gilt. Beantworten Sie die 100 Fragen im Anhang des Buches, um herauszufinden, welcher Typ Sie sind. Sobald Sie wissen, welche Energien und Elemente Ihr Naturell bestimmen, wird es Ihnen ähnlich ergehen wie mir. Sie werden Ihre Vorlieben verstehen und Ihre Schwächen akzeptieren. Und mit den Menschen, mit denen Sie zusammen sind, kommen Sie besser zurecht. Denn Sie betrachten alle nun plötzlich in einem neuen Licht: Der Chef, der Partner, die Freundin, die Mutter, das eigene Kind – alle reagieren einfach nur typisch!

Ich wünsche Ihnen viel Glück!

Gerti Samel

## Danksagung

Allen, die zur Entstehung dieses Buches beigetragen haben, sei hier mein Dank ausgesprochen. Allen voran Dr. Namgyal Qusar, der mir half, mein Verständnis für die tibetische Konstitutionslehre zu vertiefen. Auch Dr. Kalsang Shak danke ich für seine Basisarbeit an der Checkliste, ebenso all den Menschen, die mir erlaubten, ihr Leben und ihre Beziehungen als Fallbeispiel zu beschreiben.

Für seine Solidarität und praktische Unterstützung danke ich Manfred, für seine Liebe und seine Art, mich zu fordern, meinem Sohn Benedict. Und ich danke Walter für seine wohltuende Energie.

# Kapitel I

# Sieben Wege zum Glück – einer davon ist Ihrer

Wissen Sie, was Sie glücklich macht? Was immer Sie bisher darüber gedacht haben – in diesem Buch werden Sie eine neue Antwort finden. Lassen Sie sich von den alten tibetischen Weisheiten inspirieren, die vor rund 1300 Jahren in den Klöstern auf dem Dach der Welt entstanden. Die Sieben Gesetze des Glücks weihen Sie in die Geheimnisse menschlicher Beziehungen aus der Sicht der buddhistischen Lebensphilosophie ein. Die Tibeter erkannten schon vor langer Zeit, dass der Weg zum Glück sehr individuell ist und dass wir alle unserem Naturell entsprechend leben und lieben müssen.

Diese Typenlehre erklärt Ihnen die psychologischen Strukturen Ihrer Freunde, Kollegen und Partner vor ganz neuem Hintergrund. Manches davon erscheint Ihnen vielleicht vertraut, manches wird Sie verblüffen. Auf jeden Fall werden Sie Ihre Vorstellungen von Glück ganz neu definieren. Und das Beste: Sie können Ihre neuen Erkenntnisse sofort umsetzen. Denn was Sie hier erfahren, ist hundertprozentig praxisbezogen. Es taugt für Ihr Leben hier und jetzt.

## Buddhismus im westlichen Alltag

Auf den folgenden Seiten lernen Sie

O was Sie persönlich zufrieden, erfolgreich, selbstbewusst macht

O welche Art von Beziehung Sie mit verschiedenen Lebenspartnern erwartet

O mit wem Sie besonders glücklich werden

O wie Sie im Beruf mit den anderen Persönlichkeitstypen harmonieren

○ wie Sie Ihr Bewusstsein schulen können, um sich weiterzuentwickeln.

Die Sieben Gesetze des Glücks entsprechen den sieben Persönlichkeiten der tibetischen Harmonielehre. Wenn Sie nicht wissen, welcher Typ Sie sind, machen Sie bitte zunächst den 100-Fragen-Checktest im Anhang auf Seite 260. Anschließend lesen Sie das Kapitel, das Ihrem Typ gewidmet ist.

## Gesund sein heißt im Gleichgewicht sein

Die vorliegende Typologie ist ein wichtiger Teil der tibetischen Medizin, die oft als «Juwel des Buddhismus» bezeichnet wird. Diese sehr differenzierte Heilkunst behandelt und heilt Krankheiten auf der Basis eines umfassenden ganzheitlichen Verständnisses von Körper, Geist und Seele. In erster Linie versteht sie sich jedoch als Gesundheitslehre, die den Menschen Wege zeigt, sich typgerecht zu ernähren und zu verhalten. Gesundheit bedeutet für die Tibeter aber viel mehr als nur das Fehlen von Krankheitssymptomen. Sie bezieht den Menschen in seiner gesamten Umwelt mit ein – also auch sein Verhalten, sein soziales Umfeld, seine Lebensbedingungen, ja sogar seine Gedanken, seine Überzeugungen und seine Lebenseinstellung. Dieses Denken in großen Zusammenhängen hat die westliche Medizin erst vor knapp 50 Jahren wieder entdeckt. Gewusst haben wir es aber eigentlich schon immer: Was wir denken und fühlen, wie wir agieren und reagieren, all das bestimmt unsere Beziehungen zu Partnern und Kollegen, zu unseren Kindern, Freunden und Verwandten. Und letztlich bestimmt es unseren Umgang mit der gesamten lebenden Natur.

## Jeder hat eine Lebensaufgabe

Die Tibeter sind davon überzeugt, dass jeder von uns in seinem Leben bestimmte Aufgaben zu bewältigen hat. Je besser uns dies gelingt, desto harmonischer gestaltet sich unser

Leben. Wir fühlen uns ausgeglichen und strahlen positive Energie aus, wir finden befriedigende Lösungen für unsere privaten und beruflichen Probleme.

Um all das leisten zu können, müssen wir jedoch an unserer Persönlichkeit arbeiten. Ungeformt und unscheinbar, wie ein Edelstein, kommen wir auf die Welt. Und wie einen Diamanten müssen wir unsere Persönlichkeit so lange bearbeiten, bis sie ihren vollkommenen Schliff hat und wie ein Brillant glänzen kann. Je mehr wir an ihr feilen, je mehr Facetten unseres Selbst wir entwickeln, desto reicher und lebendiger fühlen wir uns. Aus dieser Arbeit am Bewusstsein besteht für den Buddhisten das menschliche Glück.

## Fünf Elemente und drei Energien ergeben sieben Typen

Die gesamte Natur, also Menschen und Tiere, Pflanzen und Mineralien, auch die Luft, die wir atmen, und das gesamte Universum, ist nach tibetischem Verständnis aus fünf Elementen zusammengesetzt.

Diese Elemente sind

Raum

Luft

Feuer

Wasser

Erde

Darüber hinaus gibt es drei Wirkprinzipien. Sie wirken überall in der Natur und prägen auch das Aussehen und die persönliche Struktur aller Menschen.

Diese Energien heißen

Lung

Tripa

Bäken

## Lung – das Prinzip des Geistes und der Bewegung

Das Lung-Prinzip steht für die beseelende Lebensenergie. Es koordiniert alle geistigen und körperlichen Aktivitäten und steuert die Wechselwirkung von Bewusstsein und Unterbewusstsein im zentralen Nervensystem. Dem Lung-Prinzip ist alles Bewegliche zugeordnet. Im menschlichen Körper steuert es sämtliche Bewegungen – vom Bewegungsapparat über körperliche und geistige Reaktionen bis hin zu Atmung, Pulsschlag und Darmperistaltik. Auch die psychosomatischen Vorgänge im Körper, bei denen Gefühle körperliche Reaktionen auslösen, werden vom Lung-Prinzip regiert.

Wenn die Lung-Energie im Körper harmonisch fließen kann, ist der Geist klar und beweglich, man fühlt sich heiter gestimmt und inspiriert.

Ist die Energie aber gestört, kommt es zu geistigen Irritationen und in der Folge zu psychosomatischen Störungen.

## Tripa – die Kraft des Temperaments

Das Tripa-Prinzip symbolisiert alles Heiße und Dynamische. Unter den Körperfunktionen steuert diese Energie die Verbrennungsvorgänge des Stoffwechsels und die gesamte Verdauung, sie regelt die Körpertemperatur und ist etwa für Schweißausscheidung und für Fieber verantwortlich, aber auch für Hunger und Durst. Auf der psychischen Ebene sorgt Tripa für Temperament und Vitalität, für einen starken Willen, Mut und Durchsetzungskraft. Störungen dieser Energie machen den Menschen gereizt und aggressiv, tyrannisch und herrschsüchtig.

## Bäken – die Ruhe selbst

Bäken symbolisiert alles Flüssige und Schwere. Im menschlichen Körper steuert Bäken alle wässrigen und feuchten Anteile, etwa den Wasserhaushalt, die Körpersekrete, die Elastizität des Gewebes und aller Schleimhäute, auch die der

Atemorgane und des Darms. Es regiert zudem das Körpergewicht und die allgemeine Stabilität des Körpers. Auf geistiger Ebene sorgt Bäken für Charakterfestigkeit, für Frieden und Ruhe. Wenn diese Energie nicht harmonisch fließen kann, entstehen Störungen wie etwa körperliche Trägheit, Übergewicht und geistige Schwerfälligkeit.

Die fünf Elemente und die drei Energien sind über ein System miteinander verbunden, das den fünf Elementen die drei Energien zuordnet. Auch die tibetische Typologie funktioniert nach dieser Zuordnung. Daraus ergeben sich folgende Zusammenhänge:

**Raum und Luft**: beweglich, schnell, sensibel – **Lung**
**Feuer**: aktiv, offensiv, energisch – **Tripa**
**Wasser und Erde**: ruhig, schwer, stabil – **Bäken**

## Drei Grund- und vier Mischtypen

Den drei Energien entsprechen in der Persönlichkeitslehre der Grundtyp Lung, der Grundtyp Tripa und der Grundtyp Bäken. Menschen dieses Typs werden zu über 60 Prozent von ihrer Hauptenergie bestimmt.

Darüber hinaus gibt es drei Mischtypen, in denen zwei Energien in etwa gleichberechtigt vorherrschen: Lung-Tripa, Lung-Bäken und Tripa-Bäken.

Im siebten Mischtyp sind alle drei Energien gleichmäßig ausgeprägt. Das ist der Typ Lung-Tripa-Bäken.

Um diese sieben Typen ein wenig anschaulicher und greifbarer darzustellen, haben sie in diesem Buch neue Namen erhalten. Sie sind Symbolfiguren, die die tibetische Konstitutionslehre illustrieren sollen.

- Der sensible, bewegliche Lung-Typ ist der *Elfentyp*
- Der dominante, aktive Tripa-Typ ist *die Königsnatur*
- Der stabile, ruhige Bäken-Typ heißt hier *die Friedliche Persönlichkeit*

- Der sensible und dynamische Lung-Tripa-Typ ist *die Impulsive Persönlichkeit*
- Der ruhige und sensible Lung-Bäken-Typ ist *die Nachdenkliche Natur*
- Der energische und stabile Tripa-Bäken-Typ ist *der Souveräne Charakter*
- Der sensible, aktive und stabile Lung-Tripa-Bäken-Typ ist *der Glückliche Typ.*

Nur etwa zwanzig Prozent aller Menschen entsprechen einem der drei Grundtypen.

Etwa siebzig Prozent sind dagegen ein Mischtyp aus zwei dominierenden Energien.

Lediglich bei etwa zehn Prozent sind alle drei Energien gleichmäßig verteilt.

Dieser Lung-Tripa-Bäken-Typ, *der Glückliche*, ist vom Schicksal besonders begünstigt, denn er entspricht dem tibetischen Ideal der Harmonie. Die Tibeter verstehen Harmonie als einen Zustand, in dem alle Elemente und Energien gleich stark vorhanden sind. Umgekehrt beschreiben sie Disharmonie als ein Ungleichgewicht der Elemente und Energien. Um dieses auszugleichen, gilt es, die unterrepräsentierten Energien zu verstärken und die dominierenden Energien abzumildern. Das ist durchaus möglich und gar kein Kunststück, wenn man weiß, wie es geht.

## Ein Wegweiser aus dem Beziehungsdschungel

In diesem Buch erhalten Sie sehr genaue Hinweise dazu, wie Sie die unterschiedlichen Energien in Ihrer Persönlichkeit regulieren und ausgleichen können. Sie finden detaillierte Hinweise, konkrete Verhaltensvorschläge und Übungen, um Ihr Temperament ins Gleichgewicht zu bringen und sich insgesamt wohler zu fühlen. Gleichzeitig wird Ihnen die Arbeit an Ihrem Ich helfen, Ihre Beziehungen zu anderen zu verbessern.

Für jeden von uns gibt es bestimmte Menschen, mit denen wir immer wieder aneinander geraten! Das sind meist genau die Typen, mit denen wir gar nicht harmonieren. Spannungen und Streit sind hier vorprogrammiert. Doch das Leben zwingt uns, auch mit Menschen auszukommen, die vollkommen anders «ticken» als wir selbst. Im Job müssen wir mit Kollegen, Chefs und Untergebenen zusammenarbeiten – egal, ob uns ihre Persönlichkeiten liegen oder nicht. Die tibetische Typenlehre zeigt, wie wir uns in Konfliktsituationen mit anderen richtig verhalten. Sie sagt uns aber auch, mit welchen Kollegen oder Geschäftspartnern wir erfolgreich an einem Strang ziehen können.

Konkrete Antworten erhalten wir auch auf die Frage aller Fragen, die uns immer wieder neu beschäftigt: Welcher Mann/welche Frau passt zu mir? Mit Hilfe dieses Buchs können Sie Ihren Traumpartner identifizieren. Sie erfahren, wie der Mensch gestrickt ist, der Sie glücklich macht.

Wenn Sie bereits liiert sind, finden Sie hier Mittel und Wege, Ihren Partner wirklich zu erkennen und Ihre Beziehung zu erhalten und zu verbessern. Sie können konstruktivere Umgangsformen erproben und Ihrer Partnerschaft so vielleicht eine ganz neue Richtung geben.

**Wer passt zu wem?**
Alle 28 möglichen Typenkombinationen werden in diesem Buch beschrieben, viele davon anhand von Fallbeispielen. Jeden Menschen, mit dem Sie zu tun haben (oder mit dem Sie gerne zu tun haben würden), können Sie so zu sich in Beziehung zu setzen: Wie komme ich mit seinen Stärken und Schwächen zurecht, wo können Konfliktpunkte entstehen, haben wir ähnliche Ansichten – und sind wir uns überhaupt sympathisch?

Beim Lesen wird Ihnen vielleicht auffallen, dass manche Persönlichkeitskombinationen in längerer Form, andere kürzer abgehandelt werden. Das hat seinen Grund:

Es gibt Naturelle, die nicht besonders gut zusammenpassen, und daran ist nicht zu rütteln. Vor allem die drei Grundtypen (also Elfenpersönlichkeit, Königsnatur und friedlicher Charakter) sind so extrem unterschiedlich strukturiert, dass sie eigentlich gar keine gemeinsamen Interessen oder Bedürfnisse haben. Hier bestehen also wenig Überschneidungen, und die Chancen, dass es zu einer gut funktionierenden Lebensgemeinschaft kommt, sind sehr gering. Sollten Sie selbst ein Grundtyp sein, der mit einem anderen Grundtyp in eine engere Beziehung tritt, ist nur so viel zu sagen: Akzeptieren Sie Ihre elementare Unterschiedlichkeit und betrachten Sie sich gegenseitig als Herausforderung in Sachen Toleranz!

## Mischtypen kommen häufig vor

Mehr Platz wurde den Beziehungen zwischen den Mischtypen eingeräumt, bei denen zwei Energien dominieren (der Impulsive, der Nachdenkliche und der Souveräne Typ). Einer gemischten Persönlichkeitsstruktur gehören immerhin 70 Prozent aller Menschen an. In solchen Partnerschaften sind die Energieverhältnisse fließender, es gibt mehr Schattierungen und damit auch mehr Möglichkeiten, gemeinsam an einer Aufgabe zu wachsen. Insgesamt stehen die Chancen, dass eine Beziehung zwischen zwei Mischtypen gelingt, recht gut. Hier geht es darum, die Harmoniefallen rechtzeitig zu erkennen und sie möglichst zu vermeiden.

Allerdings gilt auch hier: Die Qualität einer Beziehung ist immer nur so gut wie die Bereitschaft beider Partner, voneinander zu lernen.

Die tibetische Harmonielehre ist übrigens der Ansicht, dass unter den Mischtypen gleich geartete Persönlichkeiten am besten zueinander passen: Gehören Mann und Frau also beide dem Impulsiven, Nachdenklichen oder Souveränen Charakter an, stehen die Chancen für eine harmonische

Zweierbeziehung oder auch für eine erfolgreiche berufliche Zusammenarbeit besonders gut. Der Grund: Es kommt zu weniger Missverständnissen, weil sich die seelischen Strukturen sehr ähneln und man auf die gleiche Art Probleme bewältigt. Es braucht also keine langen Diskussionen, Vereinbarungen oder Konsenspapiere: Die Meinung ist von vornherein die gleiche, man fühlt sich verstanden.

Zwischen Liebespaaren kann diese Art von Partnerschaft allerdings auch Nachteile haben. Ist die Vertrautheit zu groß, fühlt man sich mit der Zeit wie Bruder und Schwester, worunter unter Umständen die erotische Spannung leidet.

## Auch gut: eine gemeinsame Energie

Nicht ganz so viel Nähe herrscht in Beziehungen zwischen Mischtypen, in denen nur eine der beiden Energien übereinstimmt – also zwischen dem Nachdenklichen und dem Souveränen Typ, dem Impulsiven und dem Nachdenklichen Typ und dem Impulsiven und dem Souveränen Typ. In diesen Verbindungen gibt es beides: Vertrautheit und Fremdheit.

Vertrautheit entsteht bei Themen, die durch die gemeinsame Energie beherrscht werden. Nehmen wir als Beispiel eine Beziehung zwischen einem Impulsiven (Lung-Tripa) und einem Souveränen Typ (Tripa-Bäken). Die gemeinsame Energie ist hier das vom Feuerelement beherrschte Tripaprinzip. Das bedeutet, dass beide Partner sehr erfolgsorientiert sind und sich gerne für eine Sache engagieren. Sie verfolgen ihre Ziele konsequent, nehmen Herausforderungen an, lieben Statussymbole, sind sportlich veranlagt, beteiligen sich aktiv am Leben und lieben sich mit Leidenschaft.

Spannung entsteht dagegen in Bereichen, in denen die unterschiedlichen Energien in den Vordergrund treten. Um bei unserem Beziehungsbeispiel zu bleiben: Hier besitzt der Impulsive Typ die luftige Lung-Energie, die der Souveräne nicht hat, und dessen erdige Bäken-Qualitäten wiederum fehlen dem anderen. Daraus entstehen ganz sicher Probleme. Im schlechtesten Fall kommt es zu Streit und zu innerer Distanz, im besten Fall wachsen die beiden Partner aneinander und lernen hinzu. Der Impulsive Typ etwa könnte begreifen, dass er genau die Ruhe und Stabilität braucht, die der Souveräne Typ ausstrahlt. Allerdings sollte er es nicht dabei belassen, diese Qualitäten beim anderen zu genießen, sondern sich darum bemühen, sie auch bei sich selbst zu entwickeln. Eine nicht ganz leichte Aufgabe, aber eine lohnende, die ihn persönlich reifen lässt. Die Aufgabe des Souveränen Partners wiederum besteht darin, etwas von der Sensibilität und Kreativität seines Impulsiven Gegenübers in sich zu integrieren. Alles in allem stehen und fallen die Chancen für eine befriedigende Beziehung mit der Fähigkeit, Spannungen und Differenzen zu bewältigen.

## Ändern Sie Ihre Beziehungen: heute!

Sobald Sie die Sieben Gesetze des Glücks kennen, können Sie schon damit beginnen, sie umzusetzen – auf der Stelle, mit jedem Menschen, der Ihnen begegnet. Am Anfang wird es Ihnen helfen, Ihrem Gegenüber die 100 Fragen im Anhang vorzulegen. Am besten kopieren Sie sie vorab für Ihre Freunde und Kollegen. So erfahren Sie neben der Typzugehörigkeit des anderen auch die genaue Verteilung seiner drei Energien. Das kann Ihnen enorm weiterhelfen!

Mit der Zeit und etwas mehr Erfahrung werden Sie jedoch feststellen, dass Sie den Typentest immer seltener brauchen. Die tibetische Typologie hilft Ihnen, den Charakter eines Menschen auch nach seiner Erscheinung und seinem Habitus einzuschätzen. So finden Sie sehr schnell heraus, mit welchem Typ Sie es zu tun haben. Mit der Zeit lernen Sie, die Menschen in neuem Licht wahrzunehmen. Sie werden ihnen mit Liebe und Verständnis begegnen und nicht mehr versuchen, sie zu ändern – Sie wissen, dass es bessere Wege gibt.

# Kapitel II

# Das Elfenwesen

**Grundtyp Lung**
**Elemente Luft und Raum**

## Wer sind Sie?

Das Prinzip Lung symbolisiert die Lebensenergie, den Geist und die Bewegung. Ihre Persönlichkeit wird den Elementen Luft und Raum zugeordnet. Sie verleihen Ihnen Leichtigkeit, Beweglichkeit und Spontaneität. Aber es gibt eine Kehrseite der Medaille: Was in der Luft liegt, bleibt oft vage und verflüchtigt sich schnell.

## Ihre Lebensaufgabe

Für Sie gilt es zu lernen, Ihre Kraft zu bündeln und zu erden. Dazu brauchen Sie die Qualitäten der Elemente Feuer und Erde: Feuer steht für Klarheit und zielgerichtete Energie, für Mut und Willensstärke. Erde symbolisiert alles Schwere und Stabile, aber auch Ruhe, Ausdauer und Durchhaltevermögen.

## Der Elfentyp auf einen Blick

Hier sind 25 Persönlichkeitsmerkmale des Elfentyps aufgelistet. Wie viele davon treffen auf Sie zu? Je mehr Übereinstimmungen es gibt, desto eindeutiger entsprechen Sie dem Elfentyp.

1. Ich bin empfindsam, oft übersensibel
2. Man sagt mir nach, ich sei ein sehr intuitiver Mensch
3. Ich bin kreativ begabt, kann gut schreiben/malen/musizieren/singen/tanzen
4. Ich bin ein großer Ästhet
5. Manchmal geht mein quirliges Temperament mit mir durch. Wenn ich gut gelaunt bin, kann ich ziemlich aufdrehen
6. Ich bin ein hoffnungsloser Idealist, aber viele meiner Visionen bleiben Luftschlösser
7. Ich rede gerne, schnell und viel – und am liebsten über mich
8. Ich besitze eine gute Auffassungsgabe und reagiere geistig und körperlich sehr schnell
9. Ich begeistere mich oft spontan für eine Idee, komme aber auch schnell wieder davon ab
10. Ich gelte als sehr einfühlsam und mitfühlend
11. Meine Schwachstelle sind die Nerven: In Krisen drehe

ich manchmal durch und bekomme Angstzustände
oder reagiere mit nervösen Beschwerden wie Herzrasen,
Panik, Durchfall oder Schlaflosigkeit

12. Manchmal bin ich euphorisch und voller Energie, dann
wieder völlig erschöpft, kraft- und mutlos

13. Mir fällt auf, dass ich weniger Energie und Durchhaltevermögen habe als andere

14. Ich bin sprunghaft. Meinungen und Entscheidungen
werfe ich um, sobald mir etwas anderes überzeugender
erscheint

15. Beim Einkaufen bin ich oft unschlüssig oder zu spontan
und muss vieles wieder umtauschen

16. Insgesamt bin ich wohl ziemlich chaotisch veranlagt

17. Wenn man mich ärgert, rege ich mich schnell auf, bin
aber nicht nachtragend

18. Manchmal verfalle ich in tiefes Grübeln und quäle mich
mit Sorgen, Ängsten und Nöten

19. Ich habe wenig feste Gewohnheiten. Ich esse und schlafe
zu sehr unterschiedlichen Zeiten

20. Mir fällt das Lernen leicht, aber ich vergesse das Gelernte
auch schnell wieder

21. Ich neige zur Übertreibung – bei mir wird leicht aus
einer Mücke ein Elefant

22. Es fällt mir schwer, Geld zu sparen. Wenn welches da ist,
gebe ich es sofort aus

23. Ich schließe leicht Freundschaften, habe aber keinen
konstanten Freundeskreis

24. Mein sexueller Appetit ist unterschiedlich – generell bin
ich leicht erregbar und sehr phantasievoll in der Liebe

25. Wärme ist für mich lebenswichtig, und zwar im doppelten Sinn: Ich taue bei warmen Temperaturen auf und
brauche auch viel menschliche Wärme

## So ist der Elfentyp

**Das Wesen von Elf und Elfe ist vielschichtig, lebendig und fragil. Um dieses Naturell zu verstehen, muss man sich eine Feder vorstellen.**

### Vom Winde verweht

Eine Feder hat etwas wunderbar Verspieltes. Jeder Lufthauch wirbelt sie in eine andere Richtung. Mal fliegt sie hoch in die Wolken, dann segelt sie wieder herab, lässt sich hierhin oder dahin treiben – je nachdem, wohin der Wind sie weht. Als hätte sie kein eigenes Ziel, reagiert die Feder nur auf äußere Impulse. Keiner weiß, wann, wie und ob dieses zarte Etwas überhaupt wieder auf der Erde landet.

### Ein haltloses Leichtgewicht

Als Elfentyp sind Sie wie eine Feder: Ihre Erscheinung ist fein, zart und biegsam, Ihr Wesen verspielt, lebendig und stets bereit abzuheben. Sie wirken auf andere immer wieder wechselhaft und unberechenbar: ein sensibler, dünnhäutiger Mensch mit ständig schwankendem Innenleben, der sich leicht aus der Fassung bringen lässt.

Ihr fein modelliertes Gesicht mit wachen, seelenvollen Augen und lebendiger Mimik zeugt von hoher Intelligenz. Und ebenso schnell wie Ihr brillanter Verstand sind Ihre Reaktionen. Auch Ihre Bewegungen sind rasch und manchmal abrupt. Ihre Gesten können wild und fahrig sein, Ihr Gang je nach Verfassung mal schwebend und tänzelnd wie der einer Ballerina, mal müde und von Gram gebeugt.

### Intuition und «Bauchgefühl»

Unter allen sieben Typen haben Sie den besten Draht zu übersinnlichen Sphären – jedenfalls verfügen Sie über eine starke Intuition und entscheiden vieles instinktsicher aus dem Bauch heraus. Nicht wenige Elfenmenschen besitzen den berühmten sechsten Sinn, mitunter ohne sich dessen bewusst zu sein. Viele sind medial veranlagt, hellseherisch begabt oder nutzen ihre Talente als Therapeut oder Heiler.

## Ein Elfentyp opfert vieles, aber nie seine Ideale

Eine Qualität, um die viele Sie beneiden, ist Ihr schier unerschöpflicher Ideenreichtum, der sich paart mit einer enormen Kreativität. Zu allen Zeiten der Geschichte waren es Menschen mit starkem Elfenanteil, die der Welt neue Impulse brachten. Menschen Ihres Typs sind Künstler, die mit sagenhaften Werken alle Konventionen sprengen, sie sind Idealisten, Philosophen und Visionäre, deren Ideen Maßstäbe setzen. Doch leider kommen diese Menschen nur selten aus eigener Kraft zu Ruhm und Reichtum: Sie können sich einfach nicht verkaufen. Und sie halten es kaum aus, im Rampenlicht zu stehen, denn dazu sind sie schlicht zu scheu.

Im Leben verstehen sich Elf und Elfe eher als graue Eminenz, die in zweiter Reihe die Fäden zieht. Sollten sie doch einmal berühmt werden, schicken sie ihre Agenten oder Stellvertreter auf die Bühne.

Unter den Elfen finden sich Lebenskünstler, Spinner und Esofreaks, Clowns und kreative Chaoten, die im Leben nur schwer Boden unter die Füße bekommen. Keine Frage, dass diese auf liebenswerte Art verrückten Charaktere äußerst anlehnungsbedürftig sind. Unter ihren Verehrern wecken sie jedenfalls starke Beschützerinstinkte.

## Menschen voller Esprit

Geht es ihnen gut, sprühen Elf und Elfe vor Ideen und Kreativität. Sie verbreiten Heiterkeit und Frohsinn, singen gerne und mit Inbrunst, können wunderbar tanzen, haben Freude an Geselligkeit und lachen viel – auch ohne nennenswerten Anlass.

Selbst wenn Sie als Elfennatur aus einfachen Verhältnissen

stammen und keine besondere Ausbildung genossen haben, werden Sie immer einen Sinn für die feinen Dinge des Lebens entwickeln. Sie interessieren sich für Kunst, Dichtung und Musik, meist auch für Religion und Philosophie. Da Sie ein Leben lang nach Antworten auf die großen Fragen des Lebens suchen, können Sie ein sehr kluger Kopf werden. Sie sind für geistige Arbeit prädestiniert und darin sehr leistungsfähig. Was Ihnen allerdings fehlt, ist der Sinn fürs Praktische.

## Sie lieben Diskussionen

Da Sie regen Anteil an Ihrer Umwelt nehmen und sich gerne austauschen, lieben Sie Diskussionen – vor allem natürlich über Ihre Lieblingsthemen, Philosophie, Kunst und das Leben als solches. Es darf dabei ruhig hoch hergehen: Kontroversen machen Auseinandersetzungen für Sie erst richtig spannend, auch wenn sie persönlich werden. Da Sie von Natur aus nicht nachtragend sind, können Sie sich ohne weiteres am Ende eines Streits mit Ihrem Kontrahenten an einen Tisch setzen und über sich selbst lachen – frei nach dem Motto «Was interessiert mich mein Geschwätz von gestern!».

Reden ist für Sie ein Lebenselixier, deshalb kann man Sie getrost einen geistreichen Plauderer nennen. Hin und wieder kann diese Eigenart aber auch anstrengend werden, dann nämlich, wenn Sie nicht nur gerne und schnell, sondern auch noch unablässig über sich selbst reden – was Sie eigentlich am liebsten tun …

## Reden als Ventil

Es wäre allerdings ungerecht, das naturbedingte Redebedürfnis Ihres Typs als eitle Selbstdarstellung, Geltungssucht oder Narzissmus abzutun. Davon sind Sie weit entfernt. Nein, Sie wollen gar nicht im Mittelpunkt stehen, dazu mangelt es Ihnen ohnehin an Selbstbewusstsein. Der wahre Auslöser für

Ihren kaum versiegenden Redeschwall ist Ihr vielschichtiges Innenleben! Wer so übervoll ist mit Ideen, Träumen, Visionen, Gefühlen und Empfindungen, der muss einfach reden, sonst platzt er.

Aber es ist nicht nur das. Sie reden auch, um sich zu orientieren. Bei Ihnen besteht immer wieder die Gefahr, dass Sie sich gedanklich und emotional verzetteln oder in eine Idee hineinsteigern. Deshalb müssen Sie sich immer wieder ein klares Feedback von Freunden, Kollegen oder dem Partner holen. Mit dem Input von außen wird dann neu überlegt, überdacht und hinterfragt.

## Das Chaos der Gefühle

Die Reaktionen Ihrer Umwelt retten Sie davor, sich im Chaos Ihrer Stimmungen zu verlieren.

Aber nichts bleibt, wie es ist, und das gilt ganz besonders für Ihren Typ. Manchmal genügt ein ganz banaler Anlass, ein falscher Satz oder Ton, und schon ziehen Sie sich beleidigt zurück. Einige von Ihnen beschimpfen ihren Gegner, beginnen zu zetern und zu lamentieren oder verwickeln ihn in abendfüllende Diskussionen – wer weiß schon, was bei emotionalen Geschöpfen wie Ihnen als Nächstes dran ist. Nicht jeder Außenstehende kommt mit Ihrer launischen Seite zurecht. Doch zur Verteidigung aller Elfenmenschen sei hier angemerkt: Die Elfennatur kann nicht anders. Sie besitzt von Natur aus ein schwaches Selbstbewusstsein, und so erklärt sich ihre Labilität.

## Brotlose Künstler mit Hang zur Verschwendung

In der sozialen Hierarchie zählen Elf und Elfe übrigens eher zur einkommensschwachen Gruppe, und das hat zwei Gründe: Zum einen betonen sie gerne das Ideelle im Gegensatz zum Materiellen. Geld ist ihnen einfach nicht wichtig, sagen sie immer wieder – und frönen frustriert weiter ihrer brotlosen Kunst. Auch wenn tatsächlich einmal Geld ins Haus kommt, zeigen sie kaum Geschäftssinn und fallen in ihrer Gutgläubigkeit auf falsche Berater herein. Sie sind insgesamt leicht übers Ohr zu hauen. Oder sie geben spontan alles aus – und das war's dann.

## Wenn Elf und Elfe aus der Balance geraten
### Wenn Elfentypen aus dem Gleichgewicht geraten, leiden vor allem die Nerven und die Psyche

### Von herrlich verrückt zu schrecklich überspannt

Es ist gar nicht so einfach, einen vom Luftelement regierten Menschen auszuhalten, wenn er in einer Krise steckt. In diesem Zustand macht er nicht nur sich, sondern seine gesamte Umwelt verrückt. Ja, man kann hier wirklich das Wort verrückt benutzen, denn dazu tendiert das Elfennaturell. Im disharmonischen Zustand sieht dieser Typus das Leben rabenschwarz: Er malt Katastrophenszenarien an die Wand, Bagatellen werden dramatisch aufgebauscht, aus Mücken werden Elefanten.

Und haben sich Elf und Elfe gestern noch überschwänglich für eine Sache begeistert, kann sich ihre Sichtweise über Nacht vollkommen ändern. Je nachdem, was sie geträumt haben, wem sie begegnet sind, wie sie sich morgens fühlen, werfen sie ihre Meinungen um, wieder und wieder. Waren Elf und Elfe vorher noch wunderbar verrückt, werden sie jetzt zunehmend überspannt, launisch und anstrengend. Die ganze Klaviatur neurotischer Verhaltensweisen wird hier gespielt.

### Von Ängsten gebeutelt

Ängste und Sorgen rauben den geplagten Elfen den Schlaf, Panikattacken treten auf. Und es wird immer mühsamer, ihnen zuzuhören: Ihr Redefluss reißt nicht mehr ab. Argumente werden heute so und morgen so gedreht und gewendet und alles immer wieder von neuem infrage gestellt. Einerseits und andererseits – die Gedanken drehen sich im Kreis. Oft verbreiten die Gebeutelten mit ihrer Gereiztheit und Ungeduld schlechte Stimmung im ganzen Haus.

Wenn es sehr schlimm wird, trägt das Nervenkostüm dauerhaften Schaden davon. Nervenzusammenbrüche und psychotische Zustände, die psychiatrisch behandelt werden müssen, sind der Extremfall. Aber der tritt natürlich nur sehr selten auf.

## Ein leicht verwirrter Geist

Wenn das Elfennaturell aus der Balance gerät, nimmt das in ihm angelegte Chaos so stark überhand, dass nur noch Verwirrung und Orientierungslosigkeit herrschen. Und ist schon in guten Zeiten nicht immer Verlass auf Elf und Elfe, sollte man sich jetzt davor hüten, sie beim Wort zu nehmen. Am treffendsten ist diese Schattenseite der Elfengeschöpfe mit dem Begriff «Irritation» zu bezeichnen.

## Es fehlt an Tatkraft und Dynamik

Aus energetischer Sicht sind Elf und Elfe mit nur wenig Power und Durchhaltevermögen ausgestattet. Das bedeutet, dass sie sich meist mit großer Begeisterung in eine Arbeit stürzen. Doch nach einer Weile kommt unweigerlich der Punkt, an dem sie körperlich oder seelisch die Energie verlieren. In solchen Augenblicken ist ihre Lust wie weggeblasen, und die Konzentration lässt deutlich nach. Sie hegen dann trübe Gedanken. Mutlosigkeit macht sich breit, und es dominiert das Gefühl, es (wieder mal) nicht zu schaffen oder eigentlich nie gewollt zu haben.

Kraftlose Zeiten sind Zeiten, in denen die alten Sorgen und Ängste überhand nehmen und das ewige Grübeln wieder einsetzt. Die Verzweiflung gehört zum Leben von Elf und Elfe wie das Feuer in die Hölle. In den Phasen energetischer und nervlicher Schwäche stürzen sie ohne Netz und doppelten Boden in seelische Abgründe. In solchen Augenblicken ist ihr Selbstbewusstsein auf dem Tiefpunkt, und ihr Leid kann unermesslich sein – so unermesslich, dass Hilfe von außen nötig wird.

## Energiemangel erzeugt Frösteln

Die körperlichen Symptome des Ungleichgewichts beim Elfentyp sind Frösteln, Frieren und eine starke Sehnsucht nach Wärme. Manchmal fühlt sich der Körper steif an und schmerzt bei jeder Bewegung. Die Gelenke knacken, man streckt sich viel und lange, gähnt und seufzt vor sich hin. Auch das Zahnfleisch reagiert hypersensibel, und beim Zähneputzen entsteht manchmal ein Würgereiz. Aus dem anfänglich harmlosen Grummeln im Bauchraum entwickeln sich Verstopfung oder Durchfall oder gar beides.

## Psychosomatische Beschwerden

Am häufigsten neigen Elf und Elfe jedoch zu klassischen psychosomatischen Störungen. Der Arzt kann dann trotz heftigster Beschwerden keine organische Ursache ausmachen. Der Elfentyp leidet etwa unter Herzstichen, Herzrasen, Herzrhythmusstörungen, Kopfschmerzen und allen Arten von Rückenbeschwerden, die durch Verspannungen verursacht werden – vom Nacken über die Schultern bis hinunter zu den Lendenwirbeln. Ein weiteres wichtiges Symptom sind diffuse Schmerzen, die abwechselnd an verschiedenen Körperstellen auftreten. Am schlimmsten werden sie immer etwa zwei Stunden nach dem Essen.

## Typisch: Schwindel und Ohrgeräusche

Unter Stress treten beim Elfentyp oft Gleichgewichtsstörungen und Schwindelgefühle auf. Viele Elfen leiden dann unter Ohrgeräuschen. Manchmal werden auch die anderen Sinnesorgane stumpf. Sie schmecken, riechen und sehen schlechter als sonst, und das Gedächtnis lässt nach. Zur elfenhaften Unzuverlässigkeit gesellt sich dann auch noch Vergesslichkeit. Der zerstreute Professor und die verrückte Künstlerin, der chaotische Werbetexter und die drogensüchtige Tänzerin – das sind klassische Elfen im chronisch disharmonischen Zustand.

## Was Elf und Elfe aus dem Gleichgewicht bringt

**Durch ihre psychische Instabilität geraten Elfen ohnehin leicht aus der Fassung. Kommen bestimmte Faktoren hinzu, wird es kritisch.**

### Chaos verhindert den Überblick

Man sollte meinen, dass Menschen, deren Inneres ständig in Aufruhr ist, mit dem alltäglichen Chaos der Außenwelt gut umgehen können. Aber das Gegenteil ist der Fall: Als Elfennatur begreifen Sie zwar das Wesen des Chaos, denn es ist nicht nur ein Teil Ihrer Psyche, sondern auch der Stoff, aus dem Sie Ihre Ideen schöpfen. Aber wenn dieser Zustand auch in Ihrem äußeren Leben vorherrscht, erzeugt das größte Irritation: Sie verlieren dann vollends den Überblick. Um die Balance zu erhalten, heißen Ihre Lernziele: Struktur, Ordnung, Klarheit. Die Redewendung «Ordnung ist das halbe Leben» dürfte in Ihnen zwar größte Widerstände heraufbeschwören, weil Sie Dogmen ebenso ablehnen wie Klischees. Aber überlegen Sie einmal ganz nüchtern: Wie sieht es in Ihren Schränken aus, wie in Ihren Schubladen, Regalen, wie auf dem Schreibtisch? Blicken Sie noch durch bei Ihren Steuerunterlagen? Da Sie Chaos hilflos gegenüberstehen: Lassen Sie sich helfen, System und Ordnung in Ihr Wohn- und Arbeitsumfeld zu bringen! Ein Mensch mit einem «erdigen» Charakter, etwa ein Friedlicher, ein Nachdenklicher oder Souveräner Typ, könnte Ihr Rettungsanker sein.

## Vorsicht vor unüberlegten Handlungen

Ein anderer Ihnen vielleicht verhasster Merksatz lautet: Erst denken, dann handeln. Es fällt Ihnen von Natur aus schwer, mit System an eine Aufgabe heranzugehen. Aber genau das sollten Sie lernen. Sie werden sehen: Mit der äußeren Klarheit ordnen sich auch Ihre Gedanken. Wenn Sie also wieder einmal merken, dass Sie blindlings drauflos wursteln: Halten Sie inne – überlegen Sie, was Sie wollen, setzen Sie sich ein klares Ziel, machen Sie sich einen Plan. Strukturiertes Vorgehen spart Energie – und davon haben Sie weniger als andere.

## Lassen Sie sich nicht so schnell verwirren

Sie sind gerade in einem wichtigen Arbeitsgespräch und spüren, dass eine Bemerkung oder eine Reaktion Sie verunsichert. Sie wissen plötzlich nicht mehr, wie Sie reagieren sollen. Vielleicht merken Sie, dass Ihnen die Tränen kommen wollen. Jetzt ist Rückzug angesagt! Sie brauchen eine kurze Pause, um sich zu sammeln und wieder zu fangen. Entschuldigen Sie sich für einige Minuten und gehen Sie hinaus, um sich zu entspannen. Wenn möglich, öffnen Sie ein Fenster oder treten Sie vor die Tür und atmen Sie tief durch. Dann schütteln Sie Ihre Arme und Beine, als wollten Sie Ihre gesamte Verwirrung abschütteln. Nun ordnen Sie Ihre Gedanken und besinnen sich auf Ihr Ziel: Was wollen Sie erreichen? Haben Sie Ihre Grundideen wieder beisammen, kehren Sie ins Gespräch zurück. Wenn Sie merken, dass Sie nicht in der Lage sind, Klarheit über die Situation zu gewinnen, vertagen Sie das Gespräch und sagen: «Ich möchte gerne in Ruhe über alles nachdenken. Deshalb schlage ich vor, dass wir morgen noch einmal darüber reden.»

## Vermeiden Sie unklare Abmachungen

Machen Sie es sich zur Regel, alles Unklare oder Ungeklärte in Ihrem Leben zu klären. Fangen Sie ruhig bei den kleinen, alltäglichen Dingen an und arbeiten Sie sich langsam vor zu den großen Angelegenheiten. Wenn Sie etwa im Gespräch etwas nicht verstanden haben, fragen Sie nach oder fassen Sie mit eigenen Worten zusammen, wie Sie die Situation sehen oder verstehen. Dann kann Ihnen Ihr Gegenüber sagen, ob es so gemeint war oder ob es Missverständnisse gab.

Auch bei Verträgen achten Sie von nun an bitte auf eindeutige Abmachungen und halten Sie diese schriftlich fest. Ist das nicht selbstverständlich? Für Elfentypen nicht.

## Frau Saubermann lässt grüßen

Kreative Menschen wie Sie brauchen Ästhetik und Atmosphäre, um sich in einem Raum wohl zu fühlen. Doch manchmal übersehen Sie, dass alles Schöne seinen Glanz verliert, wenn eine dicke Staubschicht darauf liegt. Wischen, abstauben, waschen, putzen, eine neue Glühbirne in die Lampe schrauben – all diese praktischen Dinge sind für Sie völlig unwichtig, und Sie haben auch keinen Sinn dafür. Aber dennoch gehören sie zum Leben.

Wenn Sie sich weder Putzfrau noch Haushälterin leisten können, hier ein Tipp: Legen Sie täglich eine Stunde oder wöchentlich einige Stunden als Putzzeit fest und treffen Sie in dieser Zeit keine anderen Verabredungen. Übrigens: Haben Sie eigentlich einen Staubsauger?

## Verlieren Sie nicht den Boden unter den Füßen

Vieles im Leben macht Ihnen Angst. In tiefe Seelennot geraten Sie aber, wenn Sie nicht wissen, wovon Sie am Monatsende Ihre Miete zahlen sollen. Solche Situationen sind nicht immer zu verhindern. Aber gerade Sie sollten aufpassen, dass

Sie dann nicht die Nerven verlieren. Denn dann wird alles erst richtig schlimm.

Wenn Ihnen also gekündigt wurde, Sie aus der Wohnung ausziehen müssen, Ihr Partner Sie verlassen hat: Holen Sie sich möglichst umgehend professionelle Hilfe – bei einem Therapeuten, einer psychologischen Beratungsstelle, notfalls beim Pfarrer oder einem guten Freund.

Verlustsituationen machen jedem Menschen zu schaffen, Ihnen jedoch ganz besonders, weil Sie über wenig innere Sicherheit verfügen. Der Verlust äußerer Sicherheit bringt Sie vollkommen aus der Balance. Das sollten Sie einfach wissen.

## Unregelmäßigkeit ist aller Laster Anfang

Sie wissen es bereits: Ihr Hang zur Unregelmäßigkeit schadet Ihrer Seele. Aber auch Ihr Körper wird es Ihnen danken, wenn Sie seine Grundbedürfnisse respektieren. Gewöhnen Sie sich also an, zu regelmäßigen Zeiten zu essen und abends möglichst immer zur selben Zeit zu Bett zu gehen. Geht nicht, sagen Sie? Haben Sie es schon ernsthaft versucht?

## Häufiger Arbeits- und Wohnortwechsel

Wendig und flexibel wie Sie sind, dürfte es Ihnen nichts ausmachen, sich auf eine neue Arbeit einzustellen oder den Wohnort zu wechseln. Innerlich sind Sie ohnehin immer auf dem Sprung und auf der Suche nach etwas Neuem. Veränderung fasziniert Sie, sie befriedigt Ihre Neugierde. Aber zu viel davon tut auch Ihnen nicht gut! Versuchen Sie mehr Beständigkeit in Ihr Leben zu bringen, nicht ständig umzuziehen oder nach einem neuen Job zu schielen, sobald Ihnen der alte langweilig wird. Dieses Verhalten bringt nur noch mehr Unruhe in Ihr Leben. Was Sie brauchen, sind Ruhe und Gleichförmigkeit. Nicht zu viel, das würden Sie nicht aushalten. Aber mehr davon.

## Zu viel Fernsehen

Es wäre eine Anmaßung, Ihnen das Fernsehen zu verbieten. Dennoch ein Hinweis: Worte, Bilder und dramatische Geschehnisse gehen Ihnen stärker unter die Haut als Ihren Mitmenschen. Anderen passiert es nicht so leicht, dass sie nach einem Horrorfilm von Albträumen geplagt werden – Ihnen schon. Andere stecken Nachrichten über Kriege, Gräueltaten und Gewaltverbrechen einfach so weg – Sie nicht. Sie sind einfach leichter zu beeindrucken, und Ihr Nervensystem reagiert auf TV-Dauerberieselung mit Unruhe, Nervosität und Schlaflosigkeit. Mag sein, dass Action- und Horrorfilme mehr Aufregung und Spannung ins Leben bringen, aber ist das Ihre nicht schon spannend genug?

## Lärm macht Sie krank

Eine Wohnung an einer verkehrsreichen Straße mag robusteren Naturen wenig ausmachen – Ihnen geht Lärm im wahrsten Sinne des Wortes auf die Nerven. Die Ohren sind das empfindlichste Sinnesorgan der Elfentypen. Sie reagieren sehr direkt auf Lärmstress – zum Beispiel mit einem Hörsturz oder ständigen Ohrgeräuschen (Tinnitus). Lärm macht Schlaflose noch schlafloser. Sie brauchen genau das Gegenteil: Ruhe!

## Aggressive und bösartige Menschen

Durch Ihre Dünnhäutigkeit sind Sie Aggressionen, Intrigen und den Bösartigkeiten anderer schutzloser ausgeliefert als andere Menschen. Sie saugen diese schlechten Energien auf wie ein Schwamm. Versuchen Sie sich besser davor zu schützen. Hier eine Übung:

Schließen Sie die Augen und stellen Sie sich vor, dass Sie von einem Schutzschild umgeben sind. Warten Sie ab, in welcher Form, welcher Farbe und aus welchem Material er vor Ihrem inneren Auge auftaucht. Vielleicht ist es eine Ritterrüstung mit Sehschlitzen, vielleicht ein brusthoher Schild aus Plexiglas, vielleicht ein Schutzwall aus Farben oder Licht – alles ist möglich. Wenn Sie nun Ihrem Widersacher oder Gegner wieder begegnen, stellen Sie sich vor, dass Sie von Ihrem Schild umgeben sind. Sie werden sich wundern, wie wirksam diese einfache Vorstellung ist! Unser Unterbewusstsein reagiert auf Bilder – es unterscheidet nicht zwischen Phantasie und Wirklichkeit. Wenn Sie nur daran denken, in eine Zitrone zu beißen, läuft Ihnen ebenso die Spucke im Mund zusammen, als ob Sie es tatsächlich täten. Nach diesem Prinzip kann Ihr unsichtbarer Schild Sie vor negativen Energien schützen.

## Medienberufe – ein Risiko für die Elfe

Die Elfenfrau Angela ist Modeassistentin bei einer großen Frauenzeitschrift und ständig unterwegs zu Fotoproduktionen in aller Welt. Sie wird immer schmaler, immer nervöser, macht Fehler und schläft in der Nacht nur noch mit Hilfe von Schlaftabletten. Keine Frage: Angela hat einen Job, der sie krank macht.

Zwar erfordern Medienberufe genau die Qualitäten, die Elf und Elfe in die Wiege gelegt wurden: schnelle Auffassungsgabe, Kreativität, Flexibilität, ein Gespür für Trends. Nicht umsonst finden sich in den Redaktionen von Zeitschriften, bei Funk und Fernsehen, beim Film und in Werbeagenturen überwiegend Menschen mit hohen Elfenanteilen. Aber oft müssen sie dafür zahlen – mit Ängsten, Nervosität, dem gefürchteten Burnout Syndrom, Alkohol- und Drogensucht oder Kaufrausch – um nur einiges zu nennen. Medienberufe verstärken die Schwächen des Elfentyps. Nicht von ungefähr sind es gerade Menschen mit Medienberufen, die zum Ausgleich für ihren stressigen Alltag Yoga und Meditation machen, die im Urlaub in Klöster gehen oder einen Guru besuchen. Oft sind diese Auszeiten die einzige Chance für sie, wieder mit sich ins

Reine zu kommen. Wenn man es nicht so macht wie
Angela, die inzwischen gekündigt hat und demnächst in
einer Modeschule unterrichtet. Mit festen Arbeits- und
Urlaubszeiten.

## Verantwortung wird zur Bürde

An sehr wichtigen Projekten, von deren Gelingen viel abhängt, sollten Elf und Elfe besser nicht teilhaben oder zumindest nur in unmaßgeblicher Rolle. Verantwortung zu tragen
macht sie noch nervöser, schlafloser, vergesslicher, als sie
ohnehin schon sind. Weitreichende Entscheidungen zu treffen gehört ohnehin nicht zu ihren Stärken, dazu fehlt es
ihnen an Mut und Risikofreude. Geht dann einiges daneben –
und das ist vorprogrammiert –, werden Elfentypen zunehmend hilflos, verzagt und mutlos.

## Zu viel Sport oder anstrengende körperliche Arbeit

Leichte Bewegung, Tanz, meditative Körperübungen sind
wunderbar für Sie. Aber hüten Sie sich bitte vor Leistungs-
sport und vor Berufen, in denen Sie körperlich stark gefordert
werden. Wie gesagt: Als Elfenwesen haben Sie wenig Muskel-
kraft und wenig Ausdauer. Körperliche Überanstrengung
bringt Sie auf Dauer in einen disharmonischen Zustand und
liegt Ihnen zudem nicht. Machen Sie also lieber Tai Chi als
Leichtathletik.

## Streit und Spannungen mit Freunden und in der Liebe

Nichts bringt die harmoniebedürftige Persönlichkeit der Elfe
mehr aus dem Gleichgewicht als zwischenmenschliche Spannungen, speziell mit nahe stehenden Menschen. Auf Grob-
heiten, Demütigungen und Aggressionen können Sie nur verletzt reagieren oder sich zurückziehen. Besonders schlimm
setzen Ihnen schwelende Dauerkonflikte und unausgespro-

chene Feindseligkeiten zu. Auch wenn es Ihnen schwer fällt: Fordern Sie Aussprachen, decken Sie Tabuthemen auf. Machen Sie mit Ihrem Partner eine Paartherapie oder eine Familienaufstellung nach Hellinger. Jede Maßnahme ist gut, die zwischenmenschliche Spannungen aufdeckt und klärt. Packen Sie es an – es geht um Ihr Seelenheil.

## Regeln für Ihr inneres Gleichgewicht

**Hier die wichtigsten Tipps für Ihr inneres Gleichgewicht:**

- Geben Sie Ihrem Alltag klare Strukturen: Essen Sie regelmäßig und zu festgelegten Zeiten, gehen Sie möglichst immer zur selben Zeit ins Bett.
- Versuchen Sie auch im Beruf Zeitpläne zu erstellen. Wenn Sie nicht an Arbeitszeiten gebunden sind, finden Sie Ihren persönlichen Rhythmus heraus und halten Sie sich daran.
- Süchte und Abhängigkeiten sind in Ihrer Persönlichkeit angelegt. Sie werden immer dann zum Problem, wenn es Ihnen emotional nicht gut geht. Machen Sie Therapien oder besuchen Sie Seminare, um verletzte Gefühle zu heilen und sich von Abhängigkeiten zu befreien.
- Überlegen Sie sich alle Entscheidungen reiflich, treffen Sie keine voreiligen Beschlüsse: Bei Ihnen geht es darum, bei einer (guten) Entscheidung zu bleiben.
- Sorgen Sie immer wieder für Ruhephasen, wenn Sie zu viel um die Ohren haben. Zeiten der Stille und des Rückzugs sind das Wichtigste für Ihre innere Harmonie.
- Anti-Stress-Techniken, die Ihrem Typ entgegenkommen, sind alle Entspannungstechniken, alle Formen der Meditation sowie fernöstliche Körper-Seele-Übungen wie Yoga, Tai Chi und vieles mehr.
- Eines der besten Heilmittel für Sie ist menschliche Wärme. Liebevolle, wohlwollende Behandlung bringt

Sie mitunter schneller wieder auf die Beine als eine seelenlose, schulmedizinische Therapie.

○ Sorgen Sie für gute, harmonische Beziehungen in Ihrer unmittelbaren Umgebung, also privat und im Job. Denn was für den Körper gilt, gilt auch für die Seele: Behandelt man Sie mit Liebe, leben Sie auf.

○ Lassen Sie sich helfen! Sie sind nicht so kräftig, nicht so praktisch begabt und nicht so lebenstüchtig wie andere. Trauen Sie sich, um Hilfe zu bitten, es lohnt sich. Als wären Sie dem Himmel näher als andere, wird Ihnen wie durch ein Wunder immer wieder Hilfe zuteil werden.

## Der Elfentyp und die anderen

Anpassungsfähigkeit und Einfühlungsvermögen: Ihre großen Stärken

### Elf und Elfe als Paar

Zwei Elfenmenschen im Himmelbett – das klingt wie das Paradies. Ist es aber nicht. In absehbarer Zeit verlieren sich beide hoffnungslos in dem Chaos, das sie miteinander verursachen. Aber zunächst die guten Seiten dieser Verbindung: Elf und Elfe mögen und verstehen sich auf Anhieb. Sie können sich sehr gut in die Situation des anderen hineinfühlen und spüren sofort, wie es dem anderen geht. Da beide starke geistige Interessen haben und sich immerzu darüber austauschen möchten, kann ihnen der Gesprächsstoff gar nicht ausgehen.

Zudem ist das Elfenpaar zu großen Gefühlen fähig und liebt es, diese auch auszudrücken. Ihre Liebe kann also außergewöhnlich stark werden, zumal beide sehr aneinander hängen und zur Symbiose neigen.

## Langweilig wird es garantiert nicht

Da Elf und Elfe sehr unkonventionell, offen und experimentierfreudig sind, kann die Zeit der ersten Verliebtheit zu einem unvergesslichen Traum werden. Phantasievolle Liebesbeweise, romantische Ausflüge, verrückte Orgien, spontane Heiratsanträge – hier ist einfach alles drin. Doch wehe, wenn es dann Ernst werden soll. Allein der Gedanke, ein Hochzeitsfest zu organisieren, versetzt Elf und Elfe in Panik: Was, wenn alles schief geht (was ganz danach aussieht)? Da kommt ihnen vielleicht der Umstand zupass, dass sie klassische Hochzeiten eigentlich ohnehin viel zu spießig finden. In letzter Sekunde wird dann beschlossen, lieber spontan, zu einer unmöglichen Zeit an einem unmöglichen Ort mit unmöglichen Menschen zu feiern. Da nimmt es dann keiner übel, dass nichts so läuft wie geplant …

Die Feste, die dann wirklich stattfinden, werden dafür ungewöhnlich schön und turbulent: Wenn sie mit Gleichgesinnten feiern, tanzen, lachen, singen können, sind Elf und Elfe in ihrem Element und verbreiten die wunderbare Leichtigkeit des Seins.

## Wo bleibt die Ruhe?

Doch es kommt unweigerlich der Zeitpunkt, an dem die Schattenseite der Elfenverbindung zutage tritt. Zwei so wechselhafte, sprunghafte, wandelbare und eigenwillige Charaktere können auf Dauer kaum zusammenleben. In ihrer Konstellation fehlt die Ruhe. Wenn zwei ständig damit beschäftigt sind, miteinander abzuheben, ergibt sich kaum die Gelegenheit zum gemeinsamen Schweigen oder dazu, einen stillen Augenblick miteinander zu genießen.

### Ein chaotisches Paar

Aber es mangelt den Elfen auch an Kontinuität und festen Gewohnheiten. Jede Partnerschaft braucht Rituale. Doch Elf und Elfe sind zu chaotisch, ihr Paarleben verändert sich zu oft und zu schnell. Eigentlich bräuchten beide einen Partner, der ihnen Halt und Bodenhaftung vermittelt. Hier jedoch halten sich zwei schwankende Grashalme aneinander fest …

### Unzuverlässigkeit hoch zwei

Nächstes Problemthema: die Zuverlässigkeit. Leider können sich Elf und Elfe weder auf ihre gegenseitigen Treueschwüre noch auf feste Zusagen verlassen. Und ist das Vertrauen einmal dahin, öffnen sich die tiefen Täler der Verzweiflung. Ähnlich problematisch kann eine gemeinsame Zukunftsplanung werden.

Künstlerehen, wie es sie zwischen Elf und Elfe häufig gibt, gehen oft genau dann in die Brüche, wenn es eigentlich an der Zeit wäre, gemeinsam etwas aufzubauen. Weil der feste Boden fehlt, auf dem all die zauberhaften Ideen und Visionen Realität werden könnten.

### Was bitte ist Vermögensplanung?

Das Drama beginnt in der Regel bei dem Versuch, ein gemeinsames Vermögen zu schaffen. Wie sollen zwei das bewerkstelligen, die mit Geld so gar nicht umgehen können? Auch die Idee, den eigenen Kindern eine liebevolle Kindheit zu bescheren, könnte für unser Paar zum Verhängnis werden. Der kreative, freiheitliche Erziehungsstil im Elfenhaushalt mag den Sprösslingen viel Freiheit lassen, aber wer setzt ihnen Grenzen? Elfeneltern können das ganz schlecht, und so läuft ein kleiner Elf Gefahr, sich zu einem hemmungslosen Egomanen zu entwickeln.

Fazit: Elf und Elfe sollten es bei einer Romanze belassen. Es sei denn, eine Hilfstruppe aus reichen Verwandten, Mäzenen und psychologisch versierten Ehe- und Erziehungsberatern steht ständig für sie bereit.

Sissi, 65 Lung, 18 Tripa, 17 Bäken, und
Walter, 67 Lung, 20 Tripa, 17 Bäken

Walter, 24, groß, schlank, ein unauffälliger junger Mann, lebt seit dem Abschluss an der Kunstakademie zusammen mit seiner großen Liebe, der Elfe Sissi, in einem kleinen Häuschen auf dem Land. Er hat sich dort ein kleines Bildhaueratelier eingerichtet, sie hat ihre Lehre als Grafikdesignerin abgebrochen und macht jetzt eine Ausbildung an der Heilpraktikerschule in der Stadt. Beide haben nicht viel Geld. «Arm aber glücklich», sagt Walter oft. Aber eigentlich weiß er genau, dass es bei ihm beruflich nicht so recht läuft. Obwohl seine Skulpturen außergewöhnlich sind, interessieren sich Galerien und Kunsthändler nicht dafür. Auch Sissi weiß, dass sie es einmal schwer haben wird, als Heilpraktikerin zu leben, zu groß ist die Konkurrenz mittlerweile. Aber sie ist nun mal sehr idealistisch und fühlt sich zum Heilen berufen. Um ihr Leben zu finanzieren, geht Sissi im Gasthof im Ort kellnern. Walter fährt nebenbei Taxi. Eines Tages wird Sissi schwanger. Beide freuen sich sehr, wissen aber gleichzeitig, dass ihr Leben nun noch enger, noch kleiner, noch schwerer wird. Nachts, wenn die Existenzängste kommen, liegt das Elfenpaar schlaflos nebeneinander und fühlt sich hilflos einem schweren Schicksal ausgeliefert.

Das Problem: Walter und Sissi sind nicht in der Lage, einen Lebensplan zu entwickeln. Sie lassen ihr Leben von Zufällen oder äußeren Einflüssen bestimmen. Beide hängen zwar aneinander, können sich aber gegenseitig nicht helfen. Sowohl Walter als auch Sissi hätten einen geerdeten Partner nötig, der ihnen hilft, das praktische Leben zu meistern.

## Elf und Elfe im Job

Mit zwei Elfen-Kollegen kommt frischer Wind in die abgestandene Büroluft. Mit ihren innovativen Ideen bringen sie so manche verstaubte Vorstellung ins Wanken. Nur: Wenn es darum geht, die kreativen Inputs zu Geld zu machen, geht ihnen schnell die Puste aus. Im Arbeitsleben fehlt es dem Elfentyp am rechten Biss. Deshalb hier der dringende Rat: So sympathisch und so inspiriert der Kollege des gleichen Typs auch sein mag – für Gewinn bringende Geschäfte muss ein Partner mit Tripaanteilen her, am besten der Souveräne Typ.

## Auf der kreativen Spielwiese

Menschen des Elfentyps können wunderbar zusammen arbeiten, wenn man ihnen die kreative Ecke eines Unternehmens zuweist. Mit ihren Ideen und geistigen Fähigkeiten ernten sie sowohl in der Werbebranche als auch im Journalismus viel Anerkennung, denn ihre feinen Nasen wittern Trends und Themen, die in der Luft liegen. Auch als Modeschöpfer spüren sie immer genau, wohin der Zeitgeist gerade weht. Aber wie bereits erwähnt, lauern in diesen Branchen auch Gefahren für sie. Vor allem die stressigen Medienberufe strapazieren das zarte Nervenkostüm der Elfen, sodass sie auch mit körperlichen Folgen wie Burnout oder anderen Stresssymptomen rechnen müssen.

## Elfe und König als Paar

Trifft eine Elfe auf einen König, sind je nach Geschlecht nur zwei Rollenverteilungen möglich: Ist der Königstyp männlich, wird das Geschöpf aus dem lung-betonten Reich der Lüfte zur phantasievollen Gespielin degradiert, die der Willkür ihres Beherrschers ausgeliefert ist. Ist die Frau eine Königin und ihr Mann ein Elf, wird sie sich den verspielten Lover für die schönen Dinge des Lebens reservieren. Wer bei dieser

Paarung auf der Strecke bleibt, liegt auf der Hand. In dieser Kombination ist es nur eine Frage der Zeit, bis der dominante Königstyp seinen sensiblen Elfenpartner so überrollt hat, dass von diesem nur noch ein seelisches Wrack übrig bleibt.

Fazit: Elf und Elfe sind einer Königsnatur nicht gewachsen.

## Elfe und König im Job

Eine nicht minder schwierige Konstellation. Am ehesten funktioniert die Zusammenarbeit noch, wenn der Königstyp der Vorgesetzte oder der Teamchef ist, allerdings braucht er mit seinem zerstreuten Elfenmitarbeiter eine Menge Geduld – und genau die hat er ebenso wenig wie Toleranz.

Elfenkollegen sind sehr anpassungsfähig. Sie können sich gut in ein Team einfügen. Allerdings reagiert der Königskollege schnell genervt, wenn sich herausstellt, dass dem anderen der Sinn fürs Praktische (etwa Kaffeekochen) völlig abgeht. Dafür hat er kein Verständnis.

Ein anderes Thema, das zwischen Elfe und König schnell zu Zerwürfnissen führen kann: Elfmenschen neigen zur Unpünktlichkeit, zur Unordnung und sind nicht unbedingt die Zuverlässigsten. Der oft sehr perfektionistische Königsmensch lässt sich das nicht lange gefallen.

## Der Elfentyp und die Friedliche Persönlichkeit als Paar

Diese Liebesbeziehung steht und fällt mit der Bereitschaft beider Typen, voneinander zu lernen. Und da gibt es wirklich einiges, was man sich voneinander abschauen kann. Dem einen fehlt das Lebendige, Flexible und Leichte, dem anderen das Bedächtige, Beschauliche, Gemütliche.

Fragt sich nur, ob die gravierenden Unterschiede zwischen diesen beiden Welten wirklich überbrückbar sind.

### Gibt es eine Brücke?

Der Friedliche Typ mag die Elfenpersönlichkeit anfangs lustig finden und sich köstlich über deren Kapriolen amüsieren. Aber irgendwann will er seine Ruhe wieder finden und sich seinen lieb gewonnenen Gewohnheiten widmen. Dann nervt ihn das pausenlose Geplapper seines Partners, er wird dessen sprunghafte Aktivitäten als nervöses Getue abtun und nachdrücklich die Tür hinter sich zumachen.

Die schnelle Elfnatur wiederum sieht es als Herausforderung, ihren Friedlichen Partner mit immer neuen Überraschungen aus der Reserve zu locken, und nicht zuletzt lässt man sich als munterer Luftikus nur zu gerne bekochen und umsorgen. Aber selbst das ist nur manchmal schön. Immerzu einen so biederen, häuslichen Mann beziehungsweise ein Hausmütterchen an seiner Seite zu haben, das wird einem echten Luftwesen dann doch zu langweilig. Elf und Elfe wollen diskutieren, sich bewegen und Neues erleben. Sieben Abende die Woche vor dem Fernseher zu verbringen ist für sie die Hölle.

Fazit: Hier müssten beide Seiten schon sehr aus ihrer Haut können, um eine gemeinsame Basis zu finden. Wollen sie das?

## Die Elfe und der Friedliche Typ im Job

Es gibt nur wenige Branchen, in denen eine Elfen- und eine Friedliche Natur in der gleichen Abteilung aufeinander treffen. Ihre Fähigkeiten und Begabungen sind einfach zu unterschiedlich. Nehmen wir etwa eine Autofabrik. Elfentypen sind dort in der Designabteilung beschäftigt, die Friedliche Natur arbeitet in der Fabrikationshalle oder in der Lohnbuchhaltung. Werden sie sich jemals an einem anderen Ort begegnen als in der Betriebskantine?

## Abstand bitte!

Dennoch wird es immer wieder Situationen geben, in denen diese gegensätzlichen Typen miteinander auskommen müssen. Grundsätzlich gilt: Wenn sie einander sympathisch finden – was leider nicht gesagt ist –, können sie sich durchaus ergänzen. Wahrscheinlicher ist allerdings, dass sie respektvoll Abstand voneinander halten. Zu groß ist der Unterschied zwischen den Empfindungswelten. Auf einen kurzen Nenner gebracht, findet der schnelle Elfenkollege den langsamen Friedlichen zwar nett, aber langweilig. Andersherum kann der Friedliche Typ die Unberechenbarkeit der Elfe nur eine Zeit lang tolerieren; auf Dauer mag er sich in seiner Routine nicht davon stören lassen.

## Der Friedliche Typ als Chef

Viel bessere Perspektiven hat die Kooperation, wenn der Friedliche das Sagen hat. Elfen leben unter der mütterlichen oder väterlichen Obhut einer Friedlichen Cheffigur auf: Endlich ein Mensch, an den man sich anlehnen kann, auf den Verlass ist, der tolerant über kleine Unzuverlässigkeiten hinwegsieht. Voller Dankbarkeit für das großzügige Laisser-faire werden Elf und Elfe ihr kreatives Potential zum Wohle des Unternehmens einsetzen.

## *Der Elfentyp und die Impulsive Natur als Paar*

Dies ist eine Verbindung mit recht guten Aussichten: Die Charaktere fühlen sich auf Anhieb seelenverwandt, weil sich ihre Interessen und Bedürfnisse in vielen Bereichen überschneiden. Beide sind sensibel, lebendig und begeisterungsfähig. Sie lassen sich von geistigen Themen faszinieren, lieben die schönen Künste, sind gerne kreativ und immer in Bewegung. Auch hegen sie eine gemeinsame Vorliebe für schöne Gespräche in schöner Umgebung.

### Der Impulsive holt die Sterne vom Himmel

Während der Elfenhafte Partner Tag und Nacht romantische Luftschlösser baut, bringt die Impulsive Persönlichkeit die nötige Power in die Beziehung. Wovon die beiden träumen, kann damit durchaus Realität werden: Der Impulsive Partner besitzt die nötige Durchsetzungskraft, seiner Elfe oder seinem Elf die Sterne vom Himmel zu holen.

### Vorsicht vor dem Feuer

Die Probleme in dieser Beziehung können durch die Schattenseiten des Feuers entstehen (Dominanz, Rücksichtslosigkeit, Aggression und Eifersucht), die im Impulsiven Partner angelegt sind. Wenn viel Stress von außen die Beziehung belastet, kommen diese Eigenschaften schnell zum Tragen. Dann könnte es eng werden im Haus, denn von Natur aus sind beide Typen nervenschwach. Vorsicht vor den explosiven Ausbrüchen des Impulsiven Partners, auf die der Elfenpartner hysterisch reagiert! Das kann in heftige Streitereien ausarten, die allerdings auch schnell wieder vergessen sind. Schließlich sind beide nicht nachtragend.

### Es fehlt an Stabilität

Ein lohnenswertes Neuland, das die beiden unruhigen Luftnaturen am besten Hand in Hand betreten, ist das Bäken-Prinzip. Die Friedliche Natur besitzt im Überfluss davon. Erdige Qualitäten wie Stabilität oder Beständigkeit gehen sowohl der Elfe als auch dem Impulsiven Typ gleichermaßen ab. Durch ihren geringen Bäken-Anteil kommen sie von sich aus niemals auf die Idee, die Dinge vielleicht etwas gelassener anzugehen. Sie ahnen nicht, wie schön es sein kann, gemeinsam zur Ruhe zu kommen. Das sollten sie dringend einmal ausprobieren.

## Beide sollten sich erden

Kurzum: Diese Beziehung wird wesentlich stabiler, wenn die Partner mehr für ihre Erdung tun. Sie könnten sich etwa viel in der Natur aufhalten, im Grünen wohnen und gemeinsam die Liebe zum Gärtnern entdecken, viel meditieren und Entspannungstechniken praktizieren.

Anabel, 71 Lung, 11 Tripa, 18 Bäken, und

Winfried, 58 Lung, 33 Tripa, 11 Bäken

Anabel, die verträumte Philosophiestudentin, verliebt sich Hals über Kopf in Winfried, einen Uniprofessor vom Typ des Impulsiven. Ihre zarten Reize bleiben ihm nicht gleichgültig, und bald werden die beiden ein Liebespaar. Anabel blüht in dieser Beziehung richtig auf. Der Professor und sie haben viele gemeinsame Interessen: Literatur, ein ästhetisches Zuhause mit viel Kunst und klassischer Musik, und in den Semesterferien machen sie Studienreisen nach Ägypten. Winfried stärkt Anabels Selbstbewusstsein und ermutigt sie, nach dem Examen zu promovieren. Ohne ihn hätte sie sich das niemals getraut, sagt sie ihren Freunden. Sie fühlt sich von Winfried bestens unterstützt. Das Einzige, was ihr in dieser Beziehung zu schaffen macht, ist seine Eifersucht. Wann immer sie sich mit anderen Studenten trifft, reagiert der um 15 Jahre ältere Winfried misstrauisch. Wenn sie zu lange wegbleibt, telefoniert er ihr sofort hinterher. Anabel ist oft sehr bestürzt über das Verhalten ihres Partners. Sie beteuert ihm immer wieder, dass sie nur ihn liebt. Doch es scheint ihr nicht zu gelingen, Winfrieds Misstrauen zu zerstreuen. Ein Paartherapeut ermutigt die Partner, miteinander die Kunst des Loslassens zu lernen. Anabel und Winfried besuchen daraufhin ein Seminar zur Familienaufstellung nach Bert Hellinger. Bald spüren die beiden, dass sie gelöster miteinander umgehen.

## Der Elfentyp und die Impulsive Persönlichkeit im Job

Eine hoch kreative Kombination zweier brillanter Köpfe. Die beiden können es in der Künstler- oder Entertainmentbranche und in Medien- und Kommunikationsberufen sehr weit bringen. Arbeiten sie in gleicher Position oder als Partner in einer Arbeitsgemeinschaft, wird der oder die Impulsive im Laufe der Zeit die Führung übernehmen – und das ist nicht die schlechteste Lösung. Der Impulsive Typ besitzt eine gehörige Portion Selbstbewusstsein. Er wird die beim gemeinsamen Brainstorming produzierten Geistesblitze so gut verkaufen, dass beide auch davon leben können. Gelingt ihm das nicht, haben beide allerdings Pech gehabt, denn die Elfe wird nicht einspringen können.

### Hierarchie ist kein Problem

Auch wenn einer der beiden Typen der Vorgesetzte oder Untergebene ist, bleibt der Ton locker und unkonventionell und der Umgang unproblematisch. Die Sympathie, die Elfentyp und Impulsiver füreinander hegen, hilft ihnen über viele Hürden hinweg. Elfentypen sind allerdings keine guten Chefs. Verantwortung zu übernehmen ist nicht unbedingt ihre Sache. Sie fühlen sich in der zweiten Reihe viel wohler – vielleicht als der heimliche Berater des Impulsiven.

### Bitte nicht ohne Finanzberater

Hier noch ein kleiner Tipp, falls dieses Duo mit seinen Einfällen viel Geld verdient: Suchen Sie sich bitte unbedingt jemanden, der Sie bei den Finanzen berät. Ein Souveräner Typ käme hier infrage – vielleicht auch ein Nachdenklicher. Und hüten Sie sich vor wilden Spekulationen in Geldgeschäften, Sie haben beide kein Talent dafür!

## Der Elfentyp und der Nachdenkliche Charakter als Paar

Zwei zart besaitete Wesen, die einander spüren und respektieren, die den Kern des anderen erkennen und sich in Toleranz begegnen. Hieraus kann eine zauberhafte Beziehung erwachsen. Endlich ein Partner, mit dem es auch ohne Machtkämpfe geht, der keine Eifersuchtsdramen liefert – wie wohltuend für die Elfennatur! Der Nachdenkliche Typ bringt durch seine Bäken-Anteile Ruhe und Beschaulichkeit ins gemeinsame Haus, ohne dabei langweilig zu werden, und das ist Balsam auf die zarte Elfenseele.

### Ein feines Gespür für Zwischentöne

Die Lung-Qualitäten beider Typen halten diese Beziehung immer in Bewegung. Aber dies ist nicht die nervöse und bodenlose Hektik, wie sie zwischen Elf und Elfe oder zwischen Elf und Impulsivem Naturell herrscht. Der Nachdenkliche Partner bringt Elf oder Elfe wieder auf den Boden und zeigt ihm, was Stille bedeuten kann: ein unspektakuläres, zurückgezogenes Leben zum Beispiel, umgeben von wenigen, aber guten Freunden.

### Die Kunst des stillen Lebens

Mit ihrem Sinn für Qualität und ihrem ausgezeichneten Geschmack können sich der Elfen- und der Nachdenkliche Typ ein Idyll auf dem Lande schaffen – mit Kind und Kegel, vielleicht auch mit einer kleinen Kunstwerkstatt in der Garage. Selbst in den Dingen, die sie ablehnen, herrscht Einigkeit. An erster Stelle wären hier Angebereien und laute Veranstaltungen zu nennen, aber auch der Kauf protziger Statussymbole und Partys, auf die man geht, um gesehen zu werden.

## Zu viel Einigkeit und Harmonie?

Einzig das fehlende Feuerelement weist darauf hin, dass die Leidenschaft in dieser Verbindung etwas zu kurz kommt. Meist sind die Partner jedoch klug genug, ihre Luftanteile zu aktivieren, um wieder Schwung in die Beziehung zu bringen. Dennoch: Beide sollten ihre Zurückhaltung hin und wieder aufgeben und sich in Abenteuer stürzen – miteinander oder einzeln.

## *Elfennatur und Nachdenkliche(r) im Job*

Diese beiden sind ein produktives Team, das viele Entscheidungen aus dem Bauch heraus trifft und damit meistens genau richtig liegt. Mit ihrem Instinkt, ihrer Intuition und ihrem Gespür für feine Schwingungen sind Elfen- und Nachdenklicher Typ gut in esoterischen Berufen. Sie könnten sich etwa in einem Zentrum für Lebensberatung verwirklichen – z. B. als Heiler, Astrologe oder Heilpflanzenspezialist. Auch in spirituellen und in kreativen Gemeinschaften finden sich Menschen beider Typen sehr häufig. Durch ihren gemeinsamen Idealismus und ihr Faible für Themen aus der immateriellen Welt erwächst gegenseitige Inspiration.

## Beide sind keine Verkäufertypen

Wenn irgend möglich, sollte sich in dieser Beziehung der Nachdenkliche Typ um die gemeinsamen Geldangelegenheiten kümmern. Auch er ist zwar kein brillanter Geschäftsmann, hat aber mehr Sinn fürs Materielle als Elf oder Elfe. Schwierig wird es für beide in Berufen, in denen Aufträge an Land gezogen werden oder Produkte an den Mann gebracht werden müssen. Hier geraten beide Typen schnell an ihre Grenzen, denn sie sind alles andere als gute Verkäufer. Nur mit Mühe schaffen sie es, bei den Banken Kredite lockerzumachen, wenn es um Geschäftsinvestitionen geht. Beiden fehlt es am Element Feuer. Das bewirkt, dass unternehmerische Qualitäten wie Mut, Risikofreude und Selbstvertrauen etwas zu kurz kommen.

## Die Elfennatur und der Souveräne Typ als Paar

Echte Übereinstimmungen fehlen in dieser Paarkombination völlig, aber dafür gibt es die Chance, dass sich beide gegenseitig ergänzen. Hier hat der jeweils andere genau das, was dem einen fehlt: Elf oder Elfe besitzen Luftqualitäten wie Sensibilität, Beweglichkeit und Feingefühl. Der Souveräne Partner bringt dafür die Eigenschaften des Feuertyps ins Spiel – etwa Tatkraft und Geschäftssinn, aber auch erdige Eigenschaften wie praktische Begabung und Fürsorglichkeit. Mit anderen Worten: Mit diesem Partner bekommt die Elfennatur die breite Schulter, nach der sie sich so sehr sehnt. Und der pragmatische Souveräne Typ schmückt sich mit den schillernden Federn des Feenwesens an seiner Seite.

### Der Geschäftsmann und seine Fee

Das klassische Bild für ein solches Paar ist der große, stattliche Unternehmer, der seine zarte, hilfsbedürftige, aber künstlerisch hoch begabte Frau auf Händen trägt und ihr großzügig ein Leben als Malerin oder Schriftstellerin ermöglicht. Umgekehrt gibt es die erfolgreiche Geschäftsfrau, die einen brotlosen Sänger, Maler oder Schriftsteller aushält.
Manchmal funktioniert diese Romanze ein Leben lang, manchmal überdauert sie nur kurze Zeit. Das ist immer eine Frage des Bewusstseins sowie des Ausgleichs zwischen Geben und Nehmen.

### Keine gemeinsamen Interessen

Gemeinsame Gesprächsthemen gibt es für dieses Paar jedoch eher wenig, und der mächtige Souveräne Partner muss sehr aufpassen, dass er seinem zart besaiteten Gegenüber nicht unbeabsichtigt auf die Füße tritt. Der Elfennatur wiederum obliegt es, dem Felsen an ihrer Seite die Langeweile zu vertreiben. Wir alle kennen diese Art von komplementären Beziehungen zumindest aus unserem Bekanntenkreis. Sie können durchaus lange funktionieren, aber streng genommen sollte man sich die fehlenden Eigenschaften und Qualitäten selber aneignen, statt sie im Partner zu suchen.

## Elfenpersönlichkeit und Souveräner Typ im Job
Im Arbeitsleben tritt der Souveräne Typ oftmals als Mäzen, Förderer, Agent oder Manager ins Leben von Elf oder Elfe, und davon können beide Parteien gut profitieren.

Wie und wo auch immer diese beiden Persönlichkeiten aufeinander treffen, stets funktioniert der Austausch auf die gleiche Weise: Kunst, Kultur und Kreativität gegen pragmatischen Geschäftssinn. Und warum auch nicht?

### Bitte nie ohne Samthandschuhe
Voraussetzung für den Deal ist allerdings, dass der Souveräne Typ sich Samthandschuhe anzieht, bevor er sich der Elfennatur nähert. Mit seiner manchmal etwas ruppigen Art kann er sich die Sympathien der Gegenseite sonst allzu leicht verscherzen.

**Fallbeispiel**
**Jenny, 19 Lung, 42 Tripa, 39 Bäken, und**
**Jens, 69 Lung, 9 Tripa, 22 Bäken**
Eines Tages lernt der junge Illustrator Jens, ein typischer Elf, die Künstleragentin Jenny, eine Souveräne, kennen. Sie begeistert sich auf Anhieb für den «Strich» seiner Illustrationen und prophezeit ihm eine große Karriere. Voraussetzung sei allerdings, dass er sich besser verkaufe – zum Beispiel, indem er sein Äußeres ein wenig dem «hippen» Stil der Werbeleute anpasst. Wenn er ihr 15 Prozent seines Ho-

norars für alle künftigen Aufträge übertrage, so schlägt Jenny vor, werde sie ihn unter Vertrag nehmen. Jens sagt begeistert zu. Jenny, die auch Imageberaterin ist, schickt Jens zum angesagtesten Friseur der Großstadt, gibt ihm einen Vorschuss, damit er sich in einem Modeladen neu einkleiden kann, und zeigt ihm, wie man die Illustrationen zu einer schicken Präsentationsmappe zusammenstellt. Jens hatte seine Entwürfe bisher in einem alten Karton verstaut. Auf Vermittlung durch Agentin Jenny stellt er sich beim Artdirector einer renommierten Werbeagentur vor. Man ist sich sofort sympathisch, und Jens bekommt einen gut bezahlten Auftrag mit Aussicht auf weitere Jobs.

## Elfennatur und Glückliche Persönlichkeit als Paar

Einem Elfenmenschen, der einen Partner vom Glückstyp an seiner Seite weiß, kann man nur gratulieren. Mit diesem «Fang» hat er gute Chancen, an seiner persönlichen Weiterentwicklung zu arbeiten. Auch wenn es am Anfang gar nicht danach aussieht: Hier steht Harmonie ins Haus.

### Drei gleich starke Energien wirken immer heilend

Ein Mensch vom Schlag des Glücklichen wird durch drei gleich starke Energien geprägt. Er gerät also nur sehr selten aus dem inneren Gleichgewicht, und so etwas färbt immer auf die Umgebung ab. In Gegenwart eines derart ausgeglichenen Naturells wird das Elfenwesen zunächst seine Wunden lecken und sich regenerieren. Ist es dann bei Kräften, kann es sich ganz bewusst auf seine Fähigkeiten besinnen und an Selbstbewusstsein gewinnen. Wie das geht, schaut sich die Elfe am besten vom Partner ab. Das Schönste für die Elfennatur: Mit einem glücklichen Partner zieht nicht nur Ruhe in ihr Leben ein, sie entdeckt auch ungeahnte Energien und Kraft und fasst den Mut zu eigenen Plänen.

## Beschützerinstinkte und Abgrenzung

Zu Beginn der Beziehung wird der Glückliche Partner ganz automatisch Beschützerinstinkte für sein Elfenwesen entwickeln und sich bemühen, das zarte Pflänzchen an seiner Seite zu hüten und zu pflegen. Aber mit der Zeit ermutigt er den Elfenpartner, sich immer mehr auf die eigenen Beine zu stellen.

Hin und wieder wird es dem Glücklichen mit dem Elfen schlicht zu bunt, dann will er sich abgrenzen: zum Beispiel, wenn der luftige Liebling über die Maßen abhebt und sich in Ideen verrennt. Aber auch das passiert in dieser Kombination immer seltener.

## *Elfen und Glückliche im Job*

Auch am Arbeitsplatz kann diese Konstellation das Elfenwesen nur bereichern: Der Einfluss einer Person vom Typ des Glücklichen ist grundsätzlich positiv. Allerdings gibt es von Anfang an ein deutliches Ungleichgewicht zwischen den beiden Mitarbeitern. Elf oder Elfe besitzen lange nicht die ausgeprägten menschlichen Qualitäten des Glücklichen Kollegen, und das Gleiche gilt meistens auch für die berufliche Kompetenz.

## Klare Überlegenheit

Der Elfenkollege wird also stets die untergeordnete Position beziehen und im Schatten des Glücklichen Typs stehen. Macht nichts, er kann davon viel lernen. Die menschliche Wärme und das Verständnis, das ihm von seinem Vorgesetzten oder Kollegen entgegengebracht wird, lässt ihn regelrecht aufblühen. Wer weiß, ob der Elfentyp nicht sogar plötzlich pünktlich am Arbeitsplatz erscheint oder sich gar an Absprachen hält!

# Die vollkommene Elfennatur

Die blasse Hautfarbe und der zarte Körperbau von Elf und Elfe verleiten Außenstehende manchmal zu der Vermutung, diese Menschen seien schwächlich und kränklich. Ein völlig falsches Bild, denn für die Elfennatur ist das zarte Äußere gleichbedeutend mit Gesundheit. Elfenmenschen sind in Harmonie mit sich und der Welt, wenn sie ihre Fähigkeiten und ihre Intuition verfeinern können. Und genau diese Richtung sollte ihre persönliche Weiterentwicklung einnehmen.

## Eine beseelende Natur

Sind sie auf einem ethisch hohen Niveau angelangt, beeinflussen Elfenwesen ihre Umgebung zum Positiven. In ihrer beseelenden Gegenwart besinnen sich Streithähne auf ihre Friedfertigkeit, werden Couchpotatoes kreativ, hören Hektiker auf zu zappeln. Wo immer sie auftauchen, fühlen sich Elf und Elfe der Ästhetik und der kunstvollen Verfeinerung des Lebens verpflichtet. Sie lieben es, Gespräche in eine erbauliche Richtung zu lenken und sich eine angenehme Wohnatmosphäre zu schaffen. Wie keinem anderen Typ gelingt es der Elfenpersönlichkeit, den Menschen die Schönheit des Lebens vor Augen zu führen. Mit ihrem wachen, aufnahmefähigen Geist wirkt sie äußerst inspirierend und bringt andere dazu, sich mit Kunst, Philosophie und den großen Fragen der Welt zu beschäftigen.

## Transformation der Schattenseiten

Auf hohem Bewusstseinsniveau verwandelt sich die angeborene Eigensinnigkeit von Elf und Elfe in Individualität, und die leidigen Stimmungsschwankungen werden zu Flexibilität.

Um ihren Alltag zu bewältigen, wird sich die «erlöste» Elfennatur zugunsten klarer Strukturen von einem Teil ihrer chaotischen Veranlagung verabschieden. Regelmäßige Schlafens- und Essenszeiten bilden ein heilsames äußeres Korsett für die Elfe.

Ein wichtiger Meilenstein auf dem Weg zur vollkommenen Elfennatur ist auch die Befreiung von Abhängigkeiten. Die in der tibetischen Harmonielehre beschriebene «Gier des Habenwollens» gilt als eines der drei «Geistesgifte» im Buddhismus, das zwar alle Menschen plagt und an ihrer persönlichen Weiterentwicklung hindert, es wird jedoch besonders dem Elfennaturell zugeordnet. Diese Gier äußert sich generell in dem Bedürfnis, sich am Erstrebenswerten zu berauschen und immer mehr davon haben zu wollen. Doch damit ist nun Schluss. Die vollkommene Elfennatur ist aus dem Teufelskreis der Süchte ausgestiegen. Sie fällt keinem Kaufrausch mehr anheim und gefährdet nicht länger mit sinnloser Geldverschwendung ihre Existenz. Auch ihre Neigung zu symbiotischen Beziehungen und zu gefühlsmäßigen Verstrickungen werden Elf und Elfe zu überwinden wissen.

## Bahn frei für den richtigen Partner

Von allen emotionalen Abhängigkeiten befreit, wird der Elfentyp nun dem Partner begegnen, der ihm menschliche Wärme entgegenbringt, der ihn weder ausbeutet noch unter Druck setzt, sondern in all seinen Eigenheiten akzeptiert.

Eine andere große Fähigkeit der Elfenpersönlichkeit, die im Chaos des Alltags oft untergeht, ist ihre Heiler- und Sehernatur. Nun kommen diese großen Eigenschaften endlich ans Licht. Kraft ihres großen Einfühlungsvermögens erfassen sie ihr Gegenüber sehr schnell und spüren sofort, was der andere braucht, um zu genesen. Meistens verabreichen sie Heilmittel aus der Natur, verbunden mit dem größten Heilmittel von allen: menschlicher Zuwendung. Im erlösten Zustand sind Elf und Elfe zu selbstloser Liebe fähig und machen den Menschen damit das größte Geschenk.

Kapitel III

# Die Königsnatur

**Grundtyp Tripa**
**Element Feuer**

## Wer sind Sie?

Das Prinzip Tripa symbolisiert Dynamik und Vitalität.
Sie sind ein Kind des Feuers. Selbstbewusst und entschlossen gehen Sie Ihren Weg. Aber aufgepasst: Sie
können sich verirren!

## Ihre Lebensaufgabe

Es scheint, als könnten Sie es nicht fassen, dass Sie nicht der Nabel der Welt sind. Um mit Ihren Energien in Harmonie zu leben, müssen Sie jedoch Ihr Ego abbauen. Setzen Sie sich mit den luftigen Eigenschaften des Elfentyps auseinander: Lernen Sie, sich anzupassen, trainieren Sie Ihre Intuition und schulen Sie Ihr Gespür für feine Schwingungen. Auch die Merkmale der Friedlichen Natur sind ein Heilmittel für Ihre Persönlichkeit – üben Sie Ruhe und Gelassenheit sowie Rücksicht und Toleranz gegenüber Menschen, die anders sind als Sie.

## Der Königstyp auf einen Blick

Die folgenden 25 Aussagen sind typisch für Sie. Je mehr davon auf sie zutreffen, desto eindeutiger entsprechen Sie dem Königstyp.

1. Ich bin ein ausgesprochen extrovertierter Mensch
2. Mein Selbstbewusstsein ist gesund und ausgeprägt
3. Meine dynamische Erscheinung und mein selbstsicheres Auftreten können sehr beeindruckend wirken
4. Ich gelte als temperamentvoll und kann recht hitzig werden
5. Ich bin ein Jäger und Abenteurer. Wo es Beute zu machen oder Neuland zu erobern gilt, bin ich dabei
6. Ich kann mich gut in Szene setzen und genieße es, im Mittelpunkt zu stehen
7. Ich kann andere sehr gut von einer Idee oder einem Projekt überzeugen
8. In meiner Gesellschaft wird es garantiert nicht langweilig. Ich bin witzig, schlagfertig und ein(e) gute(r) Entertainer(in)

9. Ich habe einen starken Unabhängigkeitsdrang

10. Wenn ich an etwas glaube, bin ich Feuer und Flamme und kann andere mit meiner Begeisterung anstecken

11. Als Kämpfernatur macht es mir Spaß, mich mit anderen zu messen oder in Wettstreit zu treten

12. Ich bin kein(e) gute(r) Verlierer(in)

13. Tatkraft, Willensstärke und Durchsetzungsvermögen sind meine Stärken. Ein angepeiltes Ziel setze ich umgehend in die Tat um

14. Ich kann mich gut gegen andere durchsetzen und sagen, was mir nicht passt

15. Wenn ich mir etwas vornehme, bin ich mit Leib und Seele dabei und entwickle großen Ehrgeiz

16. Klares, analytisches Denken liegt mir: Ich habe einen scharfen Verstand und bin ein guter Kritiker. Ich sehe ganz genau, wo der Hase im Pfeffer liegt

17. Ich kann sehr bestimmend sein. Mich unterzuordnen fällt mir allerdings schwer

18. Wenn Freunde, Partner oder Kollegen erfolgreicher sind oder mehr Geld verdienen als ich, bin ich leicht neidisch

19. Werde ich provoziert, kann ich aus dem Stand heraus sehr aggressiv werden. Ich solchen Augenblicken sollte man sich vor mir in Acht nehmen

20. Es passiert mir immer wieder, dass ich mich mit Freunden oder Kollegen zerstreite, die anderer Meinung sind

21. In der Liebe bin ich leidenschaftlich, fordernd – und leider auch sehr eifersüchtig

22. Ich habe eine Schwäche für Statussymbole – zum Beispiel für teure Autos, edlen Schmuck, Designermode oder repräsentative Möbel

23. Menschen, die sehr vorsichtig, empfindlich oder langsam sind, gehen mir entweder auf die Nerven oder machen mich aggressiv

24. Ich nehme Kritik schnell (zu) persönlich
25. Was ich besitze, zeige ich gerne her

## So ist der Königstyp

**Energiegeladen, stolz und dominant – diese Persönlichkeit orientiert sich sehr nach außen. Sie ist ein heißblütiger Charakter, geprägt von den Eigenschaften des Feuers**

### Mutig wie ein Tiger, stolz wie ein Dämon

Die tibetische Harmonielehre beschreibt den Königstyp so: Er ist so stark, mutig und ambitioniert wie ein Tiger, aber auch so stolz und selbstbewusst wie ein Dämon und so lebhaft, wachsam und flink wie ein Affe. Alles in allem also sehr starke Attribute! Feuertypen wie Sie erobern die Welt. Sie entdeckten Amerika, erklommen die höchsten Gipfel der Erde, kämpften gegen wilde Tiere und führten die Schlachten an. Es sind die Helden der Gesellschaft.

### Feuer ist wohltuend, aber auch gefährlich

Feuer, das vorherrschende Element Ihres Naturells, hat wie alles auf der Welt zwei Seiten. Solange die Flammen friedlich vor sich hin züngeln, bescheren sie dem Menschen pures Wohlgefühl und reine Lebensfreude. Doch wenn das Feuer zu viel Nahrung bekommt, wenn es etwa durch Luft angefacht wird, kann es leicht außer Kontrolle geraten, sich in Windeseile ausbreiten oder jäh auflodern. Dann wirkt es zerstörerisch, bringt Vernichtung und Tod und hinterlässt verbrannte Erde. Diese Regeln für das Spiel mit dem Feuer gelten in übertragener Form auch für Sie als Königstyp.

## Sportlich, kräftig, fit

Sie sind ein schlanker Typ mit kräftigen, muskulösen Armen und Beinen, Ihr Gesicht ist markant und kantig geschnitten, die Nase meist groß und hart gezeichnet, Kinn und Unterkiefer knochig und sehr ausgeprägt – ein Zeichen Ihres starken Willens. Ihre Augen sind klar und scharf umrahmt, und Sie schauen mit nüchternem Blick realistisch in die Welt. Keine Ungereimtheiten entgehen Ihrem glasklaren, analytischen Verstand. Sie sehen die Zusammenhänge, wie sie sind, und machen sich und anderen nichts vor.

Wenn es Ihnen gut geht – und das ist bei Ihnen sehr häufig der Fall –, verbreiten Sie Frohsinn und gute Laune in Ihrer Umgebung. Mit Ihrem schnellen Wortwitz und Ihren geistesgegenwärtigen Antworten bringen Sie Leben in die Bude. Ihnen fällt garantiert immer etwas ein, wenn es um die Frage geht: Was machen wir jetzt?

## Witzige Entertainer

Im harmonischen Zustand sind König und Königin die geborenen Unterhalter. Auf Partys schart man sich um diese faszinierenden Menschen, und mit der Zahl ihrer Bewunderer steigt ihre Ausstrahlung. Doch wie alle «starken Typen» polarisiert auch die eitle Königsnatur: Man hasst sie oder man liebt sie, dazwischen gibt es wenig.

## Eine sehr zupackende Art

Wenn Sie einer dieser Feuertypen sind, können Sie energisch zupacken – mit aller Konsequenz. Weichheit und Nachgiebigkeit sind Ihnen nicht nur fremd, sondern auch zuwider. Und ebenso kraftvoll und entschlossen, wie Sie die Dinge anpacken, wollen Sie, dass man Ihnen begegnet. Wer Angst vor Ihnen hat, sich zimperlich oder gar unterwürfig verhält, vor dem verlieren Sie schnell den Respekt, werden zynisch und gemein. Nur Ebenbürtige können Ihre Partner werden. Und diese wiederum stellen Sie ständig auf die Probe: ganz spielerisch, mit kleinen Rangeleien und Wetteifern im Sport, im Ernstfall aber auch im gnadenlosen Konkurrenzkampf. Als Feuertyp wollen Sie immer wieder die Rangordnung klären. Sie müssen wissen, wie weit Sie gehen können. Sie testen Ihre Grenzen.

## Freiwillig zurückstecken? Niemals!

Ihr angeborener Herrscher- und Unabhängigkeitsdrang ist so stark, dass Sie sich niemals freiwillig unterwerfen würden. Ob in der Partnerschaft, am Arbeitsplatz oder im Kreise Ihrer Familie – Sie übernehmen in jedem Team immer automatisch das Ruder, und zwar ohne lange darüber nachzudenken. Verantwortung tragen, Entscheidungen treffen, Risiken abwägen – das sind die typischen Qualitäten Ihres Typus. Und haben Sie einmal einen Entschluss gefasst, setzen Sie ihn möglichst sofort in die Tat um. Das tun Sie mit der gleichen Kompromisslosigkeit, Intensität und Leidenschaft, mit der Sie fast alles im Leben angehen: essen, trinken, arbeiten, lieben …

Wenn Sie sich für eine Sache engagieren, tun Sie das mit einer Vehemenz, die an Fanatismus grenzen kann. Doch wenn Ihre geradezu legendäre Einsatzbereitschaft in Überarbeitung umkippt, ist es nur noch eine Frage der Zeit, bis sich Ihre Schattenseiten zeigen.

## Wenn König und Königin aus der Balance geraten

**Wenn sein hitziges Temperament aufflammt, hat der Feuertyp bereits die Kontrolle verloren.**

### Aggression, Hass, Neid, Missgunst

Konfliktthema Nummer eins im Leben des Feuertyps ist sein Aggressionspotential. Wer es wagt, ihn zu beleidigen, anzugreifen oder zu provozieren, bekommt sofort seine Wut zu spüren. Aus dem Stand heraus können König oder Königin explodieren und zornbebend die Fassung verlieren. Bei diesen Ausbrüchen kommt es unter Umständen auch zu Gewalt und Zerstörung, und zurück bleibt nichts als verbrannte Erde. Nach diesen blindwütigen Zerstörungsfeldzügen verlieren Königstypen nicht nur viele Freunde, sondern auch den Respekt ihrer Umwelt.

## Ein dominanter Tyrann

Weitere Unarten, die das Leben mit einem Königsmenschen schwer machen, sind sein dominantes Gebaren und sein tyrannisches Verhalten. Wenn er gereizt ist, kann dieser Charakter die gesamte Stimmung in einem Haus vergiften und zum Vorwurf in Person werden. Vorhaltungen, Zurechtweisungen, Anklagen, Forderungen, Nörgeleien machen seinen Mitmenschen das Leben schwer.

Die Intensität und die Leidenschaft, mit der dieser Typ sein Leben lebt, macht es ihm schwer, zu entspannen. Er ist ständig in Alarmbereitschaft. Getrieben, fanatisch, wie besessen verrennt er sich in Ideen, Pläne oder Ziele – unfähig, sie loszulassen, selbst wenn sie sich als untauglich erwiesen haben. Oder er entwickelt zwanghafte Verhaltensstörungen wie einen Pünktlichkeits- oder Ordnungswahn oder Perfektionismus.

## Wenn der König eifersüchtig ist

Wer einen König oder eine Königin liebt, wird unweigerlich mit dem Thema Eifersucht konfrontiert werden. Dramen, Machtkämpfe und leidenschaftliche Versöhnungen prägen die Liebesbeziehungen dieses Typus. Weiche Eigenschaften hingegen wie Einfühlungsvermögen, Mitgefühl, Romantik oder Zärtlichkeit kommen eindeutig zu kurz – dazu ist dieser Typ zu fordernd und zu selbstbezogen.

Und zu eitel: Kleinere Angebereien wären ihm ja noch zu verzeihen, aber leider entwickelt er oft einen fatalen Hang zu Prunksucht und zu herrschaftlichem Gebaren. Für Imagesymbole wie schnelle Autos, teuren Schmuck und Urlaube in Nobelhotels geben König und Königin viel Geld aus. Es ist ihnen wichtig, dabei zu sein, wenn wichtige Menschen sich wichtig machen. Alles übrigens Feuertypen wie sie selbst.

## Auf dem Sockel der Überheblichkeit

Der Sockel, auf den König und Königin sich stellen, um besser auf andere herabsehen zu können, macht sie oft einsam. Ohnehin fällt es ihnen schwer, zwischen Freund und Feind zu unterscheiden. Als Freunde betrachten sie häufig nur Menschen, die sie bewundern, ihnen schmeicheln oder sie hofieren. Wer Kritik übt – und sei sie auch noch so berechtigt –, wird sehr schnell ins Reich der Feinde verbannt und darf bekämpft, beleidigt und gedemütigt werden. So gelingt es König und Königin, ihre eigenen Schwächen auf andere zu projizieren und ihnen das vorzuwerfen, was sie an sich selbst verurteilen. Frei nach dem Motto: «Schuld sind immer die anderen – wie gut, dass es sie gibt ...»

## *Was König und Königin aus dem Gleichgewicht bringt*

**Alles, was sein inneres Feuer schürt, wird dem hitzigen Königstyp gefährlich**

## Starke negative Emotionen

Als König oder Königin neigen Sie zur Intensität – im Guten wie im Schlechten. Zum Beispiel steigern Sie sich leicht in Ärger, Wut, Hass, Neid oder Missgunst hinein. Diese Gefühle wirken jedoch auf Ihr Nervensystem, als würde man Öl ins Feuer gießen. Sie bringen Ihre innere Flamme jäh zum Auflodern und erzeugen starken Druck. In solchen Augenblicken kann Ihre Verdauung streiken, Sie bekommen Sodbrennen oder stechende Magenschmerzen. Oder Sie sehen rot, fangen an, zu toben und zu brüllen, und rasten vollkommen aus.

Wenn Sie in eine Situation hineingeraten, in der es emotional hoch hergeht, sollten Sie erst einmal versuchen, sich innerlich herauszuhalten. Gehen Sie aus dem Zimmer, nehmen Sie Abstand – und kühlen Sie ab. Sie könnten zum Beispiel eine kalte oder lauwarme Dusche nehmen oder einen kleinen Spaziergang machen.

Wollen Sie sich grundsätzlich mit dem Thema Aggression auseinander setzen, hier eine Anregung:

### Zehn-Stufen-Programm zum Umgang mit Wut:

1. Gehe geschickt vor: Agiere, statt zu reagieren.
2. Widerstehe dem Drang in dir, die Wut auszudrücken.
3. Übernimm Verantwortung für deine Wut und sage dir: Sie ist mein eigenes Werk. Kein anderer außer mir selbst ist in der Lage, meine Wut herzustellen. Es gibt keinen Grund, anderen die Verantwortung für meine Wut zuzuschieben, egal, was sie getan haben. Die anderen sind nur Katalysatoren für meine Wut.
4. Lege Rechthaberei ab. Mag sein, dass du im Recht bist, aber du musst nicht darauf bestehen. Rede mit deinem Gegenüber so, wie du gerne angesprochen sein möchtest. Wie also magst du gerne behandelt werden?
5. Frage dich, wie viel Sinn es macht, wütend zu sein. Wirst du die Situation damit ändern? Lohnt es sich, dafür deine Ruhe und deinen inneren Frieden aufzugeben?
6. Nutze die Kraft deiner Wut positiv. Zum Beispiel beim Joggen, Gewichtheben, Tennisspielen oder Schwimmen. Du wirst dich wundern, wie viel mehr Kraft und Ausdauer du hast, wenn du vorher wütend warst. So tust du dir etwas wirklich Gutes!
7. Werde kreativ. Beginne zu malen, forme Skulpturen,

töpfere, musiziere oder tanze. Es gibt so viele Wege, deine Gefühle durch Gestaltung auszudrücken. Vielleicht willst du ein Baumhaus bauen, eine eigene CD produzieren oder deine Wohnung nach Feng-Shui-Richtlinien umdekorieren?

8. Beobachte deinen Atem. Achte zwischen deinen Alltagserledigungen immer wieder auf das Kommen und Gehen deines Atems, stelle dir vor, wie beim Einatmen Frieden in dich einströmt, und lasse diesen Frieden beim Ausatmen durch deinen Körper hindurchfluten.

9. Atme deine Frustration aus. Atme ein und halte zehn Sekunden lang die Luft an. Dann atme langsam und ganz sanft aus und lasse dabei all deine Frustrationen mit hinausfließen.

10. Wenn du das nächste Mal wieder in eine Situation kommst, die dich in Rage bringt, steh einfach auf und geh irgendwo anders hin. Beim Gehen sage dir: «Ich werde so lange herumgehen, bis die Wut weg ist.» Du wirst dich wundern, wie schnell dein Zorn verraucht ist.

Auch Hass ist ein Gefühl, das Menschen Ihres Typs häufig zu schaffen macht. Hass ist das Gegenteil von Liebe. Am Anfang steht immer eine tiefe Verletzung, die uns zugefügt wurde. Doch wenn wir hassen, verletzen wir uns selbst mehr als die andere Person. Die folgende Übung kann Hassgefühle transformieren:

### Verwandle Hass in Liebe

Stelle dir vor, dass dir die Person, mit der du ein Problem hast, gegenübersitzt und alle deine Bewegungen spiegelt: Hebst du die linke Hand, hebt sie die rechte – und so weiter.

- ☀ Setze dich auf den Boden und hebe die Hände in Schulterhöhe hoch, die Handflächen sind auf dein imaginäres Gegenüber gerichtet. Stelle dir vor, dass die andere Person eine Blume zwischen den Augenbrauen trägt. Atme ruhig ein und aus und stelle dir vor, dass die Blume sich entfaltet. Wenn du nun wieder einatmest, schau zu, wie die Blütenblätter sich wieder schließen. Wiederhole dies dreimal und sage am Schluss: «Ich bin Frieden.»
- ☀ Deine Hände senken sich nun herab auf Herzhöhe, die Handflächen sind nach wie vor auf dein Gegenüber gerichtet. Die Blüte befindet sich nun in der Mitte des Herzens. Atme ein und aus und beobachte das Entfalten der Blütenblätter vor deinem inneren Auge. Dreimal ein- und ausatmen, und danach sage: «Ich bin Liebe.»
- ☀ Nun bewege deine Hände zu den Knien. Die rechte zeigt mit der Innenfläche nach unten und legt sich auf die nach oben weisende Handfläche deines Gegenübers. Deine linke Handfläche zeigt nach oben, und auf ihr liegt die rechte Handfläche des anderen Menschen. Nun befindet sich die Blume auf seinem Nabel. Sie entfaltet sich vor deinem geistigen Auge, während du dreimal ein- und ausatmest. Du sagst dabei: «Ich bin Wahrheit.»
- ☀ Hebe nun wieder deine Hände wie zuvor in Herzhöhe und stelle dir vor, dass ein rosafarbener Lichtstrahl dein Herz mit dem Herzen deines Gegenübers verbindet. Dein Satz lautet jetzt: «Wir sind eins. Ich wähle die Liebe.»

## Offenes Feuer, sengende Sonne, heiße Bäder

Der Königstyp besitzt so viel inneres Feuer, dass er die direkte Hitzeeinwirkung von außen nicht gut verträgt: Hohe Temperaturen, aus welcher Quelle auch immer, provozieren auf Dauer Befindlichkeitsstörungen. Sie beginnen, sich unwohl zu fühlen, werden gereizt, suchen instinktiv Abkühlung. Bei länger anhaltender Hitzebelastung werden Sie vielleicht sogar krank, bekommen eine Entzündung oder eine Infektion. Dem können Sie vorbeugen, indem Sie

- sich im Sommer vorwiegend im Schatten aufhalten
- Sonnenbäder nur ganz kurz genießen
- Ihren Urlaub in kühleren Klimazonen verbringen, zum Beispiel an der Nordsee oder in Skandinavien
- Saunabesuche einschränken oder ganz darauf verzichten
- sich nicht allzu lange der Hitze von offenem Kamin- oder Lagerfeuer aussetzen
- keine allzu heißen Bäder nehmen

## Anstrengende Aktivitäten in praller Hitze

Ein Tennismatch in der Mittagspause an einem heißen Augusttag, möglichst in der prallen Sonne: Das ist ganz schlecht für Sie! Solche Fehler können Sie richtig krank machen. Wundern Sie sich also bitte nicht, wenn Sie am Abend mit einem Migräneanfall oder plötzlichem Fieber im Bett liegen. Für Sie lautet die Faustregel: Je heißer es draußen wird, desto dringender müssen Sie abkühlen. Kalte Kopfwickel, kühle Drinks und ein Liegestuhl im Schatten sind genau das Richtige für Sie. Und bitte keine hitzigen Debatten, sondern ruhige Gespräche, leise Musik – oder Schweigen.

## Geistige oder körperliche Überanstrengung

Ihrem körperlichen System ist es egal, ob Sie geistige oder körperliche Hochleistungen vollbringen. Es reagiert auf beide mit Stress: Ob Sie Tag und Nacht unter Hochdruck an einem Entwurf für einen Architekturwettbewerb arbeiten oder an einem Marathonlauf teilnehmen – Überanstrengung heizt Ihrem Organismus zu stark ein, und irgendwann beginnt er zu streiken. Oder Sie sehen aus nichtigem Anlass rot und rasten aus. Das muss nicht sein.

## Eitelkeit und Oberflächlichkeit

Sie sind ein sehr extrovertierter Mensch, der gerne am gesellschaftlichen Leben teilnimmt. Partys, Veranstaltungen, öffentliche Diskussionen, Konzerte, Sportevents – wo immer etwas los ist, sind Sie dabei, machen mit, bringen sich ein, zeigen Ihr Können. Gut so – so lange Sie nicht den Gegenpol vernachlässigen, nämlich Ruhe, Passivität und Innenschau. Diese Dinge sollten Sie durch Übungen, durch Meditation und Entspannung lernen, denn sie sind nicht von Natur aus in Ihnen angelegt.

## Weniger Derbheit, mehr Gefühl

Jeder Typ hat seine eigene Art von Humor. Königsmenschen lieben derbe Witze, lachen und spötteln gerne über andere und entwickeln im Gespräch mit ihnen leicht Schadenfreude oder einen zynischen Unterton. Sie haben nun mal eine etwas grobe Art, könnte man sagen. Aber genau sie spiegelt die Neigung des Königstyps zur Gemütskälte. Leise Zwischentöne haben bei ihm keine Chance, werden nicht gehört oder übergangen. Auf diesem Gebiet gilt es einiges zu lernen.

## Von Grobheiten zur Feinheit

Wenn Sie als Königstyp nach diesen Zeilen das Buch nicht empört weglegen, sind Sie bereits auf einem guten Weg. Vielleicht öffnen Sie sich für das Thema «Verfeinerung». Was damit gemeint ist, lehrt Sie der Elfentyp. Er besitzt die fein geistigen Qualitäten des Luftelements, wie Sensibilität, Intuition, Mitgefühl und Spiritualität. Wollen Sie ein Gefühl für diese Eigenschaften entwickeln, müssen Sie allerdings Ihr Bewusstsein schulen. Das ist ein langer Prozess. Am besten, Sie suchen sich dazu einen Lehrer. Mit Ihrem kritischen, nüchternen Verstand sind Sie sicher in der Lage, auf dem schier unüberblickbaren Esomarkt die schwarzen Schafe von den weißen zu unterscheiden. Sie werden also nicht gleich

auf den erstbesten Guru hereinfallen, der Ihnen beim Reiki-
seminar den Weg zur Erleuchtung erklärt, um Sie dann um
einen Kredit zu bitten.

Sie werden genau den geistigen Lehrer finden, bei dem sich
fundiertes Wissen mit Intuition und Herzensbildung paart.
Ein Persönlichkeitstrainer zum Beispiel, der Psychologie studiert hat und die Prinzipien des Zenbuddhismus in seine Methode integriert. Von fernöstlichen Lehren oder Meistern profitieren Sie wahrscheinlich am meisten, weil Ihr Typ genau
die Eigenschaften besitzt, die Buddhisten als die größte Gefahr des Westens bezeichnen: Ego(ismus), eine starke Beto-
nung materieller Werte, Eitelkeit und Dominanz. Sie selbst
entscheiden, ob Sie sich angesprochen fühlen wollen oder
nicht.

## Regeln für mehr Harmonie

○ Legen Sie bei anstrengenden Tätigkeiten immer wieder
Pausen ein, in denen Sie «Dampf ablassen».

○ Erlernen Sie Entspannungstechniken, die Sie in Stress-
situationen gezielt anwenden können. Damit beruhigen
Sie sich, sobald Ihnen innerlich der Hut hochgeht.

○ Zügeln Sie Ihr Bedürfnis, stets der/die Erste, Beste,
Schnellste, Tollste zu sein. Versuchen Sie einmal genau
das Gegenteil und lassen Sie bewusst anderen den Vor-
tritt: Was ist das für ein Gefühl?

○ Ihr beruflicher Ehrgeiz in Ehren – aber können Sie
nicht wenigstens im Privatleben etwas davon ablegen?
Ihre Mitmenschen werden es Ihnen danken.

○ Üben Sie Geduld gegenüber Menschen, die nicht so
schnell von Begriff sind wie Sie oder die insgesamt etwas langsamer oder bedächtiger leben und arbeiten. Sie
sind nicht schlechter, sondern nur anders! Hierzu ein
Spruch aus Tibet: Andere so zu akzeptieren, wie sie
sind, bringt deinem Geist eine wunderbare Freiheit.

# Der Königstyp und die anderen

Mit Haut und Haar wollen Sie Ihren Partner besitzen – zu dumm (für den anderen), wenn er andere Vorstellungen hat.

## König und Königin als Paar

Wahrscheinlich haben sich die beiden beim Sport kennen gelernt, zum Beispiel beim Match auf dem Tennisplatz, wo sie sich gegenseitig herausforderten. Oder er war ihr Trainer – oder sie die Profisportlerin und er ihr Fan. Sport, Bewegung und Wettkampf spielen in dieser Verbindung eine große Rolle. Es ist die gemeinsame Leidenschaft der Königskinder und die beste Art, das Aggressionspotential auf gesunde Weise auszuagieren. Wenn beide ausgepowert nach Hause kommen, liegen sie sich nach dem Duschen bald in den Armen und setzen ihre Leidenschaft auf anderer Ebene fort.

Action und Sport sind der Motor der königlichen Verbindung.

## Wohin mit der Power?

Fehlen diese Elemente, wird es jedoch sehr schnell sehr schwierig mit den beiden. Wohin mit der überschießenden Kraft? Wohin mit dem Stress aus dem Büro? Da kommt schnell Gereiztheit auf. Das wiederum lässt der Partner sich nicht so einfach gefallen. Die Explosionen zwischen zwei Kindern des Feuers können so heftig sein, dass die Beziehung manchmal auf einen Schlag zu Ende geht.

Im besten Fall wird die Versöhnung mit der gleichen Heftigkeit gefeiert, wie vorher gestritten wurde, und anschließend ist alles wieder so, als wäre nichts gewesen. Bleibt nur zu hoffen, dass beide nun wieder regelmäßig Sport treiben.

## Beide wollen sich ständig messen

Die Lust am Sieg ist die Würze dieser Beziehung und gleichzeitig eine große Chance. Sobald die beiden nämlich an einem Strang ziehen, potenziert sich ihre enorme Leistungsfähigkeit, und sie werden miteinander sehr erfolgreich. Sportlich, finanziell, ganz generell im Leben.

Möglich ist ein gemeinsames Vorwärtskommen aber nur, wenn König und Königin ihre Reviere von vornherein abstecken – und nicht nur das: Auch für den Fall eines (beim Königstyp unvermeidlichen) Übergriffs sollte es eindeutige Regeln geben: «Damit die Sache klar ist, Schätzchen …»

## Achtung, hier wird projiziert

Dramen werden trotzdem nicht ausbleiben bei diesem Paar – das bringt allein schon die Neigung zur Projektion mit sich: Jeder sucht für seine Probleme grundsätzlich erst einmal die Schuld beim andern. Auch wirft er dem Partner mit großer Vehemenz stets genau die Eigenschaften vor, mit denen er selbst Probleme hat. «Dir kann man nicht trauen», sagt der Misstrauische zu seiner Partnerin.

Da in diesem Spiel stets heftige Emotionen hochkommen, schaukeln sich die Aggressionen leicht in die Höhe. Sieger gibt es in solchen Fällen nicht – nur Verlierer.

Fazit: Die Beziehung der meisten Königskinder beginnt im Himmel.

Marion, 9 Lung, 72 Tripa, 20 Bäken, und
Werner, 12 Lung, 68 Tripa, 30 Bäken
Das Paar hat sich gerade erst kennen gelernt und ist hochgradig verliebt. Werner möchte seine neue Eroberung einem Kollegen vorstellen und schlägt Marion vor, ihn in dessen Wohnung gemeinsam zu bekochen. Alle Beteiligten sind begeistert von der Idee, es verspricht ein netter Abend zu werden. Werner hat sich ein Gericht ausgedacht, das er

schon einige Male mit Erfolg vorgeführt hat: Russische Buletten mit warmem Kartoffelsalat. Einfach, aber köstlich, schwärmt er seiner neuen Liebe vor. Das Rezept stammt aus dem Kochbuch seiner Großmutter. Werner hat selbstverständlich nur die besten Zutaten eingekauft, und pünktlich um sechs Uhr tauchen die beiden in der Wohnung des Kollegen auf. Gegen sieben Uhr begibt sich das Liebespaar in die Küche. Werner erklärt Marion, dass sie ihm eigentlich nur assistieren soll und das Gemüse putzen kann. Den Rest macht er schon. Aber Werner hat nicht damit gerechnet, dass seine neue Flamme sich beim Kochen nicht so einfach abschieben lässt. Marion ist Hauswirtschaftslehrerin und kennt sich mit der Zubereitung von Fleischbuletten hervorragend aus. Sie belehrt Werner, dass er die Brötchen viel länger einweichen muss und die Leberstückchen auf keinen Fall vorbraten darf. Werner, ganz im Eifer des Kochvergnügens, bekommt sofort einen roten Kopf und antwortet in einem vielleicht etwas zu scharfen Ton: «Meine liebe Marion, ich habe meine Buletten von Anfang an genau so gemacht, und sie sind mir bisher immer hervorragend gelungen.» – «Aber Schatz, du hast meinen Tipp doch noch gar nicht ausprobiert», fällt ihm Marion ins Wort, «du verstößt eindeutig gegen die Grundregeln des Kochens.» Da die beiden noch sehr verliebt sind, können sie sich darauf einigen, dass Werner die Buletten auf seine und Marion zur Gegenprobe einige auf ihre Art zubereitet. Der Kollege soll als Schiedsrichter entscheiden, welche die besseren sind. Dennoch ist die Situation für den Rest des Abends zwischen den beiden Liebenden sehr angespannt. Der Kollege ist diplomatisch und befindet, dass beide Bulettenvarianten auf ihre Art ganz besonders gelungen sind.

## König und Königin im Job

Ein klassisches Konkurrenzverhältnis, in dem es um Geld, Macht und Erfolg geht. Man stelle sich nur einmal folgende Situation vor: Zwei Könige im Wettstreit um den frei werdenden Posten als Abteilungsleiter! Sie werden eine Art Kampfspiel austragen, das Büro zur Arena machen und nichts unversucht lassen, den Gegner zur Strecke zu bringen: von Intrigen über verdeckte und offene Aggressionen bis hin zu Verleumdungen und Bestechungsversuchen bei der Sekretärin des Chefs. Nach außen tragen die Kontrahenten natürlich ein Lächeln auf den Lippen, das bei näherem Hinschauen eher einem Zähnefletschen ähnelt.

## Wer sägt denn da am Sessel?

Besser ist die Ausgangslage, wenn die Chef- und Untergeordnetenposition von vornherein klar besetzt sind. Allerdings kann es auch hier passieren, dass der Untere dem Oberen den Rang streitig machen will und an dessen Sessel sägt. Vielleicht hält er sich einfach für den Besseren von beiden. Friede, Harmonie und gute Kooperation sind die absolute Ausnahmesituation wenn zwei Königscharaktere aufeinander treffen. Auch wenn sie sonst im Leben ganz friedlich sind, können sie in diesem Fall eher gegeneinander als miteinander.

## Der Königstyp und die Friedliche Persönlichkeit als Paar

Zwei Gegensätze, die krasser nicht sein könnten. Finden sich zwei so unterschiedlich veranlagte Menschen überhaupt anziehend? Sie haben nichts gemeinsam, verkehren in verschiedenen Kreisen, interessieren sich für völlig unterschiedliche Themen. Aus energetischer Sicht besitzen Königs- und Friedlicher Typ genau die Eigenschaften, die dem anderen jeweils abgehen. Darüber hinaus fehlt beiden dasselbe, nämlich «luftige» Eigenschaften wie etwa Sensibilität und Intuition.

## Wo bleibt hier die Gemeinsamkeit?

Gehen wir aber trotzdem einmal davon aus, dass die beiden sich gesucht und gefunden haben. Nun kommt mit dem feurigen Partner plötzlich eine Menge Action ins Leben der Friedlichen Natur. Andererseits findet die wilde Abenteurerseele der Königsnatur im Schoß ihres ruhigen Partners zur lang ersehnten Ruhe. Action versus Gelassenheit, das sieht nach gegenseitiger Ergänzung aus. Allerdings nur, wenn beide bereit sind, aneinander zu wachsen, und das kann eine Aufgabe fürs ganze Leben sein. Beim Königstyp erfordert dies zunächst die Bereitschaft, die Qualitäten des Friedliebenden anzuerkennen und als wertvoll zu erachten. Das ist für ihn keineswegs selbstverständlich, weil er alles infrage stellt oder ablehnt, was nicht genau so ist wie er. Allzu schnell findet er den Ruhepol an seiner Seite zu langweilig oder verkennt dessen mütterliche oder väterliche Qualitäten. Einem Friedlichen Charakter wiederum werden der Erlebnishunger, die fordernde Art und die Temperamentsausbrüche des Königs schnell zu viel. Manchmal lässt er die Frontalangriffe seines Gegenübers an seinem dicken Fell abprallen, oft fühlt er sich überfordert und zieht sich zurück. In günstigen Augenblicken amüsiert er sich dann wieder köstlich über den Entertainer an seiner Seite.

## Der Friedliche Typ schwingt den Kochlöffel

Wenn diese Kombination tatsächlich zustande kommt, wird der Friedliche Typ – unabhängig vom Geschlecht – den heimischen Herd hüten, während die Königliche Natur draußen im Leben auf Jagd geht – nach Geld, Ruhm und Ehre.
Damit dieses Paar in Harmonie leben kann, sollte es sich die Dimension von Luft und Raum erschließen. Es könnte sich etwa mit Kunst und Kultur befassen und vielleicht selbst ein wenig malen oder Musik machen. Es kann sehr viel Spaß machen, sich gemeinsam neue Gebiete zu erschließen.

## König oder Königin und der Friedliche Typ im Job

Dies ist eine Kombination mit klarer Rollenverteilung: Der Königstyp übernimmt die Führung und der Friedliche nickt zu allem freundlich mit dem Kopf. Das fällt ihm nicht besonders schwer, denn er ist von Natur aus gutmütig und es nicht gewohnt, etwas infrage zu stellen. Nach dem bewährten Motto «Er/Sie hat Recht und ich meine Ruhe» kommt er mit seinen feurigen Kollegen eigentlich ganz gut klar, selbst wenn er der Chef und sie die Untergebenen sein sollten. Könige und Königinnen wiederum nehmen die gemütlichen Friedlichen nicht wirklich ernst – sie machen ihnen ja keine Konkurrenz – und erkennen schnell ihre guten Handlangerqualitäten. Nur wenn sie eine Schulter zum Ausweinen oder Jammern suchen, kommt ihnen der Erdmensch gerade recht.

### Der König spielt immer den Chef

Sind König oder Königin die Vorgesetzten des Friedlichen, findet die gleiche Rollenverteilung statt – diesmal allerdings vertraglich festgelegt. Die Friedliche Person ist ihrem königlichen Chef treu ergeben, loyal bis ins Grab: seine ideale Sekretärin, sein zuverlässiger Chauffeur, der stets hilfsbereite Hausmeister. Die cholerischen Ausbrüche von Chef oder Chefin erträgt der Friedliche mit Engelsgeduld. Man kennt das ja: Nach einer halben Stunde ist alles wieder vorbei. Dann stellt man dem Boss ein kühles Getränk hin und alles ist wieder gut.

Ungünstiger stehen die Vorzeichen, wenn der Friedliche Typ der Boss ist. Er muss früher oder später damit rechnen, sich mit König oder Königin einen Konkurrenten ins Nest gesetzt zu haben. Der ehrgeizige, aufstrebende Königscharakter wird immer wieder versuchen, schneller oder schlauer als sein Boss zu sein. Das geht nicht lange gut.

## Königstyp und Impulsive Persönlichkeit als Paar

Dies ist ein äußerst vitales und eigenwilliges Zweiergespann. Beide sind recht heißblütig und auf der Suche nach neuen Herausforderungen: Ständig auf Achse, immer in Bewegung, unterwegs zu neuen Abenteuern. Keine Beachparty, keine Vernissage, kein Konzert, das den beiden entgeht. Wo etwas los ist, sind sie dabei. Sie tragen die Kleidung, die angesagt ist – der Impulsive vielleicht ein wenig extravaganter, der Königliche dafür prunkvoller –, sie fahren exakt das Auto, das man heute fährt, und laden ihren Anlageberater zum Essen ein, in der Hoffnung, damit endlich den Kredit für die Penthousewohnung in der Innenstadt zu bekommen.

### Kleine Dominanzspielchen

Wo immer dieses Paar auftritt, erregt es Aufsehen. Wen wundert's bei so viel Ausstrahlung und so viel Charme. Wenn die beiden weg sind, fragt man sich: Wer von den beiden hat da wohl das Sagen? Der Königstyp natürlich. Glaubt er zumindest. Nach außen sieht es auch ganz danach aus. Aber er sollte den Impulsiven an seiner Seite nicht unterschätzen. Der weiß dank seiner «klugen» Luft-Energie nämlich ziemlich genau, wie er seinen König um den Finger wickeln kann. Trickreich setzt der Impulsive Typ seine naturgegebene Elementemischung aus Wind und Feuer für seine Ziele ein.

### Der König als Macho

Ist der Impulsive Partner eine Frau, wird sie all ihre Verführungskünste einsetzen, um ihren geliebten König zu den Handlungen zu bewegen, die nach ihrem Sinne sind. Er fühlt sich in seiner Eitelkeit geschmeichelt, wenn sie ihm kunstvoll die Füße massiert oder ihm ein Liebesmahl zelebriert, dass ihm Hören und Sehen vergeht. Das mögen Macho-Männer. Aber Macho-Frauen auch. Ist sie die Königin, wird sie begeistert die ebenso phantasievollen wie leidenschaftlichen Liebesbeweise ihres künstlerisch begabten Lovers entgegennehmen.

## Leidenschaft, die Leiden schafft

Wie auch immer die beiden Typen sich arrangieren: Die Glut der Leidenschaft wird in ihrer Beziehung zum Problem werden. Fürchterliche Eifersuchtsdramen und groteske Machtspiele stehen ins Haus. Zur Ruhe kommen die beiden leider auch nicht – es sei denn, der Impulsive Partner schafft es, seinen Königstiger mit zur Yogastunde zu schleppen.

## *Königstyp und Impulsive Persönlichkeit im Job*

Wenn diese beiden sich einig sind, werden sie zum Powerteam, das zielgenau auf Erfolgskurs geht. Die Rollenverteilung könnte so aussehen: Der Impulsive macht die Entwürfe, schmiedet die Konzepte und formt die Ideen aus. Der König verkauft das Ganze für gutes Geld. Und am Schluss freuen sich beide. Gute Chancen hat so eine Kooperation in einer kreativen Branche und im technischen, kunsthandwerklichen und kaufmännischen Bereich.

## Immer wieder in Konkurrenz

Problematisch wird es in Situationen, wo die beiden in Konkurrenz aufeinander treffen, was leider immer wieder passiert. Zum Beispiel, wenn es um Geld geht. Zwar tritt das Feuer im Blut des Impulsiven Typs weniger deutlich zutage als beim Königstyp, aber er kämpft dafür raffinierter. Um Eifersüchteleien oder offenen Feindschaften vorzubeugen, sind klare Verträge zwischen den beiden vonnöten.

Ob die beiden in ungleicher Position letztlich miteinander klarkommen, hängt von vielen Faktoren ab. Im Prinzip ist der Impulsive Typ der sensiblere und nachgiebigere Kollege. Als Vorgesetzter eines Königs kann er seine Klugheit einsetzen und seinen stürmischen Untertan durchaus zur Raison bringen. Umgekehrt wird es wahrscheinlich weniger zimperlich zugehen. Ein König als Chef hat wenig Lust, auf den feinsinnigeren Impulsiven Rücksicht zu nehmen.

## Der Königstyp und die Nachdenkliche Persönlichkeit als Paar

Dies ist ein ungleiches Paar mit wenig Gemeinsamkeiten. Wenn dennoch eine Beziehung entsteht, dann auf der Basis gegenseitiger Ergänzung. Im Wesen des Nachdenklichen Partners sind genau diejenigen Elemente besonders ausgeprägt, die dem Königsmenschen vollkommen fehlen: die intuitiven und kreativen Eigenschaften der Luft und das stabile, ruhige, beständige Erdelement. Königstypen wiederum haben das Feuer, das dem Nachdenklichen abgeht. Das macht beide füreinander interessant.

### Beträchtliche Kompromisse von beiden Seiten

Wie lange die Anziehungskraft dieser Gegensätze anhält, hängt von der Bereitschaft ab, einander zu tolerieren und sich entgegenzukommen. Der aktive Königsmensch muss es etwa aushalten, dass sein sanfter Partner nur selten mitkommt, wenn er ausgehen und etwas erleben möchte. Er muss damit klar kommen, dass sein Partner ihm wenig Widerstand entgegensetzt, wenn er ihm auf die Füße tritt. Statt sich zu wehren und eine Front aufzubauen (was dem Königstyp viel lieber wäre), zieht sich der Nachdenkliche Typ immer wieder zurück. Teils, weil er beleidigt ist, teils, weil ihm die Umtriebigkeit des Königsmenschen oft zu anstrengend wird und er sich nach Ruhe sehnt. Der Nachdenkliche Typ wiederum muss akzeptieren, dass ein Königsmensch seinen eigenen Weg gehen wird, wenn er nicht mitkommt. Hier sind beträchtliche Kompromisse vonnöten, um überhaupt eine gemeinsame Zukunft zu finden.

## Seltene Momente der Nähe

Dennoch wird es immer wieder Momente geben, in denen diese so verschiedenen Menschen einander sehr nahe sind. Eigentlich schätzt der Königstyp den sanften Gleichmut seines Partners. Wenn dieser sensible, geduldige Zuhörer ihm tröstend auf die Schultern klopft, ihm Recht gibt und seine Solidarität bekundet, kann der Königstiger nur noch zufrieden schnurren.

Dem Nachdenklichen Typ wiederum kommt die Power seines Partners gelegen. Sie reißt ihn aus seiner Lethargie heraus und zwingt ihn, aktiv am Leben teilzunehmen. Auch wenn ihm das anfangs schwer fällt – hinterher ist er doch froh, sich aufgerafft zu haben.

**Kim, 19 Lung, 63 Tripa, 18 Bäken, und**
**Maximilian, 38 Lung, 14 Tripa, 48 Bäken**
**Nach 13 Jahren Ehe hat sich die temperamentvolle, sportliche Kim von Maximilian getrennt, mit dem sie zwei Kinder im Alter von 11 und 13 hat. «Er war mir einfach zu unzuverlässig und zu labil», sagt sie. «Maximilian tat Dinge, ohne mich zu fragen, und glaubte, er müsse sich nicht an Absprachen halten.» Als Königin, die in der Familie von Anfang an alle Fäden in der Hand hatte, mochte sich Kim nicht länger so behandeln lassen. Sie zog aus, ließ ihre Familie in der großen Wohnung zurück und nahm sich in der Nähe ein Apartment. Nun waren Kim und Maximilian an einer gütlichen Einigung interessiert, zum Vorteil für beide. Und sie kamen auf ein ungewöhnliches Modell, das inzwischen hervorragend funktioniert: Eine Woche leben die Kinder bei der Mutter und eine Woche beim Vater. «Läuft prima», sagt Kim und fügt hinzu: «Viel besser als vorher!» Sie erinnert sich noch sehr genau daran, wie ungeduldig sie in Krisenzeiten mit den Kindern war: «Ich schrie herum, und oft rutschte mir die Hand aus, wenn sie mir nicht folgten.»**

Heute ist das anders. Kim hat, obwohl inzwischen ganztags berufstätig, in ihrer freien Woche viel Zeit für sich selbst und freut sich dann wieder auf die Kleinen. «Jetzt kann ich endlich beides richtig machen: mich um die Kinder kümmern und um mich selbst», sagt sie.

In «ihrer» Woche treibt sie viel Sport und besucht regelmäßig ein Fitnessstudio. Das macht der kontaktfreudigen Kim sehr viel Spaß. Einmal legte sie es beim Krafttraining darauf an, einen Mann bei der Zahl der Sit-ups zu überrunden: «Ich habe es natürlich geschafft», sagt sie: «300 Wiederholungen – ohne Pause.»

Auch ihr neuer Job gefällt Kim sehr gut. Sie leitet den Empfang eines Unternehmens, wo sie für die Telefonzentrale und die Post zuständig ist. Sie macht ihre Sache in der Tat sehr gut: Dank ihres Organisationstalents läuft alles wie am Schnürchen, und ihre permanent gute Laune färbt inzwischen auf die gesamte Abteilung ab. Kim freut sich über ihre neue Lebenssituation: «Es ist jetzt auf allen Ebenen für alle Beteiligten wesentlich entspannter.» Als typische Königin hat sie, sobald sie das Problem in ihrer Ehe erkannt hatte, sofort zielstrebig nach einer Lösung gesucht und ihren ganzen Ehrgeiz daran gesetzt, die Angelegenheit optimal zu regeln. Es ist ihr gelungen.

## König und Königin und der Nachdenkliche Typ im Job

Eine konstruktive Zusammenarbeit kann hier nur unter einer Bedingung entstehen: Beide Mitarbeiter müssen bereit sein, die jeweils andersartigen Fähigkeiten des Kollegen zu würdigen und anzuerkennen. Ist das nicht möglich, scheitert jeder Kooperationsversuch an gegenseitiger Verständnislosigkeit.

Das beginnt schon damit, dass der Königstyp am Arbeitsplatz

stets von neuem sein Revier abstecken muss. Er macht jedem neuen Kollegen als Erstes unmissverständlich klar, bis wohin seine Kompetenzen gehen. Der oder die Nachdenkliche stehen diesem Machtgebaren verständnislos gegenüber: Nichts liegt ihnen ferner, als dem Königskollegen seinen Rang streitig zu machen. Was also soll dieses Aufplustern? Nachdenkliche Naturen wollen inhaltlich arbeiten, sich tief in ein Wissensgebiet hineinknien. Formalitäten und oberflächliche Eitelkeiten, wie etwa ein repräsentativer Schreibtischstuhl aus Leder, auf die königliche Mitarbeiter großen Wert legen, sind ihnen völlig fremd.

### Eine Lektion für den großen Macher

Wenn die Königliche Machernatur und das stille, tiefe Wasser gezwungen sind, gemeinsam ein Projekt durchzusetzen, haben beide eine große Lektion zu lernen: Der König muss anerkennen, dass die langsame, gründliche und bedachte Art des Nachdenklichen Typs ganz entscheidende Vorteile hat. Außerdem ist es sehr wahrscheinlich, dass der Nachdenkliche der Klügere und Belesenere von beiden ist. Davor hat der Königscharakter eine Menge Respekt, egal in welcher Position er sich ihm gegenüber befindet.

Der Nachdenkliche Typ wird sich, wenn er schlau ist, eine Scheibe von der direkten und offensiven Art des Königstyps abschneiden, Ziele zu erreichen.

## Die Königspersönlichkeit und der Souveräne Typ als Paar

Die unvermeidliche Königsfrage «Wer ist der Herrscher in diesem Revier?» fällt bei diesem Duo eindeutig zugunsten des Souveränen Typs aus. In ihm finden König und Königin ihren Meister, denn gegen diese geerdete, stabile Kraft kommen nicht einmal sie an. Da können sie sich noch so wichtig machen und sich aufplustern, da können sie den Macho spielen oder Teller an die Wand werfen: Der Souveräne Typ registriert das Aufbegehren als das, was es ist, nämlich die Sucht nach Aufmerksamkeit, lächelt milde und wendet sich seinen eigenen Angelegenheiten zu. An der soliden Verbindung von Feuer und Erde, die den Souveränen Charakter prägt, verpufft das hell auflodernde Feuer des Königs. Denn was geschieht, wenn Feuer auf Erde trifft? Es entstehen harte, steinige Strukturen. Und Steine können nun mal nicht brennen. Steinhart, unbeirrbar und unerschütterlich: So ist der Souveräne Typ.

### Ruhe statt Sturm und Drang

Und was wollen die beiden voneinander? Eine ganze Menge. Der Königliche will sich am Souveränen Typ die Zähne ausbeißen. So lange, bis er kampfesmüde die Fahne der Kapitulation schwenkt. Dann kann er plötzlich ganz zahm werden. Endlich spürt er einmal seine Grenzen. Welch wohltuende Erfahrung! Vielleicht hat er zum ersten Mal in seinem Leben jemanden gefunden, zu dem er aufschauen und dessen Autorität er akzeptieren kann. So kommt er schließlich von seinem Egotrip herunter. Tief durchatmen, entspannen und sich einmal richtig fallen lassen – bei diesem Partner hat der Königstyp die Chance, es zu lernen. Ruhe statt Sturm und Drang – eine ganz neue Dimension für den König.

### Maßvolle Glut statt lodernder Flammen

Nun darf man aber nicht glauben, dass diese Verbindung nur für die eine Seite von Vorteil wäre: Der Souveräne Partner weiß das stürmische Temperamentsbündel an seiner Seite wohl zu schätzen. Er delektiert sich an der Schlagfertigkeit, dem königlichen Witz und der Unterhaltungskunst seines Partners und mag dessen Art, kein Blatt vor den Mund zu nehmen. Langeweile kommt da garantiert nicht auf. Im Gegenteil: Das Feuer auf beiden Seiten lässt die Leidenschaft füreinander nicht erkalten.

Alles in allem wirkt das Element des Feuers in dieser Beziehung aber nicht so destruktiv und verzehrend wie etwa zwischen König und Königin. Es bleibt im Wesentlichen eine maßvolle, belebende und wärmende Glut – von Ausnahmen natürlich abgesehen.

### Diese Verbindung riecht nach Geld

Haben sich unsere beiden Typen nach anfänglichem Machtgerangel darauf geeinigt, Seite an Seite durchs Leben zu gehen, können sie sich ein beachtliches Imperium aufbauen und zu großen Reichtümern kommen. Geld, Besitz und Erfolg ist beiden sehr wichtig. So werden sie ihr ganzes Trachten danach richten, Statussymbole und materielle Güter anzuhäufen. Gute Chancen also für eine sichere gemeinsame Existenz, gerne auch mit Kindern.

### Die Königliche Hausherrin regiert

Handelt es sich beim weiblichen Part um eine Königin, wird sie sehr schnell die Herrschaft über das Zuhause übernehmen. Mit Bravour bringt sie Kinder, Kochen, Karriere, gesellschaftliche Verpflichtungen und ihre Rolle als wortwitzige Gattin unter einen Hut. Daneben findet sie aber immer noch Zeit für Sport und Shopping. Er, das Souveräne Familienoberhaupt, geht derweil seinen Geschäften nach und freut sich, dass zu Hause alles wie am Schnürchen läuft.

### Die Souveräne Partnerin erträgt keinen Macho

Ist der männliche Partner ein König, der mehr verdient als seine Frau, könnte es passieren, dass er aus dieser Rolle den Anspruch ableitet, der Familienboss zu sein. Die Souveräne Partnerin wird ihm sein Machogehabe nicht durchgehen lassen und hält einiges dagegen. Vielleicht sucht sie sich selbst einen Job, in dem sie erfolgreich sein kann. Mit ihrem brillanten Geschäftssinn wäre es für sie ein Leichtes.

**Gemeinsam Yoga machen**

Das Einzige, was dem feurigen Paar abgeht, ist der Sinn für sensible Themen wie Philosophie, Spiritualität oder Fragen der Ethik. Aufgeschlossen wie sie gegenüber neuen Strömungen sind, könnte es aber passieren, dass sie eines Tages doch Poweryoga entdecken oder sich zu einem Yogaseminar entschließen. Beides müsste freilich an einem Ort stattfinden, der gerade angesagt ist.

## Der Königstyp und die Souveräne Persönlichkeit im Job

Voilà – das Erfolgsteam par excellence. Steckt man zwei derart geschäftstüchtige Typen in das Management eines Unternehmens, kommen die Bilanzen sehr schnell aus den roten Zahlen heraus. Mit ihrem unschlagbaren Geschäftssinn sind sie die optimalen Finanzberater für jede Art von Geldgeschäften – von Grundstücksspekulationen über Börsengänge, über Immobilien bis hin zu Gastronomie oder Unterhaltungsindustrie. Kaum eine Branche, in der die beiden nicht auf direktem Weg nach oben kämen.

Vom ersten Geld werden repräsentative Leasinglimousinen gekauft, dann Designeranzüge beziehungsweise -kostüme, parallel läuft die Anmeldung beim Golfclub. Geld ist Macht, und die Macht ist auf der Seite von König und Souveränem Charakter.

**Die Kommunikation muss fair bleiben**

Die einzige Gefahr, die dem Erfolgsduo droht, ist die Konkurrenz untereinander. Aber wenn sie schlau sind (und das sind sie meistens), werden sie mit einem Coach angemessene Kommunikationsregeln erarbeiten. Dieses Training können sie anschließend erstens von der Steuer absetzen (ein wichtiges Argument für dieses Kollegenpaar!) und zweitens auch bei künftigen Geschäftsverhandlungen einsetzen.

Manchmal begegnen sich der Königstyp und der Souveräne Charakter in unterschiedlichen Positionen. Hier ist es günstig, wenn der Souveräne Typ der Boss ist, denn er besitzt eindeutig die besseren Führungsqualitäten.

## Der Königstyp und die Glückliche Persönlichkeit als Paar

Mit einem Menschen vom Glücklichen Typ an seiner Seite bieten sich für die Königsnatur allerbeste Chancen, persönlich zu wachsen. Hier lernt er die Kunst der Gelassenheit im Hier und Jetzt, die sein Feuer besänftigt.

### Der Glückliche weiß Grenzen zu setzen

Auch wenn der Glückliche Typ meistens klug genug ist, nachzugeben, können sich Königscharaktere keineswegs alles herausnehmen. Der Glückliche weiß dem stürmischen Egomanen an seiner Seite sehr wohl Grenzen zu setzen, weil er immer einen Weg finden wird, um seine Eigeninteressen zu bewahren und das zu tun, was er will. Auf der anderen Seite schätzt das harmonische Naturell die Power des Feuertyps. Mit diesem extrovertierten Wirbelwind wird das Leben ein einziges Abenteuer.

### Das Einmaleins der Manieren

Da sich der Glückliche Charakter auch gegen Rücksichtslosigkeit und Egoismus zur Wehr setzen wird, hat das Königliche Wesen jede Menge Gelegenheit, Höflichkeit und Manieren zu lernen, Rücksicht und Dankbarkeit zu üben und den andern uneigennützig zu beschenken, ohne sich insgeheim auszurechnen, was er dafür wohl zurückbekommt.

Glückliche Naturen können in ihren Partnern große Wandlungen auslösen, ohne bewusst etwas dafür zu tun. Sie sind innerlich so ausgeglichen, dass sie den Menschen in ihrer Umgebung allein durch ihre Anwesenheit helfen, ihre Schwächen zu überwinden. Im besten Fall beginnen Königliche Typen unter dem Einfluss einer Glücklichen Natur ganz unwillkürlich an sich zu arbeiten.

## Die Entdeckung der Langsamkeit

Königstypen entdecken zum Beispiel, dass es gar nicht nötig ist, immer das Tempo vorzugeben. Die Dinge langsamer anzugehen kann auch sehr schön sein. Es soll sogar schon Fälle gegeben haben, in denen König oder Königin eines Tages aus freien Stücken einem Vorschlag ihres Partners folgten, ganz ohne Wenn und Aber …

**Liz, 6 Lung, 68 Tripa, 36 Bäken, und**
**Herbert, 30 Lung, 32 Tripa, 38 Bäken**
Liz und Herbert haben zwei sehr unterschiedliche Temperamente. Sie ist eine sehr lebhafte, temperamentvolle Frau, er eher zurückhaltend, besonnen und introvertiert. Wahrscheinlich war es genau diese Unterschiedlichkeit, die sie aneinander faszinierte. Liz und Herbert waren Nachbarn, als sie sich kennen lernten. Seit einem halben Jahr sind sie nun ein Paar – mit nach wie vor zwei Wohnungen im gleichen Haus. Herbert flog von Anfang an auf die positive Energie, die Liz ausstrahlte: «Sie war so offen, so spontan und immer gut drauf.» In seiner etwas spröden Art fügt er dann hinzu: «Natürlich spielen auch äußere Aspekte eine Rolle. Liz entspricht weitgehend meinen Vorstellungen von einer tollen Frau.»
Auch mit ihren beiden Kindern verstand er sich auf Anhieb. Für ihn, den Dauer-Single, eröffnet sich mit Liz eine echte Zweier-Perspektive: «Es ist für mich die erste Beziehung, in der ich eine Zukunft sehe.»
Herbert hatte sich bisher vorwiegend auf sein berufliches Fortkommen konzentriert. Nach einem Musik- und einem Informatikstudium in den USA arbeitet er jetzt in der Ent-

wicklungsabteilung einer Softwarefirma. «Das macht Spaß und hat Vorteile», sagt er trocken. «Flexible Arbeitszeiten, gute Bezahlung, gute Aufstiegschancen.»

Doch nun freut er sich, jemanden an seiner Seite zu haben, mit dem er die Dinge des Lebens genießen kann, die zu zweit einfach mehr Spaß machen: gemeinsam kochen, essen – und bei einer Flasche guten Weins relaxen. Herbert, der gerne am «Genussaspekt arbeitet», wie er es selber ausdrückt, ist davon überzeugt, dass er Liz da noch einiges beibringen kann.

Liz sieht das ähnlich. Sie ist sehr beeindruckt von Herberts «Genussaspekt»: «Er hat eine so kultivierte Lebensart, ist gebildet, ruhig, verständnisvoll.» Optisch war er eigentlich nicht ganz ihr Typ, aber «ich flog total auf seine ruhige Stimme. Und außerdem ist er ein Mann, der innere Werte hat», schmunzelt sie. Auf die Frage, was sie an ihm besonders mag, kommt spontan die Antwort: «Dass er kein Streithansel ist – und viel toleranter als ich.»

Dass die Königin Liz die Friedfertigkeit ihres Glücklichen Freundes so schätzt, kommt nicht von ungefähr. Es gibt da nämlich hin und wieder auch ein Problem. Herbert formuliert es so: «Manchmal tue ich mich schwer mit ihrer Dominanz. Liz teilt gerne aus. Sie hat einen sehr ausgeprägten Führungsanspruch.» Er reagiert darauf leider nicht immer so, wie er es selbst für richtig hält. «Ich schaffe es nur manchmal, zu kontern. Meistens bin ich einfach verstört, teilweise irritiert. Dann schlucke ich es herunter, schalte ab und ziehe mich innerlich zurück. Aber ich weiß genau, dass das nicht richtig ist, es hat mit meiner Kindheit zu tun. Ich bin eher der Typ, der Konflikten aus dem Weg geht.»

Liz ist da ganz anders. Sie geht auf Konfrontationskurs und fragt so lange nach, bis das Thema auf dem Tisch ist. Wenn sie dann über ihr Problem sprechen, sind beide hinterher erleichtert. Herbert weiß, dass er von Liz in dieser Hinsicht einiges lernen kann: «Ich bemühe mich zumindest.»

Ein anderes Thema zwischen Liz und Herbert heißt Wettbewerb. «Letzte Woche gab es wieder mal eine ganz typische Situation», erzählt Liz. «Wir fuhren mit dem Rad zum See. Ich fuhr voraus, er strampelte mir hinterher und musste sich richtig anstrengen, um mit mir Schritt zu halten. Das gefiel mir irgendwie nicht. Am See angelangt, nervte es mich, dass er kein Badetuch dabeihatte. Er ist oft so unbeholfen, das macht mich gereizt.»

Herbert sah die Situation ganz anders: «Ich wollte an diesem Tag ganz entspannt zum See radeln und hatte einfach keine Lust, ein Wettrennen zu fahren. Ich habe einfach nur mein eigenes Tempo beibehalten. Dass ich ihr hinterhergestrampelt bin, stimmt nicht.»

Direkt darauf angesprochen, ist Liz sich durchaus bewusst, welche Situationen sie immer wieder provoziert, sagt Herbert. Sie sei da durchaus lernfähig. Aber man muss sie eben jedes Mal erneut darauf aufmerksam machen.

Liz und Herbert wollen aneinander wachsen. Sie hat inzwischen begriffen, dass Langsamkeit und Bedächtigkeit sie schnell ungeduldig werden lässt und dass sie dann dazu neigt, ihren vermeintlichen «Kontrahenten» abzuwerten. Er wiederum ist ihr dankbar, dass sie ihn zwingt, sich mit ihr auseinander zu setzen: «Ich bin nicht der Mensch, der seine Gefühle offen auf den Tisch legt.» Für ihre Zukunft wünscht er sich, dass der gegenseitige Lernprozess weitergeht.

## Königstyp und Glückliche Persönlichkeit im Job

Der Glückliche drängt sich nicht danach, den Boss zu spielen, obwohl er es gut könnte. Der Königstyp dagegen möchte unbedingt der Boss sein, obwohl andere es besser könnten. Man kann nur hoffen, dass in dem Betrieb, in dem die beiden arbeiten, kein Posten frei wird, nach dem beide schielen. Das könnte zu schwierigen Situationen führen, denn der Glückliche Typ, der die Position in den meisten Fällen bekommen wird, hat dann lange unter den Neidattacken des Königscharakters zu leiden.

## Keiner sollte mehr zu sagen haben als der andere

Am ehesten verstehen sich diese beiden als gleichgestellte Mitarbeiter oder als gleichberechtigte Partner. Allerdings muss gewährleistet sein, dass echte Gleichberechtigung herrscht, denn Könige neigen immer dazu, nach Nachbars Kirschen zu schielen. Insgesamt profitiert von dieser Konstellation der Königstyp mehr, denn er findet in seinem Gegenüber wohltuenden Ausgleich.

## Der Glückliche hat den klaren Kopf

Der Glückliche Mitarbeiter behält in entscheidenden Situationen einen klaren Kopf und setzt dem König immer wieder klare Grenzen. Aber oftmals ist er dennoch froh, einen so tatkräftigen und schnell entschlossenen Kollegen neben sich zu haben.

# Die vollkommene Königsnatur

Welch brillante Erscheinung ist der hoch entwickelte Königstyp! Ein Mensch von umwerfendem Charme, mit geradezu charismatischer Ausstrahlung. Wen er mit seinem klaren, durchdringenden Blick anschaut, der fühlt sich von seiner suggestiven Wirkung angezogen. Und was er sagt, klingt so überzeugend, so durchdacht, dass man fortwährend nur sagen möchte: «Ja, das stimmt, genauso ist es ...»

## Die Aura der Überlegenheit

Große Fitnesspäpste, die auf der Bühne Tausende von Menschen dazu bringen können, sich nach ihrer Methode zu bewegen, gehören zu diesen Feuermenschen. Sie ernten stehende Ovationen für ihre glühenden Reden und blühen auf im Licht der Scheinwerfer – königliche Diven und Entertainer.

## Frühe Persönlichkeitsschulung

Der Hang zu Glanz und Gloria ist den Königen und Königinnen in die Wiege gelegt. Im Laufe ihres Lebens gilt es für sie jedoch zu lernen, zwischen echtem und falschem Glanz zu unterscheiden. Eitelkeiten und egozentrisches Verhalten sollten möglichst noch in jungen Jahren transformiert oder zumindest therapiert werden, denn sie bringen diesen Typ um den Genuss wahrer Freundschaften und binden ihn weiter an ein Leben voller Äußerlichkeiten. Eine gute Möglichkeit, Respekt und Achtung vor der Natur und den Menschen zu entwickeln, ist es, sich immer wieder Grenzerfahrungen auszusetzen. Gefährliche Extremtouren in der Natur helfen, den Königsmenschen zu erden und in sich ein Gefühl von Demut und Dankbarkeit zu entwickeln. Aber auch Psychoseminare, bei denen es ans Eingemachte geht, geistige Retreats in einem

Kloster oder Meditationshaus und vor allem Begegnungen mit geistigen Meistern könnten diese Weiterentwicklung vorantreiben.

## Haben oder Sein?

Nur mithilfe einer tief greifenden Charakterschulung kann der Königstyp den Abstand gewinnen, der ihn weiterbringt: Abstand von der Gier nach Macht und Besitz, Abstand von negativen Emotionen wie Wut, Hass, Neid und Missgunst – und nicht zuletzt Abstand vom eigenen Ego. Der Königstyp wird besonders mit dem buddhistischen Geistesgift von Hass und Neid in Verbindung gebracht: Für ihn gilt es zu lernen, anderen etwas zu gönnen – auch wenn es genau das ist, was er eigentlich für sich beansprucht.

Haben oder Sein – die alte Philosophenfrage bezeichnet den klassischen Konflikt der Königsnatur. Erst wenn dieses Naturell sich richtig entschieden hat, beschreitet es den wahren Königsweg.

**Kapitel IV**

# Der Friedliche Charakter

**Grundtyp Bäken**
**Elemente Wasser und Erde**

## Wer sind Sie?

Geprägt von den schweren Elementen Wasser und Erde, strahlen Sie als Bäken-Persönlichkeit Ruhe und Stabilität aus. Doch zu viel davon macht träge und unbeweglich.

## Ihre Lebensaufgabe

Viel Kraft und Ausdauer stecken in Ihrem Körper, und Ihr Wesen ist freundlich, geduldig, tolerant. Das macht Sie sehr sympathisch. Für ein harmonisches Leben sollten Sie jedoch auch die fehlenden Elemente Feuer, Luft und Raum in Ihr Leben integrieren. Lernen Sie also, Ihre Pläne so dynamisch und zielstrebig umzusetzen wie die vom Feuer geprägten Tripa-Typen. Und lassen Sie sich anstecken von der Leichtigkeit des Luftelements Lung, das auch den Raum beherrscht. Von hier kommen Intuition, der sechste Sinn, und die Fähigkeit zu selbstloser Liebe. Damit sind Sie auf dem besten Weg zu Ihrem persönlichen Glück.

## Der Friedliche Typ auf einen Blick

Die folgenden 25 Aussagen sind typisch für die Friedliche Natur. Sehen Sie selbst, wie oft Sie mit Ja antworten.

1. Ich bin ein sehr ruhiger Mensch
2. Ich bin zuverlässig. Zu meinem Wort stehe ich, komme, was wolle
3. Mich als Draufgänger zu bezeichnen wäre grundfalsch. Ich bin genau das Gegenteil: abwartend und zurückhaltend
4. Ich bin ein sehr freundlicher, hilfsbereiter Mensch und deswegen bei anderen beliebt
5. Meine großen Stärken sind Offenheit und Toleranz. In meiner Gegenwart fühlt sich niemand eingeengt
6. Man sagt mir oft, dass ich fürsorglich und warmherzig sei
7. Wenn mich jemand um Rat oder Hilfe bittet, bin ich sofort zur Stelle

8. In Freundschaften bin ich der Typ, mit dem man Pferde stehlen kann

9. Ich bin ein eher konservativer Mensch. Traditionen und alte Bräuche finde ich immer gut

10. Ich bin handwerklich und praktisch sehr begabt

11. Verwaltungsarbeit, bürokratische Tätigkeiten und technische Tüfteleien liegen mir. Ich besitze dazu das nötige Sitzfleisch

12. Mit Geld kann ich gut haushalten: Ich bin sparsam und lege immer etwas auf die hohe Kante

13. Ich liebe feste Gewohnheiten und lasse mich nicht gerne davon abbringen

14. Ich bin ein Familientier. Einen Partner und Kinder zu haben bedeutet mir viel. Am liebsten mache ich es mir mit meiner Familie gemütlich

15. Habe ich mich einmal für einen Partner entschieden, bleibe ich ihm immer treu verbunden

16. Meinen Vorgesetzten gegenüber bin ich sehr loyal und pflichtbewusst

17. Im Job und in der Familie bin meistens ich für die praktischen Dinge zuständig: Ich kümmere mich um die organisatorischen Aufgaben, mache Reparaturen oder die Einkäufe

18. Eine steile Karriere ist nicht unbedingt mein Ziel. Erstens ist mir das zu anstrengend, zweitens ist mir eine sichere Stelle wichtiger

19. Ich habe ein Gedächtnis wie ein Elefant. Ein mir zugefügtes Unrecht vergesse ich nie

20. Ich prüfe einen Menschen sehr lange, bevor ich mit ihm Freundschaft schließe. Aber dann pflege ich die Beziehung oft ein Leben lang

21. Ich bin sehr gesellig, bin Mitglied in einem Verein/Club oder gehe regelmäßig zu einem Stammtisch mit fester Besetzung

22. Streiten mag ich nicht. Ich gehe Auseinandersetzungen lieber aus dem Weg und versuche, Probleme auszusitzen

23. Mich bringt so schnell nichts aus der Ruhe. Wenn andere sich aufregen, behalte ich die Nerven

24. Es dauert lange, bis mich etwas aus der Bahn wirft, aber dann werde ich richtig depressiv. In solchen Phasen kann ich mich zu nichts aufraffen. Ich will dann nur meine Ruhe, und alles andere ist mir egal

25. Was ich nicht weiß, macht mich nicht heiß – dieser Spruch trifft auf mich zu: Bestimmte Dinge will ich lieber nicht so genau wissen

## So ist der Friedliche Charakter

**Das Wesen des Friedlichen ist warmherzig. Er ist ein Freund in allen Lebenslagen. Der Friedliche Typ denkt und arbeitet gemächlich und solide.**

### Bürgerlich, ehrlich, korrekt

Müsste man in einem Film die Rolle des braven Bürgers besetzen, man käme automatisch auf die Friedliche Person. Ihre sozialen Fähigkeiten und ihre Charaktereigenschaften sind gesellschaftlich hoch anerkannt. Menschen vom Schlag des Friedlichen sind fleißig, pünktlich, ordnungsliebend, freundlich und stets zur Stelle, wenn Hilfe gebraucht wird. Sie sind die perfekten Arbeitnehmer und die Lebenspartner, von denen Schwiegermütter träumen: sparsam im Umgang mit Geld, praktisch begabt und in der Lage, Verantwortung für eine Familie zu übernehmen. Die besten Voraussetzungen also für ein solides, lebenslanges Miteinander.

## Die Welt braucht Menschen wie Sie

Wenn Sie ein Friedlicher Charakter sind, werden Sie diese Beschreibung vielleicht mögen. Vielleicht auch nicht, weil sie etwas spießig klingt. Sooo rechtschaffen und anständig finden Sie sich gar nicht?

Aber Sie sind es! Ihnen wurden viele Eigenschaften in die Wiege gelegt, um die andere sich ein Leben lang bemühen. Sie können mit Fug und Recht stolz auf sich sein, und – Hand aufs Herz – insgeheim finden Sie sich auch ganz in Ordnung. Ihr typischer aufrechter Gang verrät ein tief verwurzeltes Selbstvertrauen.

Warum wohl lieben so viele Menschen Sie dafür, wie Sie sind? Weil man mit Ihnen im ganz normalen, praktischen Leben bestens zurechtkommt. Sie haben keine Allüren, sagen nicht heute hü und morgen hott, mit Ihnen gibt es weder Dramen noch unliebsame Überraschungen. Stattdessen kann man sich darauf verlassen, dass alle Abmachungen eingehalten werden.

In der Tat: Ginge es darum, den ersten Preis in puncto Zuverlässigkeit zu gewinnen, Sie würden ihn garantiert einheimsen. Weil es Ihnen im Blut liegt, Regeln zu akzeptieren und sich innerhalb klarer Grenzen zu bewegen. Gesetz ist Gesetz – dieser Spruch kann nur von einem Friedlichen Typ stammen.

## Bloß keine Überraschungen

Wer sich auf Sie einlässt, weiß, womit er zu rechnen hat. Und Sie wiederum lieben es, zu wissen, worauf Sie sich einlassen. Überraschungen schätzen Sie gar nicht, weder im Guten noch im Schlechten. Dazu hängen Sie zu sehr an Ihren lieb gewonnenen Gewohnheiten. Also bitte immer wieder das Übliche beim Italiener um die Ecke, keine Experimente. Und wenn, dann nur mit Ankündigung. Auf Neues müssen Sie sich innerlich lange vorbereiten.

Allzu verhaftet sind Sie mit dem Bewährten, mit dem, was immer schon so war und deshalb auch so bleiben soll. Als fest geerdeter Bürger schätzen Sie deshalb Traditionen wie kein anderer Typ. In jeder Hinsicht – bei der Musik (gerne etwas volkstümlich), bei der Wohnungseinrichtung (praktisch und gemütlich), bei Freizeitveranstaltungen (Brauchtum, Volksfeste), in der Kindererziehung (konventionelle Werte) und selbst beim Kochen (gutbürgerliche Hausmannskost).

Wem das nicht passt, der passt auch nicht zu Ihnen, sagen Sie. Und damit basta.

## Stur wie ein Stier

Hier kommt eine weitere Eigenart von Ihnen zum Tragen: Ihre angeborene Sturheit. Nichts, aber auch gar nichts kann Sie so schnell von Ihrem einmal eingeschlagenen Weg abbringen. Das ist gut, weil es Sie sehr geradlinig macht. Es ist schlecht, weil Sie sich damit manchmal selbst im Weg stehen. Oft tun Sie Dinge, die Sie eigentlich gar nicht wollen, nur weil sie einmal damit angefangen oder sie zugesagt haben. Und Ihre Versprechen halten Sie – komme, was wolle. Unbeweglichkeit und mangelnde Flexibilität sind der Preis für diesen Charakter.

## Eine Schulter zum Anlehnen

Doch abgesehen von diesen «Macken» ist mit Ihnen sehr gut Kirschen essen. Wer viel mit Ihnen zu tun hat, kann sich nur lobend über Ihre Umgangsformen auslassen. Stets begegnen Sie anderen mit Höflichkeit und Respekt, niemals werden Sie ausfallend oder gar verletzend. Ganz im Gegenteil, Ihre ehrliche Art weckt das Bedürfnis, Ihnen das Herz auszuschütten – zu Recht, denn bei Ihnen sind Geheimnisse gut aufgehoben. Ihre Schulter ist zum Anlehnen wie geschaffen, und Ihre Nachsicht gegenüber allem Menschlichen ist Balsam für die Seele aller vom Schicksal Gebeutelten.

Fazit: Wer bei Ihnen weinend am Küchentisch sitzen darf, um anschließend gestärkt von Zuspruch und nahrhaftem Essen von dannen zu ziehen, ist zu beneiden!

## Wenn der Friedliche Mensch aus der Balance gerät

**Einen bodenständigen Menschen bringt so schnell nichts aus der Fassung. Fast nichts.**

### Es lebe die Gemütlichkeit

… oder sollte man besser sagen: die Bequemlichkeit? Denn bequem ist dieser schwere Charakter zweifelsohne. Er liebt seine Ruhe, und böse Zungen behaupten, er liebe sie über alles. «Lass mich in Ruhe» – ein geflügeltes Wort im Zusammenleben mit einem Friedlichen Typ. Wenn er von Trubel und Problemen die Nase voll hat, will dieser Mensch mit nichts und niemandem etwas zu tun haben. Nach dem Motto «nichts hören, nichts sehen, nichts wissen, nichts fühlen» schaltet der Friedliche Typ komplett alle Sinnesorgane ab, besinnt sich auf seine berühmte Elefantenhaut und macht einfach dicht. Er ist dann nicht ansprechbar, für ganze Tage, manchmal sogar Wochen, und zieht sich komplett aus der Welt zurück. Unbeweglich und stumpf verharrt er dann in seiner selbst gewählten Isolation. Es ist die Zeit der einsamen Abende vor dem Fernseher, in denen das große Naschen beginnt. Die Neigung zur Körperfülle ist bei diesem Typ genetisch angelegt, und jetzt kann er richtig dick werden. Mit steigendem Gewicht erfasst eine lähmende Schwere auch Geist und Seele.

### Wenn die Depression beginnt

Lethargie, der Schatten der Friedlichen Persönlichkeit, tritt immer dann auf, wenn die Psyche aus dem Gleichgewicht gerät. Die Betroffenen fühlen sich matt und antriebslos, kommen morgens nicht aus dem Bett und haben nur den einen Wunsch: zu schlafen.

«Mich haut nichts so schnell um, aber wenn es doch einmal passiert, dann wird es gleich ganz schlimm» – ein typischer Satz einer Friedlichen. Die junge Frau pflegt manchmal wochenlang ihre depressiven Verstimmungen und leidet an ihnen, einsam, stumm, gefangen in Bewegungslosigkeit. Körperlich macht sich dieser Zustand fast immer durch ein anhaltendes Kältegefühl bemerkbar. Die vereinsamte Person sehnt sich nach Wärme.

## Gefangen in der Unbeweglichkeit

Die tibetische Harmonielehre schreibt dem Bäken-Prinzip, das der Friedlichen Natur zugrunde liegt, das «Geistesgift der Verblendung» beziehungsweise des Nicht-wissen-Wollens zu. Gemeint ist damit das Desinteresse für die Außenwelt und eine Ignoranz gegenüber größeren Wissenszusammenhängen, etwa über die Verbindung zwischen Außen- und Innenwelt. Solch «hochtrabende» Themen liegen der Friedlichen Natur nicht. Man müsste sich dafür gründlich mit vielleicht unbequemen Wahrheiten auseinander setzen, und Auseinandersetzungen geht dieser Typ generell lieber aus dem Weg. Er hofft, dass sie sich mit der Zeit von allein erledigen. Damit mag er oft Recht haben, aber bestimmte Probleme sind durch Aussitzen allein nicht aus der Welt zu schaffen. Sie wollen durchkämpft und aktiv bewältigt werden. Genau hier tut sich dieser Charakter schwer. Seine schweigsame Art und mentale Schwerfälligkeit machen es für Partner und Kollegen oft unmöglich, an ihn heranzukommen.

## Wenn der Friedliche aus der Haut fährt

Manchmal fragt man sich, ob es überhaupt etwas gibt, was diesen Dickhäuter aus der Fassung bringt. Die Antwort ist: Ja, durchaus. Man muss ihn nur lange genug provozieren. Er wird zunächst versuchen, seine Emotionen zu kontrollieren. Aber wenn er einmal aus der Haut fährt – was wirklich äußerst selten geschieht –, dann ist der emotionale Ausbruch sehr stark und die Friedliche Person nur schwer zu besänftigen.

### Bitte keine Überspanntheiten!

Wie reagiert der Friedliche auf Kritik? Sehr nachsichtig, oft milde lächelnd. Und dann geschieht erst einmal nichts. Als wäre er taub auf beiden Ohren, hört der Friedliche Charakter über alle Vorwürfe hinweg und lässt Kritik einfach an sich abprallen. Man kann mit ihm über manche Dinge einfach schlecht reden, speziell, wenn es sich um Probleme handelt. Geistige Auseinandersetzungen sind nicht seine Stärke. Sein Blick ist auf das Naheliegende, Nützliche und Praktische gerichtet, sein langsam und gemächlich arbeitender Verstand will oftmals nicht einsehen, warum er sich mit Themen auseinander setzen sollte, deren praktischer Wert nicht direkt ersichtlich ist.

## Was die Friedliche Natur aus dem Gleichgewicht bringt

Jeden Tag aufs Neue muss der Friedliche seinen inneren Schweinehund bekämpfen – sonst siegt die Trägheit.

### Zu wenig Leben im Leben

Das könnte so ganz nach Ihrem Geschmack sein: ein gemütlicher Fernsehabend zu zweit, wohlig auf der Couch sitzend, mit Erdnussflips und ein, zwei Flaschen Bier oder einem Gläschen Wein. Am nächsten Tag faul im Liegestuhl sitzen, ein bisschen Zeitung lesen und vor dem Abendessen einen kleinen (!) Spaziergang machen. Danach: ein gemütlicher Fernsehabend zu zweit, wohlig auf der Couch sitzend, mit Erdnussflips …

Es könnte immer so weitergehen. Nicht nur im Urlaub, auch im Alltag. Nicht wahr? Aber Vorsicht, hier lauert Ihre spezielle Falle: die Bequemlichkeit. Sie haben sicher schon gemerkt, dass Ihnen ein Leben als Couchpotatoe auf Dauer schadet. Das Herumtrödeln, Sich-gehen-Lassen und Faulsein verstärkt Ihre angeborene Neigung zur Trägheit. Irgendwann streikt die ohnehin schlechte Durchblutung, Kreislauf und Stoffwechsel sinken auf Null, und Sie fühlen sich einfach nur noch matt und unwohl, vielleicht sogar ein wenig betrübt. Sie kennen diese Szene einer Ehe: Abgestumpft und antriebslos hängt das Paar auf dem Sofa herum, der Gesprächsstoff ist ihm längst ausgegangen. Stattdessen wird viel und üppig gegessen. Sie haben es in der Hand, es besser zu machen.

## Gestalten Sie Ihre Freizeit lebendiger

Was Sie dringend brauchen, ist Inspiration von außen. Abwechslung ist angesagt. Gehen Sie an Orte, wo Sie Menschen kennen lernen, besuchen Sie Veranstaltungen, nehmen Sie an Diskussionen zu Themen teil, die Sie interessieren.

Auch im Urlaub müssen Sie nicht immerzu am Strand liegen oder Muscheln sammeln. Tun Sie mal etwas ganz anderes! Vielleicht könnten Sie einen Salsakurs in Südamerika buchen oder Reiten lernen. Was halten Sie von einer Trekkingtour durch Peru?

## Abwechslung statt Routine

Große Veränderungen beginnen immer im Kleinen, mit ganz alltäglichen Dingen. Sobald Sie Ihr Augenmerk darauf richten, Routineverrichtungen etwas abwechslungsreicher zu gestalten, fällt Ihnen garantiert immer mehr ein. Hier ein paar Tipps für den Anfang: Nehmen Sie einen anderen Weg zur Arbeit als den üblichen. Fahren Sie mit dem Fahrrad statt mit dem Bus, gehen Sie in einem anderen Supermarkt einkaufen, probieren Sie eine neue Farbe in Ihrer Kleidung aus, aber ver-

meiden Sie dabei möglichst erdige Töne. Versuchen Sie, mit einer Person ins Gespräch zu kommen, die Sie interessiert. Sie haben eigene Ideen? Gut so. Was immer mehr Farbe in Ihr Leben bringt – tun Sie es.

## Spezialisieren Sie sich auf einem Gebiet

Sie haben ein Hobby? Etwas, was Ihnen wirklich Spaß macht? Dann bilden Sie sich weiter auf diesem Gebiet. Vertiefen Sie Ihr Wissen über Ihr Steckenpferd. Lesen Sie Bücher dazu, besuchen Sie Kurse – wer weiß, ob Sie damit nicht einmal Geld verdienen können. Könnte es vielleicht sogar Ihr zweites finanzielles Standbein werden? Wichtig ist, dass Sie sich nicht nur oberflächlich mit Ihrem Thema beschäftigen, sondern auch die feineren, tieferen Schichten entdecken.

## Nur kein monotoner Job!

Sie haben die Geduld und das Sitzfleisch, um als Datentypist(in) endlose Zahlenkolonnen in den Computer einzugeben, um in der Buchhaltung Rechnungen abzuheften oder in der Konservenfabrik Etiketten zu beschriften. Aber monotone Arbeitsvorgänge machen Sie geistig träge. Versuchen Sie, einen interessanteren Arbeitsplatz zu bekommen. Sie brauchen einen Job, der Sie fordert! Da Sie über ausgezeichnete Nerven verfügen und sehr hart im Nehmen sind, können Sie sich guten Gewissens eher für eine Überforderung als für die Unterforderung entscheiden. Sie werden bald spüren, wie viel lebendiger Sie sich fühlen, wenn Sie sich anstrengen müssen. Und schieben Sie Ihre Entscheidung nicht auf die lange Bank. Sie können sich schon morgen nach einer neuen Tätigkeit umschauen oder sich zur Fortbildung für die nächsthöhere Position anmelden.

## Zu viel Ballast macht das Leben schwer

Mal ganz ehrlich: Wann haben Sie zuletzt Ihren Kleider-
schrank ausgemistet? Und wie sieht es bei den Schuhen aus,
wie in den Schreibtischschubladen? Sie sind ein Sammlertyp
und horten vieles. Die Postkartensammlung aus Kindertagen,
die Spielzeugautos des Sohnes, die Mokkatassen von Tante
Liesel, die Steuerunterlagen aus den 80er-Jahren. Brauchen Sie
das alles wirklich in Ihrer Wohnung? Klare Antwort: Nein. Zu
viele Altlasten, zu viele Erinnerungen an Vergangenes machen
den Geist unfrei. Sie brauchen Raum für Neues!

## Entdecken Sie die Kunst des «Lessness»

Also nichts wie hoch auf den Dachboden mit den verstaubten
Aktendeckeln, ab mit den längst nicht mehr getragenen Klei-
dern in den Altkleidercontainer oder den Secondhandshop.
Spüren Sie, wie viel besser Sie durchatmen können, wenn Sie
mehr Platz haben? Und wo Sie gerade dabei sind, loszulassen: Haben Sie schon mal Ihre Wohnungseinrichtung nach
«Ballaststoffen» durchforstet? Muss das alte Tischchen von
Oma Hilde neben dem Büffet stehen? Und wann hat sich zuletzt jemand in den durchgesessenen Blümchensessel neben
dem Sofa gesetzt – wäre es ohne nicht schöner? Weniger ist
mehr: Die Devise des neuen Trends «Lessness» (von engl.
less = weniger) können auch Sie sich zu Eigen machen. Während Sie Ihre Wohnung entrümpeln, reinigt sich gleichzeitig
Ihre Seele von unliebsamen Erinnerungen. Ereignisse sind
Energien, und sie prägen einen Ort.
Neben dem klassischen Aufräumen und Putzen gibt es auch
Methoden zur energetischen Raumreinigung. Kerzen, Blüten
und reinigende Düfte, besonders Lavendel, eignen sich
dazu.
Besonders wirksam ist die Reinigung durch Klänge. Sie können dazu tibetische Klangschalen, Rasseln, Glocken oder
Trommeln verwenden. Warten Sie einen Moment der Ruhe ab

und öffnen Sie das Fenster. Den ersten klingenden Rundgang, der negative Energien löst, unternehmen Sie mit einem tief gestimmten Instrument. Bewegen Sie sich rhythmisch schlagend an den Wänden entlang. Für den zweiten Durchgang nehmen Sie ein höher gestimmtes Instrument, damit erhalten die Räume eine neue, feinere Schwingung. Zum Schluss Ihres Rituals besprühen Sie die Räume mit Rosenwasser, oder Sie machen eine kleine Räucherung mit getrocknetem Salbei.

Doch neben dem materiellen Ballast gibt es auch geistige Altlasten. Überlegen Sie, was Ihnen das Leben schwer macht. Die wöchentlichen Pflichtbesuche bei der Schwiegermutter vielleicht? Reden Sie mit Ihrem Partner darüber und suchen Sie nach einer anderen Lösung. Oder geht Ihnen der regelmäßige Kaffeeklatsch mit der Nachbarin schon lange auf die Nerven, weil sie sich immer so negativ über andere auslässt? Sagen Sie ihr freundlich und offen Ihre Meinung dazu! Beziehungen, die Sie belasten, die Sie zu einseitig oder zu langweilig finden, erschweren Ihr Leben. Um die ganze Leichtigkeit des Seins zu kosten, sollten Sie sich von ihnen trennen.

### Sport ist Mord? Nicht für Sie!

Ihr Körper ist robust und leistungsfähig. Er braucht eine Herausforderung. Bewegung ist Ihr spezielles Heilmittel für Körper, Geist und Seele. Ob Jogging, Fitnessgymnastik oder Judo – einmal am Tag sollten Sie durch Bewegung ins Schwitzen kommen, damit Ihr Stoffwechsel angeregt wird. Machen Sie es sich also zur Gewohnheit, regelmäßig zu trainieren.

### Adieu Morgendepression

Nach der tibetischen Medizinlehre verstärken sich bei Ihrem Typ alle Schwächen und Krankheitstendenzen morgens etwa zwischen neun und elf Uhr und dann wieder am Abend zwischen 21 und 23 Uhr.

Morgens gegen neun fühlen Sie sich also vermutlich besonders müde und machen Ihrem Ruf als Morgenmuffel alle Ehre. Wenn Sie um diese Zeit aufstehen müssen, fällt es Ihnen besonders schwer, aktiv zu werden. Was tun?

## Schlagen Sie Ihrem Morgentief ein Schnippchen

Schlüpfen Sie einfach vor neun Uhr aus den Federn, am besten ein oder anderthalb Stunden bevor Ihre depressive Phase beginnt, und bringen Sie Ihren Kreislauf auf Trab. Dann sind Sie in der kritischen Zeit bereits hellwach, haben etwas für sich getan, und die Trägheit kann gar nicht erst aufkommen. Das Beste, was Sie für sich tun können: nach dem Aufstehen eine Tasse Ingwertee mit etwas Zitronensaft und etwas Honig trinken, dann eine Trockenbürstenmassage und anschließend eine halbe Stunde Bewegung Ihrer Wahl. Sie könnten sich Musik auflegen und tanzen, etwas Gymnastik machen oder im Sommer Powerwalken – Hauptsache, Sie kommen dabei ins Schwitzen. Nach dem Duschen werden Sie gut gelaunt und quicklebendig Ihr Tagewerk beginnen.

## Ihr persönlicher Hellwach-Duft

Ein kleines Verwöhnaroma gefällig? Hier Ihr Anti-Depression-Rezept für die Duftlampe: Drei Tropfen ätherisches Bergamotteöl, drei Tropfen Melissenöl und drei Tropfen kostbare Rosenessenz. Diese Mischung vertreibt die Lethargie und entlässt Sie gut gestimmt in den Tag. Übrigens können Sie diesen Duft auch gut als Massageöl benutzen: Das gleiche Rezept mit einem Esslöffel Jojobaöl vermischen und nach dem Duschen die Haut massieren.

## Harmoniekiller von außen: Das Wetter

Gegen das Wetter können Sie nichts unternehmen, aber Sie können sich innerlich darauf einrichten: Kaltes, neblig feuchtes Wetter ist nichts für Sie, es kann Ihnen auf die Stimmung

schlagen und Ihre Beschwerden (falls vorhanden) sogar verschlimmern. Zwingen Sie sich an solchen Tagen also nicht zum Joggen an frischer Luft, machen Sie Ihre Übungen lieber in der warmen Stube oder gehen Sie in die Sauna.

### Ein verschlackter Körper macht Sie sauer

Sie sammeln gerne. Ihr Körper leider auch. Er neigt nicht nur zu Wasseransammlungen (Ödeme), sondern speichert auch besonders gut alle Schadstoffe, die sich im Gewebe anreichern, es übersäuern und Ihnen auf die Stimmung schlagen.

### Heilfasten – ein gesunder Rundumschlag

Dass man beim Fasten um einige Kilo leichter wird, ist genau genommen nur ein willkommener Nebeneffekt. Aus medizinischer Sicht wichtiger ist die reinigende Kraft des Fastens auf Körper und Geist. Wenn sich der Körper von den Schadstoffen befreit, zieht eine geistige Leichtigkeit ins Gemüt, die viele fast euphorisch stimmt. Machen Sie als Friedlicher Typ bitte nicht die übliche Frühjahrsdiät, sondern eine richtige Heilfastenkur für Körper, Geist und Seele. Dabei nimmt man nur kalte oder warme Flüssigkeiten zu sich und beschäftigt sich vor allem mit den seelischen Aspekten der Entschlackung. Während des Fastens hat man einen besonders guten Zugang zu seinen intuitiven Kräften, kann sein «Bauchgefühl» besser wahrnehmen und ist insgesamt offener für neue Themen. Nutzen Sie die Zeit des Heilfastens, wenn Sie sich von etwas in Ihrem Leben verabschieden oder etwas neu beginnen möchten. Heilfasten können Sie ganz für sich allein mit Hilfe eines Fasten-Ratgebers, den es in jedem Buchladen gibt. Anregender wird es aber bei einem organisierten Gruppenurlaub beim Fastenwandern (etwa beim Spezialreiseveranstalter Neue Wege GmbH, 53881 Euskirchen, Tel. 02255–950095/96, E-Mail: info@neuewege.com). Tagsüber wird dort gewandert und abends gemeinsam geschwiegen.

### Ihre Regeln für Ihr inneres Gleichgewicht

Hier die wichtigsten Punkte für Ihr inneres Gleichgewicht:

- Bringen Sie Abwechslung in Ihr Leben. Lösen Sie sich von starren Gewohnheiten und lassen Sie sich inspirieren.
- Werfen Sie Ballast ab. Misten Sie Ihre Schränke aus, verabschieden Sie sich von überflüssigen Möbeln und anderen Platzräubern. Das Motto für Ihren Typ: Weniger ist mehr.
- Bewegen Sie sich. Treiben Sie regelmäßig Sport, kommen Sie einmal täglich ins Schwitzen.
- Stehen Sie früher auf, um Ihre Morgendepression zu umgehen.
- Vermeiden Sie möglichst einen monotonen Job.
- Werden Sie zum Spezialisten auf einem Gebiet.
- Machen Sie regelmäßig eine Heilfastenkur – ein bis zweimal im Jahr.

## Der Friedliche Typ und die anderen

Die Partnerschaft des Friedlichen ist von festen Gewohnheiten und einem gemächlichen Lebensstil geprägt.

### Der und die Friedliche als Paar

Ein Mann und eine Frau mit den gleichen Stärken und Schwächen: Das passt. Man versteht sich gut, hat den gleichen Humor, den gleichen Geschmack und eine ähnliche Lebenseinstellung. Jeder weiß, wie der andere «tickt», welche Meinungen und Gedanken er hat. Beim Friedlichen Paar herrschen Toleranz und Nachsicht. Da kann gar nicht viel gestritten werden. Haben sie sich erst einmal über die gemeinsamen Ziele geeinigt, was ihnen nicht schwer fallen dürfte,

werden die beiden eine äußerst stabile, friedvolle Beziehung aufbauen, sich gegenseitig Treue schwören (und wahrscheinlich zu ihrem Wort stehen) und ein warmes, gemütliches Nest bauen.

## Eigenheim mit Eigenleistung

Das gemeinsame Haus wird mit viel Eigenleistung und tatkräftiger Unterstützung der gesamten Verwandtschaft auf die Beine gestellt, die Möbel sind zweckmäßig, solide und möglichst mit Preisnachlass erworben. Und wenn alles fertig ist – vielleicht sogar schon früher –, lässt der Nachwuchs nicht lange auf sich warten: Trautes Heim ... Eine klassischere Variante gutbürgerlichen Glücks gibt es kaum.

## Friedlicher geht's nicht

Die Friedliche Frau und ihr Friedlicher Mann werden friedlich miteinander leben. Sie machen es sich abends vor dem Fernseher bequem, zelebrieren ihr häusliches Glück. Da beide hervorragende Eltern sind, werden sie stolz auf ihre Brut sein können, und ihre Gespräche werden sich überwiegend um Alltägliches drehen: was am nächsten Tag besorgt werden muss, wer die Waschmaschine repariert und wann die Schnittchen für Omas Geburtstag fertig sein müssen. Eines Tages jedoch werden die beiden Friedlichen feststellen, dass sie nun schon seit Jahren nur noch friedlich nebeneinanderher leben.

## Lieber harmonisch als leidenschaftlich

In einer so harmonischen Beziehung wie der ihren lässt die Spannung schneller nach als bei anderen Paaren, da Gewohnheiten das Leben sehr stark bestimmen. Besonders leidenschaftlich ging es zwischen den Laken von Anfang an nicht zu, aber auch hier ist schneller als üblich die Luft raus. Gleichgültigkeit, die Schattenseite der Friedlichen Persönlichkeit, macht sich breit. Standardformulierungen wie «interessiert mich nicht», «geht mich nichts an» oder «lass mich in Ruhe» prägen die Zweisamkeit. Die meisten Friedlichen Paare können gut damit leben. Es kommt der Zeitpunkt, wo der Mann abends öfter ins Wirtshaus geht und die Frau lieber ohne ihn in Urlaub fährt, aber auch das ist Teil des Friedlichen Lebens. Es war schon immer so, und wird wohl auch so bleiben.

### Der Feind der Liebe: Trägheit

Es sei denn, die beiden setzen sich bereits zu Beginn ihrer Partnerschaft mit ihrem gemeinsamen Problem, der Trägheit, auseinander. Wenn sie es schaffen, sich für Anregungen von außen zu öffnen, starre Regeln und Gewohnheiten über Bord zu werfen und Spontaneität in ihr Leben zu lassen, kann die Verbindung nicht nur harmonisch, sondern auch glücklich werden.

## Die Friedliche und der Friedliche im Job

Menschen dieses Typs arbeiten vor allem in praktischen, kaufmännischen oder technischen Berufen, in den EDV- und Verwaltungsabteilungen von Firmen oder im öffentlichen Dienst, zum Beispiel als Lehrer(in). Aber auch überall dort, wo körperlich gearbeitet wird, wo es um Kraft, Ausdauer und praktische Begabung geht, trifft man die Friedlichen – zum Beispiel in Handwerksbetrieben, in der Forst- und Landwirtschaft oder auf dem Bau. Wegen seines guten Sitzfleisches eignet sich der Friedliche Mann natürlich auch als LKW-Fahrer.

### Pflichtbewusst und loyal

Tüchtig und gewissenhaft, aber nicht unbedingt im Eiltempo kommt dieser Typ seinen Pflichten nach. In Bürogemeinschaften ist er derjenige, der ungefragt den Kaffee für alle macht, die Betriebsfeiern organisiert und dem man die Schlüssel für die Kasse anvertraut.

Als Kollegen werden zwei Friedliche kaum Probleme miteinander haben. Beide sind freundlich, hilfsbereit und bemüht, niemandem Schaden zuzufügen. Auch in Konkurrenz werden die beiden nicht gehen. Wahrscheinlicher ist, dass sie sich privat anfreunden und sich gegenseitig Hilfe anbieten. Allerdings ist es auch mit ihrem Ehrgeiz nicht weit her. Um Karriere zu machen und andere auf dem Weg nach oben links liegen zu lassen, sind sie zu skrupulös – und wahrscheinlich auch zu anständig.

## Keine Verkaufsjobs für den Friedlichen

Ihre manchmal etwas hinderliche Ehrlichkeit ist einer der Gründe, weshalb man Friedliche lieber nicht ganz nach vorn an die Aktionsfront schicken sollte. Geht es ums Verkaufen von Ideen oder um eine Repräsentationsveranstaltung der Firma, verstecken sich die beiden lieber freiwillig im Hintergrund und spielen die Handlanger.

Als Chef(in) und Untergebene(r) kommen Friedliche problemlos miteinander aus. Beide pflegen einen wohlwollenden Umgangston und leben und arbeiten nach der Devise «leben und leben lassen». Intrigen liegen ihnen genauso fern wie Machtkämpfe. Wo also liegt das Problem? Ganz richtig. Die Geschäfte laufen nicht immer so, wie sie sollen, weil der Chef manchmal zu gutmütig ist und die Konkurrenz oft schneller. Dafür liefern Friedliche jedoch solide, gute und ehrliche Arbeit. Darauf warten viele Kunden gerne etwas länger.

## *Der Friedliche und der Impulsive Charakter als Paar*

Eine an Realitäten orientierte, gut verwurzelte Persönlichkeit und eine leidenschaftliche, von ihren Emotionen gebeutelte Künstlerseele. Gibt es eine Brücke über den Abgrund, der zwischen beiden klafft?

## Nur Liebe überbrückt die Gegensätze

Unter günstigen Umständen könnte es gehen. Wenn etwa die Impulsive eine junge, etwas schräge Künstlerin ist und der Friedliche ein reicher Mann, der sich hoffnungslos in sie verliebt, stehen die Chancen gut. Ebenso, wenn er der junge Student ist und sie die mütterliche Freundin und Geliebte. Nur solange viel romantische Liebe im Spiel ist, zu der beide Typen übrigens neigen, bleibt die Gegensätzlichkeit faszinierend. Der Friedliche besitzt die Erdung und die Zuversicht, die dem Impulsiven Charakter fehlen. Der wiederum bringt seine eigenwillige Mischung aus Temperament (Feuer) und Kreativität (Luft) in die Beziehung ein, auf die der geerdete Partner oft mit ungläubigem Staunen reagiert.

## Ein gemütliches Bierchen oder wilde Disco?

Die nächste Frage lautet, wie das Paar mit seinen gegensätzlichen Bedürfnissen umgeht. Ist der Friedliche Partner mit seinem «Bierchen» am Abend zufrieden, zieht es den Impulsiven nach der Arbeit hinaus in die Welt. Er will etwas erleben, Sport treiben oder unter Menschen gehen und sich anschließend ein gutes Buch vornehmen. Wie lange so eine Beziehung hält? Das hängt, wie gesagt, von der Stärke der Liebe ab – und von der Geduld des Impulsiven Typs. Er muss nämlich mit der gemächlichen Art des Friedlichen Partners leben lernen und akzeptieren, dass er sich niemals ändern wird. Doch Geduld ist nicht die Stärke dieses Typs.

Hanne, 46 Lung, 42 Tripa, 12 Bäken, und
Lorenz, 8 Lung, 28 Tripa, 64 Bäken
Hanne, 27, und Lorenz, 42, haben sich bei einer landwirtschaftlichen Fachmesse kennen gelernt. Sie machte als Fotografin eine Portraitserie über «Menschen vom Lande» und suchte nach geeigneten Gesichtern. Der Landwirt Lorenz war gerade im Verhandlungsgespräch über ein neues

Düngemittel, als Hanne ihn ansprach und bat, ihn fotografieren zu dürfen. Er war zunächst überrascht, erschien nach einer Woche aber tatsächlich in ihrem Fotostudio in der Stadt. Die Sitzung dauerte zwei Stunden, in denen Lorenz sich unsterblich in die «verrückte Stadtpflanze» verliebte. Einen Monat später machte er seinem Biest, wie er sie liebevoll nannte, einen Heiratsantrag.

Hanne, die viel in der Welt herumgereist war, willigte spontan ein. Sie war von der ehrlichen, warmen und offenen Art ihres Lorenz tief berührt. Bei ihm fand sie etwas, was sie in ihrem Leben noch nie kennen gelernt hatte: Zuverlässigkeit, Ruhe und Geborgenheit – und einen Platz, wo sie Wurzeln schlagen konnte. Allerdings bestand sie darauf, ihren Beruf beizubehalten.

Inzwischen sind die beiden ein glückliches Paar. Noch vor der Hochzeit ließ Lorenz eine alte, nicht mehr genutzte Scheune auf seinem Hof in ein riesiges Fotostudio umbauen, in dem Hanne jetzt arbeitet und ihre Gäste empfängt – wenn sie nicht gerade wieder in fremden Ländern unterwegs ist. Lorenz, der seine Frau sehr liebt, passt ihre «Reisetätigkeit» gut ins Lebenskonzept. Er kann dadurch wie gewohnt seine Landwirtschaft betreiben, hat weitgehend seine Ruhe und kann sich im Glanz seiner exotischen Gattin sonnen. Daran, dass jetzt Menschen auf seinem Hof verkehren, die man sonst nur im Fernsehen zu Gesicht bekommt, hat er sich längst gewöhnt. Das Einzige, was Lorenz sich zu seinem perfekten Glück noch wünscht, sind Erben, am liebsten drei oder vier. Aber da macht Hanne (noch) nicht mit. Immerhin hatte sie kürzlich den Auftrag angenommen, Waisenkinder aus der Dritten Welt zu fotografieren. Fast hätte sie von dieser Reise ein brasilianisches Findelkind mitgebracht, aber die Behörden machten ihr einen Strich durch die Rechnung. Lorenz hätte sich gefreut.

## Der Friedliche und der Impulsive Typ im Job

Im Arbeitsleben wird noch deutlicher, welche Welten zwischen diesen Typen liegen. Was hat ein Friedlicher mit diesem verrückten Huhn oder diesem ausgeflippten Typ zu tun? Nichts, rein gar nichts. Der andere nervt, spielt sich auf, redet heute so und morgen so.

Für den Impulsiven Kollegen oder die Impulsive Kollegin ist der Friedliche Typ einfach nur uninteressant. Gesprächsthemen oder andere Gemeinsamkeiten gibt es nicht.

### Der Impulsive Typ ergreift die Initiative

Sind diese beiden Typen im selben Büro beschäftigt, wird der Impulsive Charakter über kurz oder lang die Initiative ergreifen und ein wenig Leben in die Bude bringen. In kreativen Jobs ist er der Ideen produzierende Macher, während der Friedliche Kollege ihm zuarbeitet und den praktischen Part übernimmt.

Ist der Impulsive dem Friedlichen hierarchisch überlegen, dürfte es kaum Probleme zwischen den beiden geben. Eher im umgekehrten Fall – aber der ist eher selten.

## Der Friedliche und der Nachdenkliche Typ als Paar

Wenn zwei so erdverbundene, ruhige Naturen sich verbinden, haben sie die besten Chancen auf ein beschauliches, stilles Glück. Sie werden ein häusliches, unspektakuläres Leben führen, geprägt von gegenseitigem Respekt und in Harmonie. Und sie fühlen sich miteinander pudelwohl, weil jeder dem anderen Raum zur Entfaltung lässt. Da beiden der Feueranteil abgeht, gibt es hier keine Forderungen, keine Übergriffe, keine Einmischungen oder Eifersuchtsdramen.

### Hoffnungslos harmoniesüchtig

Dies ist eine Verbindung ganz nach beider Geschmack, auch wenn sie sich hin und wieder insgeheim die Frage stellen, ob sie nicht hoffnungslos harmoniesüchtig sind. Ja, das sind sie. Aber wenn sie beide glücklich damit sind?

Langeweile kommt in dieser Beziehung trotzdem nicht auf – dafür sorgt der lebendige, wechselhafte und kreative Luftanteil des Nachdenklichen Partners. Er lockt seine Friedliche bessere Hälfte aus der Reserve, wenn sie zu häufig vor dem Fernseher einschläft, und verleiht dem Abend auch mal eine überraschende Wendung.

### Der Friedliche Typ ist konventionell

Uneinigkeiten könnte es unter Umständen über grundsätzliche Lebensthemen geben, etwa über Kindererziehung, Geldausgaben oder berufliche Ziele. Der Nachdenkliche Partner setzt sich mit diesen Fragen sehr viel gründlicher auseinander als der Friedliche und neigt dazu, Konventionen, althergebrachte Regeln und Traditionen infrage zu stellen. Das tut der Friedliche jedoch keineswegs. Gut also, wenn die beiden solche «Sinnfragen» schon zu Beginn ihrer Beziehung klären und einen Konsens schaffen, sonst entwickeln sich im Laufe der Zeit konfliktträchtige Meinungsunterschiede.

### Raus aus der bequemen Ecke!

Insgesamt muss der Friedliche Partner immer wieder damit rechnen, dass sein Nachdenklicher Schatz ihn aus der gemütlichen Ecke herausholt und ihn bittet, zu einem Streitthema Stellung zu beziehen.

Fazit: In dieser Beziehung gibt es Ruhe, aber keine Gleichgültigkeit.

Hans, 7 Lung, 24 Tripa, 69 Bäken, und
Alina, 34 Lung, 12 Tripa, 54 Bäken

Alina arbeitet als Psychologin an einem wissenschaftlichen Institut. Während ihrer Zusatzausbildung in
Paartherapie hat sie sich eingehend mit den Tiefen
menschlicher Beziehungen beschäftigt und sich eines
geschworen: Sie wird sich nie wieder mit einem Mann
mit narzisstischer Grundstruktur einlassen. Im Alter von
35 Jahren, die erste Ehe mit einem Arzt ist geschieden,
lernt Alina Hans kennen. Er ist zehn Jahre jünger als sie,
arbeitet als Schreinergeselle und lebt noch im Haus der
Eltern. Der große, kräftige junge Mann mit den großen
blauen Augen und seiner ruhigen Art fasziniert die Psychologin auf Anhieb. «Garantiert nicht narzisstisch», sagt
ihr Analytikergehirn, «dieser Bär gefällt mir.» Als sie im
Institut von ihrer neuen Eroberung erzählt, wird viel ge-
spöttelt, aber Alina steht zu ihrer Entscheidung. Von
diesem Mann möchte sie ein Kind, komme, was wolle.
Der noch etwas lebensunerfahrene Hans staunt über die
Entschlossenheit seiner neuen Freundin, die ihm eines
Tages frank und frei erklärt, dass sie sich von ihm ein
Kind wünscht. Nach einer kurzen Bedenkzeit zeigt sich
Hans einverstanden. Er ist fasziniert von der Art, wie
die Psychologin ihr Leben plant, und vertraut ihr. In der
Tat wird Alina bald schwanger, und damit ändert sich
beider Leben sehr drastisch. Die «spät gebärende Mutter»
wünscht sich, dass ihr Kind auf dem Land groß wird, und
so mieten sich die beiden ein hübsches kleines Haus in
einem Dorf. Nun muss Hans eine Zeit lang das Geld für
seine kleine Familie verdienen. Alina freundet sich mit
den Dorfbewohnern an. Sie fühlt sich immer wohler im
Kreise dieser bodenständigen Menschen.
Vier Jahre, so hat sie es mit Hans ausgemacht, soll er bei
ihr und dem Baby bleiben. Danach will sie wieder arbeiten

gehen und alleine für das Kind sorgen. Genau so geschieht es. Nach vier Jahren zieht Alina mit der kleinen Tochter wieder in die Großstadt und Hans kehrt zurück in seinem Heimatort. Er besucht Alina und seine Tochter nun regelmäßig und verbringt auch Urlaube mit den beiden, aber ansonsten lebt jeder wieder sein eigenes Leben. Hans hat inzwischen eine jüngere Frau aus seinem Heimatort geheiratet, Alina arbeitet in einer psychologischen Praxis. Beide sind mit dem Agreement zufrieden.

## Der Friedliche und der Nachdenkliche Typ im Job

Hier sind zwei beisammen, die das Gleiche wollen: ein prima Arbeitsklima. Und das schaffen sie sich. Da will keiner den andern übers Ohr hauen oder hintenherum beim Chef verpfeifen. Nein – man richtet es sich nett ein am Arbeitsplatz, mit Zimmerpflanzen und Bildern an der Wand. Eine warme, freundliche Atmosphäre ist dem Friedlichen Typ ebenso wichtig wie dem Nachdenklichen. Beide wollen mit ihren Mitmenschen gut auskommen und gehen Auseinandersetzungen möglichst aus dem Weg. Durch ihre ruhige, besonnene und zuvorkommende Art finden die beiden Kollegen ihr Auskommen in vielen Branchen. Besonders gefragt ist ihre Begabung aber in Berufen, in denen man viel mit Menschen zu tun hat – zum Beispiel im Dienstleistungsgewerbe, in Behörden, bei Beratungsstellen oder Telefondiensten.

### Der Nachdenkliche hat die Ideen

Egal, wie die Aufgaben und Kompetenzen in dieser Konstellation verteilt sind: Man wird sich immer einigen können und einander wohlwollend unterstützen. Außer Frage steht allerdings, dass der Nachdenkliche Typ von beiden das hellere Köpfchen und die besseren Ideen hat und deshalb schneller die nächste Karrieresprosse erreicht.

## Der Friedliche und der Souveräne Typ als Paar

Dies ist eine klassische Verbindung, häufig anzutreffen, immer wieder neu erprobt und bewährt, seit es Mann und Frau gibt: Der Souveräne Charakter ist hier der große Macher, die imposante Vaterfigur, der wortgewaltige Charismatiker, der Erfolgsmensch schlechthin. Und hinter seinem breiten Rücken steht diese liebenswerte, mütterliche Frau. Eine treue, geerdete Seele, die ihrem Gatten bis ans Ende der Welt folgen würde, weil sie nichts anderes möchte, als ihm zur Seite zu stehen. Kommt er abends heim von Politik und Weltgeschehen, streicht sie ihm übers Haar und kocht ihm eine warme Suppe.

## Geschäftsfrau sucht Bärchen

Umgekehrt klappt es ebenfalls: Die Souveräne arbeitet als Karrierefrau in irgendeiner Chefetage, sei es als clevere Unternehmerin, forsche Staranwältin oder im Management. Sie sucht einen Mann, der ihr den Rücken krault. Vorzugsweise einen großen, starken Bären, der sie mit Leichtigkeit auf Händen tragen kann und dem es nichts ausmacht, wenn sie ständig auf Geschäftsreisen ist. Stoisch erträgt er ihre Liebesaffären, kümmert sich um die Kinder und den Garten und repariert ihr Cabrio.

## Endlich ein treuer Partner

Und dann gibt es natürlich auch noch die Version für den durchschnittlichen Menschen: Der Souveräne Typ ist beruflich engagiert und meistert voller Power sein Leben. Nach vielen halbherzigen Beziehungen sucht er einen Menschen, der hundertprozentig zu ihm hält. Genau das ist der Grund, weshalb Friedliche Persönlichkeiten als Partner so begehrt sind. An ihrer Seite weiß man sofort und für alle Zeiten, wo man hingehört.

## Der Friedliche und
## der Souveräne Typ im Job

Wie in der Liebesbeziehung gibt es auch im Arbeitsverhältnis zwischen diesen Charakteren keine Diskussionen über die Hierarchiestruktur. Die Friedliche Persönlichkeit fügt sich widerstandslos der Autorität des Souveränen Kollegen. Und beide finden das absolut in Ordnung. Es gibt keinen Anlass für Streit oder Zwistigkeiten; zu groß ist das natürliche Machtgefälle zwischen diesen Typen. Der Souveräne Mitarbeiter besitzt erstklassige Führungsqualitäten und wird sehr bald eine Position bekleiden, in der er die Geschicke des Teams oder der Firma leitet. Und damit alles klappt, braucht er Kollegen an seiner Seite, die ihm auf dem Weg nach oben helfen.

### Klaglos dem Souverän ergeben

Friedliche sind für solche «Dienstleistungen» wie geschaffen. Sie behalten die Nerven, wenn es brennt, sie haben die Kraft und Ausdauer, Nächte durchzuarbeiten, wenn ein Auftrag erledigt werden muss, sie nehmen es klaglos hin, wenn sie für zwei ackern müssen, weil gerade ein Kollege gekündigt hat. Ein geschickt angebrachtes Lob, ein kleines Dankeschön – und sie sind wieder motiviert. Das Einzige, was es zu beachten gilt: Ein Friedlicher Arbeitnehmer wird immer langsamer, wenn er zu lange zu viele monotone Arbeiten verrichten muss. Es wäre also gut, wenn der Souveräne lernen könnte, ihm Verantwortung zu übertragen. Das würde den einen ent- und den anderen belasten, und schließlich wären beide glücklich.

## Der Friedliche und der
## Glückliche Charakter als Paar

Vor der Frage, ob diese beiden Charaktere zusammenpassen, stellt sich vor allem die, ob sie sich überhaupt jemals begegnen oder eher aneinander vorbeigehen.

Fremd sind sich der Friedliche und der Glückliche Typ ganz bestimmt. Sie haben nichts, aber auch gar nichts miteinander gemein. Keine ähnlichen Interessen oder Bedürfnisse, keine vergleichbaren Ziele. Und doch kann es passieren, dass sich zwei solche Wesen ineinander verlieben. Dann entsteht eine Geschichte, die Stoff für Filme liefern könnte, etwa von der Art wie «Die Schöne und das Biest»: Ein unbeholfener Bär tapst hinter einer bildschönen Prinzessin her, die er abgöttisch verehrt. Oder die dralle Bauernmagd verliebt sich in den geschmeidigen Professor und folgt ihm in die Stadt, um seinen Haushalt zu führen. Selten wird aus dieser Liebesgeschichte eine gleichberechtigte Beziehung. Diese Partner sind einfach nicht ebenbürtig.

## Der Friedliche Typ und die Glückliche Person im Job

Auch hier ist das geistige und emotionale Gefälle sehr groß. Während es dem Friedlichen Typ durch seinen Mangel an Luft und Feuer an Temperament und Flexibilität fehlt, ist der Glückliche Typ von Geburt an mit der Harmonie der drei Energien gesegnet. Er bringt die besseren Gaben und Begabungen mit, ist flexibel, selbstbewusst, sympathisch, intelligent und im Besitz einer durch und durch positiven Ausstrahlung. Der Friedliche Typ wird so immer im Schatten des Glücklichen Typs stehen und diesen heimlich oder offen bewundern.

### Ein ergebener Assistent

Dennoch kann hier eine fruchtbare Kooperation entstehen. Der Friedliche Typ ist ein sehr guter Assistent, eine zuverlässige Sekretärin und Haushälterin, ein verlässlicher Bote und Chauffeur. Und die Glückliche Person ist froh, jemanden an ihrer Seite zu wissen, auf den sie sich verlassen kann. Umgekehrt sind all die Friedlichen Mitarbeiter dankbar, für diesen Chef oder diese Chefin arbeiten zu dürfen. Glückliche sind ja keine Machtmenschen, sie setzen ihre natürliche Autorität immer nur dann ein, wenn sie tatsächlich etwas erreichen und sich durchsetzen wollen.

## Die vollkommene Friedliche Natur

Die große Lebensaufgabe des Friedlichen Typs besteht darin, aus seiner introvertierten Haltung herauszutreten und den Prozess lebendigen Austauschs zu wagen. Für seine persönliche Weiterentwicklung muss er sich seiner Umwelt öffnen und bereit sein, sich mit den von außen kommenden Eindrücken auseinander zu setzen. Dickfellig wie er ist, neigt er dazu, sich innerlich gegen Neues und Unbekanntes abzuschotten und es nicht wirklich an sich heranzulassen. Gerade diese mangelnde Aufnahmebereitschaft ist sein Problem. Aber hier liegt auch seine Chance. Macht sich der Friedliche Charakter diesen Mechanismus einmal bewusst, schärft er damit auch seine Aufmerksamkeit für die Thematik. So kann er sich immer wieder für das «gesündere» Verhalten entscheiden.

### Die Öffnung nach außen
Mit der ihm eigenen Beharrlichkeit wird sich der Friedliche auf seinem Weg zur persönlichen Vervollkommnung daranmachen, die Öffnung in allen Lebensbereichen zu vollziehen: in privaten Beziehungen, im Job, auch bei ganz alltäglichen Tätigkeiten wie Essen oder in der Freizeitgestaltung.
Mit dieser Neuorientierung, die bei vielen übrigens mit einer Fastenkur beginnt, ist meist ein Prozess des Loslassens verbunden: Das Friedliche Naturell, das es nicht gewohnt ist, kritisch zu hinterfragen, beginnt in der ihm eigenen gründlichen Art, aufzuräumen und sich zu trennen: von überholten

Traditionen, von überflüssigem Tand in seiner Wohnung, von altem Groll aus längst vergangenen Beziehungen, von Bekanntschaften, die sich überholt haben.

## Nebenbei purzeln die Pfunde

Häufig verlieren die Betroffenen im Laufe dieser Entwicklung auch noch überflüssige Pfunde, sozusagen als äußeres Zeichen für die innere Reinigung. Danach folgt in der Regel eine Phase der Erleichterung und des Aufatmens – nicht von ungefähr leiden viele Friedliche unter Atemwegsbeschwerden. Und dann entdecken sie ein völlig neues Gefühl: die Leichtigkeit. In der Tat ist der Friedliche ja auf vielen Ebenen leichter geworden. Er kann nun die beschwingte, verspielte Seite des Lebens entdecken und genießen: Die seinem Naturell komplett entgegengesetzte Qualität der Luft eröffnet sich ihm und erweitert seinen Horizont.

## Es lebe die Leichtigkeit

Der Friedliche beginnt nun, spontaner zu reagieren, entdeckt vielleicht seine Kreativität und seine innere Stimme. Endlich aus der geistigen Unbeweglichkeit herausgetreten, beginnt er sich mit der Außenwelt auszutauschen und steigt ein in den ewigen Kreislauf des Gebens und Nehmens, des Ansammelns und Loslassens.

Doch nun muss die Friedliche Natur auch das Element Feuer in ihre Persönlichkeit integrieren. Dazu gehören ein selbstbewusstes Auftreten und kraftvolle, zielgerichtete Aktionen. Erst wenn sie sich diese Fähigkeiten antrainiert hat, kann sie ihre enorme Kraft effektiver einsetzen.

# Kapitel V

# Der Impulsive Typ

Mischtyp Lung–Tripa
Elemente Luft, Raum und Feuer

## Wer sind Sie?

Die Mischung aus drei sehr lebendigen Elementen
verleiht Ihnen eine starke Individualität. Aber Sie
brauchen Erdung, um wirklich zufrieden zu werden.

## Ihre Lebensaufgabe

Ihre wichtigsten persönlichen Ziele lauten: Geduld und Mäßigung Ihrer Emotionen. Sie werden leicht Opfer Ihrer Gefühle oder jagen Dingen hinterher, die Sie unbedingt und sofort haben wollen. Lassen Sie Ihre Begierden los. Lernen Sie, sich mit weniger zufrieden zu geben. Schätzen Sie, was Sie haben. Und bleiben Sie bei einer Sache. Um das zu lernen, sollten Sie sich mit dem erdigen Bäken-Prinzip auseinander setzen. Es steht für Stabilität, Ruhe und Gelassenheit und holt Sie herunter auf die Erde.

## Die Impulsive Persönlichkeit auf einen Blick

Erkennen Sie sich wieder? Je mehr von den folgenden Aussagen auf Sie zutreffen, desto stärker ist Ihre Impulsive Persönlichkeit ausgeprägt.

1. Ich kann sehr aufbrausend werden, beruhige mich aber schnell wieder
2. Ich bin oft völlig in meine Emotionen verstrickt
3. Nach außen wirke ich zwar selbstbewusst, aber tief im Innern zweifle ich an mir
4. Ich habe viel kreative Energie und gute Einfälle, und meistens folge ich spontanen Impulsen
5. Wenn ich mich verletzt oder beleidigt fühle, kann ich sehr zynisch, aggressiv und gemein werden, aber meine Umwelt nimmt mich dann oft nicht ganz ernst
6. Oft sehne ich mich nach mehr Ruhe und Geborgenheit
7. Ich bin/wäre gerne in einem kreativen Beruf tätig und bin durchaus in der Lage, meine Ideen Gewinn bringend umzusetzen

8. In meinem Leben ist viel los: Ich bin oft unterwegs und gehe gerne aus, weil ich etwas erleben will

9. Streit vergesse ich schnell: Ich bin nicht nachtragend und kann gut verzeihen

10. Ich bin sehr beweglich, sportlich veranlagt und treibe gerne Sport

11. Über einer faszinierenden Arbeit kann ich zum Workaholic werden und Tag und Nacht wie besessen arbeiten

12. Wenn ich über mich rede, tue ich es mit einem gewissen Stolz

13. Manchmal stelle ich aus dem Bauch heraus eine Behauptung auf und staune, wie ich darauf gekommen bin

14. Im Grunde meines Herzens bin ich ein eher misstrauischer Mensch

15. Leider passiert es mir immer wieder, dass ich spontan etwas verspreche und es dann vergesse einzulösen

16. Ich kann gut analytisch denken und etwas auf den Punkt bringen, trotzdem handele und entscheide ich oft rein intuitiv

17. Manchmal wache ich nachts auf, weil ich einen bedeutsamen Traum hatte. Am nächsten Morgen ist alles wie weggeblasen. Oder ich habe eine tolle Idee – und plötzlich ist sie weg

18. Ich bezeichne mich als Individualist(in) und liebe es, mich von anderen Menschen abzuheben

19. Wenn es mir gut geht, fühle ich mich leicht und lebendig. Wenn es mir nicht gut geht, verhalte ich mich neurotisch und quäle mich mit Ängsten

20. Meine Gefühle kann ich gut zeigen, ausleben und ausdrücken – nicht nur in Worten, sondern auch künstlerisch, z. B. durch Tanz, Malerei oder Poesie

21. Wenn mir etwas nicht behagt, langweile ich mich schnell

22. Ich kann ganz schlecht die Dinge abwarten und auf mich zukommen lassen. Mir fehlt dazu einfach die Gelassenheit

23. Ich bin recht widersprüchlich, kann völlig chaotisch, aber auch sehr ordentlich und genau sein

24. Meine vielen Gesichter zeigen sich auch im direkten Sinn: Je nachdem, wie es mir gerade geht, sehe ich frisch und lebendig oder erschöpft und ausgezehrt aus

25. In der Liebe bin ich phantasievoll und leidenschaftlich

## So ist der Impulsive Typ

**Der Impulsive Typ ist ein faszinierender Mensch – voller Widersprüche und Überraschungen. Überraschend, genial, eigenwillig: Unter den Impulsiven gibt es keine Langweiler.**

### Ein Feuerwerk von einem Menschen

Man nehme ein lebendiges Temperament, einen intellektuellen Geist, viel Esprit und künstlerische Talente. Nun vermenge man das Ganze und würze mit einer Prise Heiterkeit und einer Messerspitze Drama – fertig ist der Impulsive Typ.

Sie finden sich in dem Rezept wieder? Auch das spricht dafür, dass Sie eine Impulsive Persönlichkeit sind. Denn diese hat Sinn für Humor, Witz und Ironie, und sie liebt das Spiel mit Worten. Alles in allem eine exquisite Mixtur aus Luft und Feuer – mit hohen Höhen und tiefen Tiefen. Doch bleiben wir zunächst bei Ihren vielen guten Seiten. Sie sind so wunderbar eigenwillig, unterhaltsam und kreativ begabt, dass man sich wundern müsste, wenn Sie nicht in einem kreativen Job gelandet wären.

Sind Sie nicht? Dann haben Sie wahrscheinlich Ihre Genialität in den privaten Bereich verlagert: Sie singen beim Duschen inbrünstig Wagneropern, spielen Klavier oder Klarinette, bemalen Ihre Wohnzimmerwände im Stil der Jungen Wilden, verwandeln Ihr Haus in eine Kunstgalerie, machen Hüte oder nähen die unglaublichsten Kostüme.

## Hinreißend und genial

Irgendwo findet Ihre künstlerische Ader ganz sicher ihren Ausdruck. Denn sie will sich zeigen und sie muss sich zeigen. Ihr bewegtes Innenleben braucht ein Ventil, sonst schlagen Ihre Gefühle Purzelbäume.

Emotionen sind ein wichtiger Teil Ihres Lebens. Sie halten Ihre Gefühlswelt lebendig und sind der Motor Ihres Schaffensdrangs. Und der ist gewaltig. Mit Feuereifer stürzen Sie sich in Ihre Projekte und setzen Ihre gesamte Leidenschaft ein, um Visionen wahr werden zu lassen. Das ist Ihr Traum: die Welt mit Ihren Ideen zu bereichern. Und dafür arbeiten Sie, Tag und Nacht, Monat für Monat. Wie besessen. Sie tauchen erst wieder auf, wenn Sie stolz präsentieren können, was Sie geschafft haben: Ihr Werk, das Produkt Ihrer Arbeit! Meistens verdienen Sie damit auch noch Geld. Das Feuerelement in Ihnen sorgt dafür, dass die aus der Luft geborenen Ideen sich gezielt und effektiv materialisieren können. Meistens.

## Die Lust, sich zu beweisen

Sie wollen sich anstrengen. Gut so. Die Energie dazu besitzen Sie, ebenso Mut und Risikofreude. Je nachdem, wie stark der Tripa-Anteil in Ihnen ausgeprägt ist (beantworten Sie dazu bitte die 100 Fragen im Anhang auf Seite 259), tritt Ihre Abenteurerseele in Ihren Projekten in den Vordergrund, ebenso wie die Schärfe Ihres Intellekts. Denn während Ihr Herz und Ihr Bauch voller Gefühle sind, beherrscht Ihren Kopf ein glasklarer Verstand. In der linken Gehirnhälfte zumindest, denn in der rechten sitzen Ihre ausgeprägten intuitiven und kreativen Fähigkeiten. Im Idealfall ergänzen sich beide Hälften und arbeiten harmonisch zusammen. Einen Tipp zur Koordination beider Gehirnhälften finden Sie im Anhang.

## Intellekt versus Intuition

Doch leider liegt Ihr hellwacher Verstand oft im Clinch mit Ihrer reichen Phantasiewelt. Oder das eine wird zu stark betont und das andere unterdrückt. Manche Impulsiven Typen folgen nur noch ihrem intuitiven Gespür und ihren schöpferischen Fähigkeiten. Das sind die Künstler, die ganz in ihrer eigenen magischen Welt zu Hause sind. Andere wiederum leben beides. Sie verdienen ihr Brot in einer «seriösen» Branche und agieren privat ihre schöpferischen Bedürfnisse aus. Da gibt es viele Variationen: tagsüber Marketingmanager, nach Feierabend Waldlauf und dann die Dissertation über Schopenhauer; oder morgens die Kinder, nachmittags der Job als Kundenberater bei der Bank, anschließend eine Stunde Jazzdance und nachts Erfolgsromane schreiben. Impulsive sind angesehene Gelehrte, Sportler mit Köpfchen und innovative Manager, die die Zeichen der Zeit erkennen.
Ihr Leben ist vielseitig und bunt. Auch körperlich sind sie immer in Bewegung, denn ihr sportlicher Körper will gefordert werden.

## Eigenwillige Lebenswege

Die Mischung aus Feuerenergie (selbstbewusst, mutig, eitel) und Luft (kreativ, unkonventionell) macht Impulsive zu geborenen Individualisten, die immer versuchen, einen eigenen Weg zu finden – sei es beruflich, innerhalb einer Branche, oder gesellschaftlich, zum Beispiel in familiären Beziehungen. Gerne experimentieren Impulsive Typen mit neuen Modellen des Zusammenlebens. Wie auch immer diese Versuche enden: Eigenwillige Lebenswege und ungewöhnliche Berufskarrieren sind typisch für sie. Da der Beruf ein wichtiges Medium der Selbstverwirklichung ist, werden Frau oder Herr Impulsiv zunächst dort den Ausdruck ihres Ich suchen. Dabei kommen dann skurrile Kunstwerke, Aufsehen erregende Modeschöpfungen oder neue wissenschaftliche Denkansätze heraus. Oder innovative Therapien, revolutionäre Sportgeräte, Fitnesstechniken und neuartige Geldanlage-Strategien. Impulsive sind nämlich nicht nur Künstler und Heiler (bei starken Luftanteilen), sondern auch Sportler und Finanzprofis (bei starken Feueranteilen).

## Der Typ des Exzentrikers

Ein kleiner, aber dafür besonders auffallender Teil der Impulsiven kultiviert den «etwas anderen» Lebensstil. Sie sind extravagante Persönlichkeiten, skurrile Eigenbrötler und schrille Vögel, deren Existenz eine einzige Gratwanderung zwischen Genialität und Wahnsinn ist. Ob man sie nun Exzentriker, Egomanen, gesellschaftliche Außenseiter oder verrückte Künstler nennen mag – die schillernden Extremformen des Impulsiven Typs werden immer an bürgerliche Normen anecken.

## *Wenn die Impulsive Persönlichkeit aus der Balance gerät*

**In Problemsituationen verstrickt sich der Impulsive leicht im Chaos seiner Gefühle.**

### Dramen, die das Leben schreibt

Das Krisenverhalten Impulsiver Charaktere liefert allerbesten Stoff für Filme, Theaterstücke und Romane. Der Grund: Sobald seine Emotionen hochkochen, tendiert seine Verstandeskraft gegen Null. Damit ist die Bühne frei für unglaubliche Geschichten. Missverständnisse mit schwerwiegenden Folgen, komplizierte Verwechslungskomödien und dramatische

Gefühlsexplosionen erzeugen Situationen, in denen sich keiner mehr auskennt – am allerwenigsten der Verursacher selbst. Hilflos ins Netz seiner Gefühle verstrickt, stürzt das Impulsive Opfer in Abgründe der Verzweiflung. Oder es terrorisiert seine Umwelt mit dramatisch übertriebenen Darstellungen seines Seelenzustands. Doch kaum sind die Retter herbeigeeilt, bekommen sie zu hören, dass die Krise längst überwunden ist – und überhaupt war doch alles gar nicht so schlimm. Jeden Tag ist alles wieder anders – es lebe das Unberechenbare im Menschen!

## Impulsive leiden intensiver
Die neurotischen Ausschweifungen des Impulsiven Typs unterscheiden sich in ihrer Art kaum von denen der Elfenpersönlichkeit, wohl aber in ihrer Intensität: In diesem Fall schürt die Luft das Feuer, und diese Kombination verleiht den Emotionen eine dramatische, explosive Nuance. Aus Angst wird Todesangst, Phobien steigern sich ins Unermessliche, Eifersucht wird zum Drama, Albträume rauben den Schlaf, Zwangsvorstellungen erreichen den Grad einer Psychose, aus Abhängigkeiten entwickeln sich heillose Süchte.

## Keiner versteht mich!
In kritischen Lebensphasen verlieren sich Impulsive in Illusionen. Ihre Visionen und Ziele bleiben auf dem Weg zum Boden in der Luft hängen, weil jegliche Erdenschwere abhanden gekommen ist.
Oder aber die durch Stress erhöhte Luftenergie bringt die Feuerglut zum Auflodern und erzeugt Zustände nervlicher Überreizung. In solchen Augenblicken genügt ein geringfügiger Anlass, und der Impulsive explodiert, flippt aus und inszeniert ein Drama.
Möglich ist auch eine gewisse geistige und sprachliche Verwirrung. Der Impulsive, ohnehin ein schlechter Zuhörer, re-

det unaufhörlich über sich und seine Probleme, wiederholt sich stundenlang und dreht sich gedanklich im Kreis. Manche beginnen zu stottern, vergessen Namen, oder es fallen ihnen bestimmte Ausdrücke nicht ein. Die in guten Zeiten wortgewaltigen Reden verkümmern zu einfallslosen Monologen, und wenn dann auch noch die Konzentration nachlässt, fehlen alle gedanklichen Zusammenhänge. Und irgendwann, unweigerlich, fällt der pathetische Satz: «Keiner versteht mich.»

## Exzentrische Verhaltensweisen

Wer sollte die Impulsive Natur verstehen, wenn sie selbst es nicht kann? Hin- und hergerissen zwischen Überheblichkeit («Ich bin ein ganz besonderer Mensch») und Selbstzweifeln («Ich kann nichts, ich bin nichts») fällt sie emotional von einem Extrem ins andere und verbreitet Chaos. Oft neigen diese Charaktere dann zu exzentrischen Verhaltensweisen: Sie verlassen demonstrativ den Raum, wenn sie keine Aufmerksamkeit bekommen, geben sich betont gelangweilt, wenn sie jemanden unsympathisch oder uninteressant finden, bekommen hysterische Anfälle oder Migräne, wenn etwas nicht nach ihren Vorstellungen läuft.

## Manche nennen es Lüge

Wen wundert's, dass dieses vielgesichtige Wesen auch Tatsachen verdreht oder verwechselt, wenn es aus dem Gleichgewicht gerät – gerade so, wie es ihm in den Kram passt. Manche nennen dieses Verhalten Manipulation, Lüge oder intrigantes Verhalten, andere sind etwas gnädiger und halten Impulsive nur für zerstreut. Unterm Strich bleibt die Tatsache bestehen, dass das Impulsive Naturell in problematischen Situationen unzuverlässig ist, seine Zusagen vergisst und Realitäten falsch einschätzt.

Ein anderes Problem zeigt sich, wenn dieser Typ sich belei-

digt oder angegriffen fühlt. Dann kann er aus dem Stand heraus aggressiv oder sehr zynisch werden. Meist fehlt es diesen
Ausbrüchen jedoch an Substanz. Auch für Außenstehende ist
die dahinter steckende emotionale Verwirrung zu offensichtlich, als dass sie sich davon einschüchtern ließen.

## Luft oder Feuer?

Wie sich Disharmonie beim Impulsiven auf der körperlichen
Ebene äußert, hängt davon ab, welche seiner Energien am
stärksten gestört ist. Die aus der Balance geratene Feuerenergie hat Symptome wie Leberprobleme, Migräne, Furunkel
und andere Hautinfektionen zur Folge. Störungen der Luft-
energie verursachen Schwindel und Übelkeit, Rückenver-
spannungen, Allergien, Schlafstörungen, Herz-Kreislauf-Pro-
bleme und Verdauungsstörungen.

## *Was die Impulsive Persönlichkeit aus dem Gleichgewicht bringt*

**Weil ihm die Erdung fehlt, verliert der Impulsive Typ leicht den Boden unter den Füßen.**

### Kritik und Beleidigungen

Eines vorweg: Verbalattacken machen wohl jedem Menschen zu schaffen. Der Impulsive Typ reagiert aber besonders empfindlich darauf, denn sein Selbstbewusstsein ist
nur oberflächlich, sein Ego jedoch recht ausgeprägt. Zudem
kann sich nur schlecht schützen, weil ihm das Element
Erde fehlt. Kritische und abwertende Bemerkungen treffen
den Impulsiven also schnell in seinem Innersten und verletzen seinen Stolz.

**Zurück ins Gleichgewicht**
**Wenn Ihr Gegenüber Sie persönlich angreift, beleidigt oder**
**kritisiert, erwarten Sie nicht von sich selbst, dass Sie den**

Konflikt immer souverän und abgeklärt lösen. Es ist nicht weiter schlimm, wenn Sie sich zu Vorwürfen hinreißen lassen, wütend oder hilflos werden, oder wenn Ihnen sogar die Tränen kommen. Halten Sie es wie O Sensei, der Begründer des Aikido. Ihn fragte einst ein Schüler, wieso er beim Kampf nie die Balance verliere. «Was ist dein Geheimnis, Meister?», fragte der Schüler. «Du irrst», antwortete O Sensei, «ich verliere ständig die Balance. Die Kunst besteht darin, sie immer wieder zurückzugewinnen.»

## Heillos in Emotionen verstrickt

Das Gefühlsleben des Impulsiven Typs ist nicht nur sehr reich und bewegt (Luft), sondern auch heftig und intensiv (Feuer). Leicht, allzu leicht kann er sich in negative Emotionen wie Wut, Neid, Missgunst, Eifersucht oder Empörung hineinsteigern. Auch Liebe oder Sehnsucht erlebt der Impulsive Typ stärker als andere. Deswegen neigt er dazu, sich in seine Gefühle zu verstricken, sie übertrieben zu äußern oder die Kontrolle über sie zu verlieren. Im Kino sind dramatische Szenen bewegend anzuschauen, im Alltag nicht. Emotionen sind wie eine Mauer, sie verhindern jede fruchtbare Kommunikation. Wer erst einmal in ihnen gefangen ist, kann sich nicht ohne weiteres wieder befreien. Lässt er ihnen jedoch freien Lauf, läuft er Gefahr, sich und anderen zu schaden.

Die Lösung kann nun aber nicht sein, Emotionen einfach zu unterdrücken. Damit blockiert man die kostbare Energie, die in ihnen steckt, und provoziert körperliche Symptome. Das Ziel ist es auch nicht, pure Vernunft walten zu lassen. Im besten Fall werden unsere Handlungen von Kopf und Bauch gleichzeitig gesteuert. Die folgenden Tipps zeigen, wie man mit Gefühlen richtig umgeht.

## Sechs Cool-down-Strategien

**1. Gefühle benennen**
Gefühle, die nicht in unser Bild von uns selbst passen, verdrängen wir gerne. Meist wurden sie uns schon als Kind verboten. Manchmal verbieten auch wir selbst uns, bestimmte Dinge zu fühlen – etwa Sehnsucht, Glück oder eine Verliebtheit, die nicht ins Leben passt. Für ein gesundes Innenleben ist es aber wichtig, sich seine Gefühle einzugestehen. Nehmen Sie sich einmal Zeit und fragen Sie sich, was Sie gerade empfinden. Dann benennen Sie das Gefühl so genau wie möglich. Sagen Sie sich zum Beispiel: «Ich bin gerade sehr aufgeregt/eifersüchtig/sauer …, weil …», oder: «Es stört mich maßlos, dass …», oder: «Ich habe mich in … verliebt, und das macht mich unsicher, weil …»

**2. Gefühle anerkennen**
Verzichten Sie darauf, Ihre Gefühle in gute oder schlechte einzuteilen. Das führt nur dazu, dass Sie sie unterdrücken. Damit sind sie aber nicht verschwunden, sondern arbeiten im Unterbewusstsein weiter. Machen Sie sich einfach klar: Sie haben das Recht, zu fühlen, was Sie fühlen.

**3. Gefühle kontrollieren**
Wenn Sie Angst haben, von Ihren Gefühlen überwältigt zu werden, gehen Sie innerlich auf Distanz und beziehen Sie einen Beobachterposten. Merken Sie zum Beispiel, wie der heftige Neid auf die erfolgreiche Kollegin in Ihnen immer stärker wird, begeben Sie sich in die Rolle eines Wissenschaftlers und stellen Sie sich ganz objektiv einige Fragen: Wie stark ist das Gefühl in diesem Augenblick? An welcher Stelle im Körper spüre ich es? Woran erinnert es mich? Habe ich so etwas Ähnliches schon mal erlebt? So behalten Sie die Kontrolle, ohne Ihre Gefühle zu unterdrücken.

## 4. Gefühle angemessen zeigen.

Es kostet eine Unmenge Kraft, Gefühle zu unterdrücken – etwa wenn Sie sich zwingen, freundlich zu sein, obwohl Sie gerade eine Mordswut im Bauch haben. Die Frage ist: Wie zeigen Sie Ihre Emotionen, ohne Ihr Gesicht zu verlieren? Wenn der Mensch, um den es geht, nicht ahnt, wie es um Sie steht, kann er weder reagieren noch etwas ändern. Das Geheimnis besteht darin, Gefühle der Situation angemessen zu äußern, sie also quasi gefiltert mitzuteilen. Die Zauberformel heißt «selektive Offenheit». Das bedeutet, dass Sie jederzeit darüber entscheiden können, wem Sie wie viel von Ihren Gefühlen mitteilen. Überlegen Sie also, welche Abstufung die richtige ist. Im Job können Sie ganz sachlich äußern, was Sie stört, bei einem Freund oder dem Partner ist es in Ordnung, wenn Sie mehr von Ihrem Ärger rauslassen.

## 5. Gefühle ausleben

Nirgendwo kann man besser Druck ablassen als beim Sport. Toben Sie sich also aus: Hauen Sie Ihrem Gegner auf dem Tennisplatz die Bälle um die Ohren, donnern Sie Squashbälle an die Wand, walken oder joggen Sie, reiten Sie im Galopp über Felder, schwimmen Sie, machen Sie Sit-ups, schwingen Sie Hanteln oder verausgaben Sie sich an der Kraftmaschine. Je öfter, desto besser. Sie werden sich wundern, wie viel mehr an Kraft und Ausdauer Sie haben, wenn Sie vorher emotional aufgeladen waren.
Eine andere Möglichkeit: Knien Sie sich vor die Couch oder das Bett und schlagen Sie mit beiden Fäusten darauf ein. So lange, bis Ihre Wut verraucht ist. Sie können auch dabei fluchen und schimpfen – allerdings sollten Sie sichergehen, dass es niemand hört.

6. Gefühle in positive Energie verwandeln

In Gefühlen und Emotionen steckt viel Energie. Verwandeln Sie sie in eine Aktivität, die Ihnen nutzt. Das kann Ihnen einen Kick geben. Also: Statt dem Ex die Autoreifen aufzustechen oder die Ex mit ihrem neuen Lover zu verfolgen, sagen Sie sich einfach: «Die beste Rache ist, wenn es mir ohne ihn oder sie gut geht.» Und dann tun Sie etwas für sich. Buchen Sie einen Urlaub, machen Sie sich ein schönes Wochenende auf dem Land, besuchen Sie endlich das Seminar, auf das Sie sich die ganze Zeit schon gefreut hatten. Wenn Sie sich angewöhnen, auf negative Emotionen mit positiven Aktivitäten zu reagieren, werden Sie bald feststellen, dass jedes Gefühl ein Energiespender sein kann.

## Besitzgier um jeden Preis

Das atemlose Hinterherjagen nach Dingen, die man unbedingt besitzen will, ist typisch für die Impulsive Persönlichkeit. Ungeduldig, kompromisslos, fast zwanghaft verfolgt der Impulsive sein Ziel, und je verbissener er es anstrebt, desto weiter entfernt es sich vor seinen Augen. Bekommt er das Objekt der Begierde nicht, kann dies zu heftigsten Reaktionen führen. Verlieren können Impulsive Menschen ebenso schlecht wie auf etwas verzichten. Aber genau das müssen sie lernen. Eine schwierige Aufgabe – wahrscheinlich eine der schwierigsten.

Die beste Möglichkeit, sich vom buddhistischen Geistesgift des «Habenwollens» zu lösen, ist Meditation. Sie hilft, gedanklich loszulassen und aus dem Kreislauf der Begierden auszusteigen.

Kleiner Tipp: Impulsive Persönlichkeiten sollten sich für Meditationsformen entscheiden, bei denen möglichst keine Kopfarbeit geleistet werden muss, sondern in denen der Geist zur Stille geführt wird.

# Bewusstheit und Gleichmut durch Achtsamkeit

Eine Entspannungs- und Lebenshilfetechnik, die zur Zeit in Deutschland boomt, ist die buddhistische Meditationsform des Vipassana (altindisch: befreiende Einsicht, intuitives Wissen). Der US-Mediziner Jon Kabat-Zinn hat die «Achtsamkeitsübungen» auf westliche Bedürfnisse zugeschnitten und daraus ein achtwöchiges Behandlungsprogramm entwickelt, das heute mit großem Erfolg an 300 Kliniken und Gesundheitszentren in den USA angewandt wird. Das Programm besteht aus verschiedenen Teilen: Ganzkörperatmung, bei der die gedankenfreie Aufmerksamkeit von einer Stelle des Körpers zur nächsten fließt, Gewahrwerden aller Atemempfindungen und Sitzmeditation. Ziel dieser Übungen ist es, ein Gefühl für die Natur des Geistes zu entwickeln, die als Raum und Stille auftritt.

Die acht Wochen, in denen diese Techniken gelernt werden, verändern das Leben vieler Menschen von Grund auf. Drei Viertel aller oft schwer kranken Teilnehmer berichten, dass sich ihre Beschwerden gebessert hätten. Medizinische Symptome wie chronischer Schmerz, psychosomatische oder stressbedingte Krankheiten wie Hauterkrankungen, Depressionen und Ängste verschwanden bei 25 bis 32 Prozent der Teilnehmer. Durch die Achtsamkeitspraxis können sich sogar Persönlichkeitsmerkmale wie Stressresistenz und Kohärenzgefühl (der Sinn für den Zusammenhang, der bestimmt, wie weit man bereit ist, sein Schicksal zu akzeptieren) ändern. Das tiefstgreifende Ergebnis nennt Jon Kabat-Zinn: «Die Menschen lernen, sich in ihrem Körper zu Hause zu fühlen – ein Gefühl, das vielen bisher unbekannt war.»

Weitere Informationen und Adressen für Achtsamkeits-Kurse nach Jon Kabat-Zinn finden Sie im Anhang.

## Was ist Achtsamkeit?

Achtsam sein heißt innehalten und frei von Gedanken, Plänen und Vorhaben den Augenblick erleben – sonst nichts.

Achtsam sein bedeutet auch, sich selbst zu erleben und zu verstehen. Nur wer den achtsamen Zustand übt, erlebt eine Veränderung seines Bewusstseins und seiner Handlungen. Das vermittelt Sicherheit, Ruhe und Zufriedenheit.

Achtsamkeit ist immer auch mit Zuwendung verbunden. Je mehr Achtsamkeit man einem kranken Körperteil schenkt, desto schneller können die Krankheitsursachen aufgedeckt und die Selbstheilungskräfte angekurbelt werden.

Der Achtsame schenkt aber nicht nur seiner eigenen Person Aufmerksamkeit, sondern auch allen äußeren Umständen des Alltags – wie Essen und Trinken, Gehen, Ruhen, Arbeiten, also ganz gewöhnlichen Routinetätigkeiten.

### Übung der Achtsamkeit

**Halten Sie wenigstens einmal am Tag für einen Moment inne und schauen Sie sich selbst zu. Nehmen Sie alle Geräusche bewusst wahr – die angenehmen wie die unangenehmen. Hören Sie zu, was die Menschen um Sie herum sagen, und werten Sie nichts davon. Es geht allein darum, alle Geräusche in diesem Augenblick wahrzunehmen. Vielleicht können Sie mit der Zeit das Lied der Mönche, die in buddhistischen Klöstern Achtsamkeitsübungen machen, nachvollziehen: «Wie leicht ist doch mein Körper mir, von Glückesfülle ganz durchtränkt.»**

### Zu viel Wettkampf verspannt den Geist

Keine Frage: Impulsive mit hohem Feueranteil sind sehr wettbewerbsorientiert. Sie haben viel Ehrgeiz, stehen häufig unter Leistungsdruck und treten in Konkurrenz zu anderen. Doch leider verlieren sie dabei leicht ihre innere Stabilität.

Da hilft nur eines: Zurück zur Mitte. Außer den oben genannten Achtsamkeitsübungen gibt es viele andere Techniken, die Körper und Geist entspannen.

## Gelassenheit kann man trainieren

Machen Sie sich auf die Suche nach einer Entspannungsmethode, die Ihnen sympathisch ist, und erlernen Sie sie. Entscheiden Sie sich für eine Methode, deren Technik Sie im Alltag immer wieder anwenden können. Gut funktioniert das etwa mit Autogenem Training, beim Yoga, beim tibetischen Kum Nye oder bei chinesischen Methoden wie Tai Chi oder Qigong, aber auch bei bestimmten Formen der Zen-Meditation wie zum Beispiel «Street-Zen». Um die Entspannungstechniken im entscheidenden Moment abrufen zu können, müssen Sie die Techniken lange genug geübt haben, damit sie in Fleisch und Blut übergehen. Dann jedoch werden sie in wichtigen Situation zu entscheidenden Helfern. Mithilfe Ihrer Technik können Sie eine emotional aufgeladene Situation sehr schnell entschärfen und alles gelassen aus der Distanz betrachten.

## Lachen als Heilmittel

Lachen ist wie eine Tüte Rückenwind. Es löst zwar nicht alle Probleme, aber mit Sinn für Humor kann man Fehlschläge mit gesunder Gelassenheit hinnehmen. Belastungen und Ärger lassen sich damit gut in Schach halten, negative Geschehnisse gehen nicht mehr so unter die Haut, und vor allem erfährt man am eigenen Leib, wie wohltuend es sein kann, alles weniger ernst zu nehmen. Wenn Sie etwa beim nächsten Mal merken, wie Sie innerlich in Konkurrenz zu jemandem treten, machen Sie einfach einen Witz, und schon entspannt sich die Situation. Wenn Sie am Abend immer noch «außer sich» sind, könnten Sie sich etwa ein Video anschauen, das Sie zum Lachen bringt. Am besten legen Sie sich gezielt eine Sammlung von «Lach-Auslösern» zu: Filme, Cartoons,

Witze. Sobald Sie merken, dass Sie wieder einmal der Beste sein wollen und Ihnen darüber das Lachen vergeht, greifen Sie gezielt auf Ihren persönlichen Lachauslöser zurück.

Wenn Sie lieber gemeinsam mit anderen lachen: In Deutschland hat sich inzwischen eine richtige Lachbewegung etabliert, mit dem erklärten Ziel, den Menschen das Lachen wieder beizubringen – unter anderem aus medizinischen Gründen, denn Lachen ist erwiesenermaßen heilsam. In professionell geführten Seminaren übt man nichts anderes, als aus dem Stand heraus in verschiedene Arten des Lachens auszubrechen. Adressen von Lachclubs und der neuen Lachbewegung finden Sie im Anhang.

### Übung des inneren Lächelns

Wenn Ihnen das laute Lachen nicht zusagt, können Sie es auch mal mit einer leisen, meditativen und sehr wirkungsvollen Variante aus China versuchen:

Setzen Sie sich bequem hin und schließen Sie die Augen. Die Hände ruhen locker auf den Oberschenkeln. Spüren Sie nur Ihren Körper und Ihren Atem – ganz ohne Absicht, ohne Ziel. Nun lassen Sie langsam um Mund und Augen ein leises Lächeln entstehen. Es soll von einem Gefühl der Heiterkeit begleitet sein. Vielleicht denken Sie an einen Menschen, den Sie lieben oder der Sie oft zum Lachen bringt, vielleicht lassen Sie ein amüsantes Erlebnis vor Ihrem inneren Auge vorbeiziehen. Das Gefühl von Heiterkeit soll nun ganz langsam in Ihrem Körper anwachsen. Es breitet sich über den gesamten Brustraum aus. Vor allem das Herz soll in der wohltuenden Energie baden und erstrahlen. Die Chinesen sagen dazu: «Man lächelt aus dem Scheitel, den Augen und der Brust.»

Dieses innere Lächeln können Sie immer wieder in sich entstehen lassen. Seine positive Wirkung auf Sie und Ihre Umwelt werden Sie jedes Mal spüren. Probieren Sie es: In der U-Bahn, bei einem Konflikt mit dem Chef oder einem Kollegen, in der nächsten Konkurrenzsituation: Lächeln Sie Ihrem Ehrgeiz verständnisvoll zu, und dann lassen Sie ihn los.

## Zu viele Ängste und Sorgen

Impulsive Typen, die hohe Punktzahlen bei der Lung-Energie erreichen, werden in Krisenzeiten oft stark von Ängsten geplagt. Sie grübeln nächtelang über bestimmte Themen nach und können sich mit ihren Sorgen schier verrückt machen. Haben die Geplagten dann endlich Schlaf gefunden, schrecken Albträume sie wieder auf.

Lang anhaltende und schwerwiegende Angstkrankheiten müssen selbstverständlich therapeutisch behandelt werden. Wenn Sie hingegen der Meinung sind, dass Ihre Grübeleien sich noch im Bereich der Befindlichkeitsbeschwerden bewegen – weil Sie etwa zu viel Verantwortung tragen, Geldsorgen Sie plagen oder weil Sie sich immer wieder zu hohe Ziele stecken –, können bestimmte ätherische Öle Ihre negativen Stimmungen lösen.

### Düfte, die das Gemüt besänftigen

Wenn Sie das Gefühl haben, dass sich Ihr Herz vor Angst verkrampft, verwöhnen Sie sich am besten mit einem warmen Wannenbad. Als Badezusatz vermischen Sie folgende Zutaten in einer kleinen Schale:

3 Tropfen Rosenessenz, 2 Tropfen ätherisches Öl von Muskatellersalbei, 2 Tropfen Aromaöl von Geranium, 3 Esslöffel Johanniskrautöl (Rotöl).

Diese Mischung verströmt nicht nur einen köstlichen Duft, sie hilft Ihnen auch, alle Sorgen verfliegen zu lassen, während Sie ins warme Wasser eintauchen. Geben Sie Ihre Ölmixtur einfach mit dem einlaufenden Wasser in die Wanne.

Das folgende Duftölrezept für eine entspannende Massage hilft ebenfalls gegen Angst:

Mischen Sie zwei Tropfen Rosenessenz, zwei Tropfen Melissenessenz und einen Tropfen Weihrauchessenz mit drei Esslöffeln Mandelöl in einer Schale.

Mit diesem Öl können Sie sich nun entweder massieren lassen oder – wenn Sie allein sind – die Stellen behandeln, in denen die Angst «sitzt»: den Körperbereich zwischen Schlüsselbein und Solarplexusgegend. Widmen Sie ihm beim Massieren Ihre besondere Aufmerksamkeit und bleiben Sie anschließend noch eine Weile entspannt liegen.

## Katastrophen und Notfälle

Alles, was den Boden erschüttert oder ihnen den Boden unter den Füßen wegzieht, bringt Impulsive Typen besonders aus dem Gleichgewicht. Sie sind ja vom Wesen her zu wenig geerdet.

Gegen Erdbeben, Explosionen oder schwere Unfälle und ihre Folgen kann der Mensch sich nicht schützen. Sie sind immer tragisch. Aber es gibt eine Möglichkeit, den ersten Schock besser zu überwinden.

## Blütenessenzen gegen den Schock

Das speziell für Notfälle entwickelte Bachblüten-Mittel «Rescue Remedy» ist ein Wundermittel für Notfälle jeder Art. Ein kleines Fläschchen davon, das inzwischen in allen Apotheken erhältlich ist, sollten Sie immer bei sich haben. «Rescue Remedy» verhindert, dass sich im Schockzustand die gesamte Energie verflüchtigt und der Körper dann auskühlt oder man aus Panik in Ohnmacht fällt. Es bringt die Geistesgegenwart zurück, nimmt der Angst ihre Wucht und verhilft zu angemessenen Reaktionen. Falls kein Glas Wasser zur Hand ist (vier Tropfen auf ein halbes Glas Wasser und die Flüssigkeit in kleinen Schlucken innerhalb von zehn Minuten trinken), können Sie einfach einen Tropfen direkt aus der Flasche auf die Zunge geben.

## Der Impulsive Typ und die anderen

Mit einem Impulsiven Partner an der Seite lernt man die ungewöhnlichen Seiten des Lebens kennen.

### Zwei Impulsive Persönlichkeiten als Paar

Die Liebe zwischen zwei Impulsiven hat etwas Leichtes, Beschwingtes, kann aber gleichzeitig auch sehr leidenschaftlich und intensiv sein. Hier kommen zwei Freigeister zusammen, die sich weder von Konventionen einengen lassen noch an Traditionen gebunden fühlen. Eher versuchen sie ganz bewusst, sich von anderen abzuheben, Normen zu sprengen, ihre Individualität zu leben. Teils tun sie das geradezu provokativ, teils einfach, weil sie es mögen. Aus welchem Motiv auch immer – die beiden Impulsiven zählen sich zu den Menschen, die ihren besonderen Geschmack zelebrieren. Sie sind füreinander die besten Partner: Alles, was ihnen gefällt, was sie sich vom Leben wünschen, erhoffen und erträumen, können sie miteinander ausprobieren und genießen.

### Immer ein bisschen anders

Im Alltag äußert sich die Individualität der Impulsiven etwa durch ungewöhnliche Formen des Zusammenlebens, vielleicht in einer Wohngemeinschaft, vielleicht mit mehreren Wohnsitzen und, wenn Kinder da sind, durch einen freiheitlichen, teils experimentellen Erziehungsstil. Selbstbewusst erlaubt sich dieses Paar, nach seinen Idealen und Überzeugungen zu leben und genau das zu tun, wozu es Lust hat.

## Der spontane Lebensstil

Das Impulsive Paar folgt gerne seinen spontanen Eingebungen, und oft entstehen daraus überraschende Aktivitäten: Ein nächtlicher Vollmondspaziergang, Kurztrips, spontane Konzertbesuche am Abend. Ausgehen, Menschen sehen, ungewöhnliche Unternehmungen, mit Rollenspielen und Kommunikationsformen experimentieren und immer möglichst viel Spaß dabei haben: Ein impulsiv gelebtes Leben ist kunterbunt, facettenreich und voller Überraschungen.

Es ist schlechterdings nicht möglich, dass diesem Paar der Gesprächsstoff ausgeht. Wenn zwei Menschen so stark am Leben teilnehmen und sich gleichzeitig so sehr für alle Themen engagieren, brauchen sie den Austausch, um ihre Standpunkte zu überprüfen. Da wird viel gelacht, diskutiert, gestritten und sich versöhnt.

## Langeweile? Stillstand? Unmöglich!

Langweilig wird diese Zweisamkeit garantiert nicht, allenfalls hin und wieder ein wenig zu bunt. Je nachdem, wie viel Feuer die beiden in ihrer Persönlichkeit haben, spielen auch Machtkämpfe und Eifersucht eine Rolle. Und damit sind wir am kritischen Punkt in dieser Partnerschaft. Mit dem Hang beider Partner zum Ausleben von Gefühlen und der Neigung, sich in sie zu verstricken, gibt es in dieser Beziehung oft extreme Situationen. Dramen und Tragödien können sich abspielen, im schlimmsten Fall reimt sich hier das Wort Liebe auf Hiebe.

## Ruhe gibt es niemals

Was in dieser Beziehung ganz sicher fehlt, sind die erdigen Qualitäten Ruhe, Stabilität und Gelassenheit. Hier gilt es für beide einiges zu lernen – am besten übrigens zusammen. Meditation, Entspannung, gemeinsames Schweigen und das Loslassen von allem, was sie «umtreibt», sind sehr gute Methoden zum Ausgleich dieses Defizits. Sie können die Beziehung unter Umständen sogar retten.

Eine heilsame Wirkung auf dieses Paar hätte etwa ein Garten. Was immer Erdverbundenheit und Ruhe fördert, fördert auch die Harmonie in dieser Beziehung. So erhält das manchmal sehr laute und schrille Glück auch eine wohltuende stille Nuance.

## Zwei Impulsive Persönlichkeiten im Job

Dynamik und Kreativität, die beiden Hauptmerkmale Impulsiver Charaktere, sind genau die Eigenschaften, die im Berufsleben die höchste Anerkennung erzielen. Impulsive können es also allein kraft ihrer natürlichen Persönlichkeitsausstattung sehr weit bringen. Anzutreffen sind sie vor allem in Branchen und in Positionen, wo ihre kreative Power gefragt ist, also besonders in den schillernden Kreativbranchen – von Werbung und Öffentlichkeitsarbeit über Kunst, Film und Theater bis in die Medienwelt.

Aber auch beim Sport, in der freien Wirtschaft, in Medizin, Forschung, Wissenschaft und in spirituell orientierten Berufen sind die Impulsiven erfolgreich.

### Ideen müssen in die Welt hinaus

Impulsive Persönlichkeiten haben einen ausgeprägten Schaffensdrang. Sie wollen ihre Ideen in die Welt bringen, Maßstäbe setzen, sich beweisen. Nicht immer sind ihre hohen Ziele in Teamarbeit zu realisieren, und deshalb arbeiten viele allein, also in einem freien Beruf, etwa als Fotografen und Kameraleute, Regisseure, Journalisten, Heilpraktiker oder Entertainer, aber auch als Sinn suchende Weltenbummler, die nur zwischendurch mit Gelegenheitsjobs den Geldbeutel wieder auffüllen.

Weil die Individualität des Impulsiven Typs so ausgeprägt ist, sind Karrieren als Freiberufler für sie gut und sinnvoll. Das bedeutet nicht, dass sie sich nicht auch in ein Team oder in ein festes Arbeitsverhältnis einfügen könnten. Das ist für sie gar kein Problem, solange man nicht versucht, ihnen ihre Eigenwilligkeiten wie etwa ihre Unpünktlichkeit abzutrainieren.

## Zwei Workaholics unter sich

Als Kollegen mögen sich zwei Impulsive, sie interessieren sich füreinander und tauschen sehr bald rege ihre Gedanken aus. Beide können sich leidenschaftlich für ihren Beruf begeistern. Mit zwei Impulsiven treffen auf jeden Fall zwei sehr ehrgeizige Charaktere aufeinander, die immer alles perfekt machen wollen. Gut für die Firma, denn die beiden spornen sich gegenseitig zu Höchstleistungen an und steigern ihr kreatives Potential beträchtlich. Sind sie klug genug, im anderen keinen Konkurrenten zu sehen, können sie ihren Wettbewerbsgeist in konstruktive Bahnen lenken und einen Konsens finden. So entsteht mit etwas Glück ein enorm erfolgreiches, schlagkräftiges Arbeitsteam. Beste Beispiele für solch ein Erfolgsduo sind ein Impulsiver Filmregisseur und sein Kameramann, ein Schlagerstar und seine Agentin, ein Fotograf und ein Journalist, die gemeinsam auf Recherche gehen und Aufsehen erregende Storys nach Hause bringen.

## Ein warmherziger Führungsstil

Impulsive Naturen sind gute Chefs. Ihr Führungsstil ist nicht hart und durchgreifend, sondern von menschlicher Wärme und Mitgefühl geprägt. Dies ist der Typ des tatkräftigen Ideenmenschen, der das Talent seiner Mitarbeiter erkennt und fördert. Allerdings bereitet es diesem Naturell Probleme, eine immer gleich bleibende Leistung zu erbringen. Dazu durchläuft sein Gemüt zu häufig Hochs und Tiefs – vor allem natürlich in Krisenzeiten oder bei Überarbeitung, wozu dieser Typ stark neigt. Wenn dann seine Schattenseiten zutage treten, kann der Impulsive unberechenbar und sprunghaft, zynisch und aggressiv werden. In solchen Situationen geht man ihm am besten aus dem Weg. Das Gute bei diesem Typ: Ein einziger positiver Impuls, etwa ein verständnisvolles Gespräch, reicht schon, und die alte Tagesform ist wieder da.

Susanne, 50 Lung, 34 Tripa, 16 Bäken, und
Beatrice, 60 Lung, 33 Tripa, 7 Bäken

Die beiden befreundeten Redakteurinnen, beide bei derselben Zeitung angestellt, erhielten den Auftrag, gemeinsam das Ressort Vermischtes zu betreuen. Engagiert machten sie sich an die Arbeit und stellten einige Seiten zusammen. Doch plötzlich begann Susanne, die Meldungen ihrer Kollegin Beatrice umzuschreiben, mit der Begründung, sie seien sprachlich einfach zu holperig. So könne man sie der Chefredaktion nicht vorzeigen. Beatrice war beleidigt und empfand das Vorgehen der Freundin als Übergriff. Es entspann sich eine heftige Diskussion, in deren Verlauf beide beschlossen, nicht mehr miteinander zu arbeiten. Sie baten die Chefredakteurin, die Arbeit anders aufteilen zu dürfen, was auch geschah.

Über diesen Vorfall ging jedoch auch die freundschaftliche Beziehung der beiden auseinander. Beatrice distanzierte sich zunehmend von Susanne, und beide gingen privat getrennte Wege. Erst als Susanne kündigte, um als freie Journalistin zu arbeiten, konnten die beiden ihre alte, innige Freundschaft wieder aufnehmen. Über ihre Jobs tauschen sie sich seitdem aber nicht mehr aus.

Susannes Ehrgeiz, die Arbeit besonders gut und richtig zu machen, ließ bei ihr eine Schattenseite zutage treten, die für den Feueranteil ihres Typs steht: mangelnder Respekt und die Neigung zum Übergriff in ein fremdes Terrain. Es stand ihr nicht zu, Beatrices Arbeit zu redi-

gieren. Richtiger wäre es gewesen, die Freundin auf
ihren problematischen Schreibstil vorsichtig aufmerksam
zu machen und ihr Vorschläge zur Verbesserung zu unter-
breiten.

Charlot, 55 Lung, 33 Tripa, 12, Bäken, und
Tom, 42 Lung, 48 Tripa, 10 Bäken
Charlot, eine schöne und begabte Germanistikstudentin,
lernt an der Universität den ebenfalls Impulsiven Charakter
Tom kennen, der Betriebswirtschaft studiert. Die beiden
heiraten schnell und beenden zügig ihr Studium. Eigentlich
wollten beide promovieren, aber es wird schnell klar, dass
sie sich das finanziell nicht leisten können. So beschließen
sie, dass Charlot eine Stelle als Sprachberaterin annimmt
und Tom seine Doktorarbeit macht. «Wenn ich dann einen
festen Job habe, kannst du deine Promotion machen», verspricht Tom seiner Frau. Doch während Charlot ihre Arbeit
«erledigt», spürt sie, wie frustriert sie über diese Lösung
ist. Eigentlich würde sie lieber heute als morgen aufhören.
Aber Tom ist dagegen. Er hat inzwischen längst seinen
Doktor in der Tasche und eine feste Anstellung als Marke-
tingdirektor in einem Konzern. Doch vor kurzem haben sich
Charlot und Tom ein Haus gekauft und sind nun auf zwei
Gehälter angewiesen. Charlot beißt die Zähne zusammen
und macht weiter. Sie hasst die Routinearbeit in ihrem Job
inzwischen geradezu. Schließlich wird sie krank und bekommt Schwierigkeiten im Job. Ihre emotionale Zerrissen-
heit wird immer deutlicher, aber sie kann mit den Kollegen
nicht darüber sprechen, weil sie sich fürchtet, nicht verstanden zu werden. Die Kollegen wiederum halten die in-
trovertierte und sensible Charlot für undurchschaubar und
meiden den Kontakt mit ihr. Nach fünf Jahren trennt sich
die desillusionierte Charlot von ihrem Mann, kündigt den
Job und sucht sich eine kleine Wohnung. Sie beginnt, an

der Universität Philosophie zu studieren. Die Promotion in Germanistik interessiert sie mittlerweile nicht mehr. Charlot hat ihre Liebe zu Platon und Aristoteles entdeckt und legt nach nur sieben Semestern eine brillante Abschlussprüfung hin. All die Studienjahre hindurch hat sie nebenbei als Sprachberaterin gejobbt und sehr bescheiden gelebt.

Aber sie hat diesen Schritt keine Sekunde lang bereut, weil sie tief in ihrem Innern wusste, dass sie sich eigentlich ausschließlich den Geisteswissenschaften widmen will. Seit sie beschlossen hat, ihrer Berufung zu folgen, öffnen sich ihr viele Türen. Inzwischen hat sie einen Teilzeitjob als Assistentin an der Universität und bereitet sich auf ihre Promotion vor. «So zufrieden wie heute», sagt sie rückblickend, «war ich noch nie in meinem Leben.»

## Der Impulsive und der Nachdenkliche Typ als Paar

Wenn zwei Menschen so sensibel und einfühlsam sind wie diese beiden Mischtypen, kann eine sehr romantische Liebe entstehen, eine zärtliche, verspielte Zweisamkeit. Dennoch ist genügend Bodenhaftung da. Das macht die Beziehung zusätzlich alltagstauglich.

Der Impulsive und der Nachdenkliche Typ besitzen als gemeinsame Eigenschaft das Element Luft. Beide sind geistig sehr beweglich, reagieren oft intuitiv und aus dem Bauch heraus, sie haben einen besonderen Draht zur geistigen Welt und machen sich viele Gedanken über Philosophie und Natur, über die Gesetze des Lebens schlechthin. Auf dieser schöpferischen, kreativen Ebene gibt es viele gleiche Interessen, Meinungen und Ideen. Man könnte sagen: Die beiden haben eine sehr ähnliche Lebenseinstellung, und das ist eine gute Basis für eine Partnerschaft.

## Die Art, das Leben anzupacken

Ihre Andersartigkeit zeigt sich in der Art, an das Leben heranzugehen: wie sie Aufgaben anpacken, Konflikte lösen,
Hürden überwinden. Diese Unterschiede ergeben sich aus
den gegensätzlichen Elementen ihrer Persönlichkeit: Der Impulsive Typ hat mehr Temperament, der Nachdenkliche dagegen mehr Ruhe. Da kann Spannung aufkommen. Ob es eine
konstruktive Auseinandersetzung wird oder nicht, entscheidet die Bereitschaft, sich mit dem anderen weiterzuentwickeln. Die Chancen dafür stehen gut, weil beide instinktiv
spüren, was sie aneinander haben: Der Impulsive Charakter
fühlt sich von seinem Nachdenklichen Partner voll und ganz
angenommen und akzeptiert. Er findet bei ihm die Schulter
zum Anlehnen, wenn seine Gefühle wieder einmal Purzelbäume schlagen. Der Nachdenkliche wiederum bekommt
vom Impulsiven Feuer, und das tut ihm gut. Denn wie oft
scheitern seine guten Ideen an seiner Trägheit. Den fehlenden Schwung liefert der Impulsive Partner im Überfluss.
Alles in allem eine Verbindung mit sehr guten Wachstums-
chancen.

## Wo können Krisen entstehen?

Die Schwachstelle der Beziehung liegt dort, wo sich auch die
meisten Übereinstimmungen ergeben: In den stark ausgeprägten «luftigen» Anteilen. Wenn die Gefühle der überschwäng-
lichen Verliebtheit nachlassen und sich die ersten Unter-
schiedlichkeiten zeigen – der Impulsive möchte etwas
unternehmen, der Nachdenkliche vertieft sich lieber in ein
Buch –, entsteht das Chaos der Ambivalenzen. Selbstverständlich will jeder Rücksicht auf den anderen nehmen und seine
eigenen Interessen zurückstecken – aber andererseits: Ist es
nicht gerade wichtig, in einer Beziehung seinen Bedürfnissen
nachzugeben und seine Eigenständigkeit zu wahren?
Da wird hin und her überlegt, diskutiert, es werden psycho-

logische Ratgeber zum Thema gewälzt und alles im übergeordneten Zusammenhang betrachtet – bis am Schluss nur noch Ratlosigkeit übrig bleibt. Entscheiden Sie sich im Zweifelsfall füreinander – egal, was jeder von Ihnen tut.

## Der Impulsive und der Nachdenkliche Typ im Job

Diese beiden Charaktere harmonieren sehr gut, vor allem in Berufen, in denen ihre Stärken Kreativität und Sensibilität gefragt sind. Hier kann dieses Duo viel in Bewegung setzen. Sein großer Vorteil: Alle gemeinsam produzierten Ideen sind gründlich und bis ins Detail durchdacht (der Anteil des Nachdenklichen), gleichzeitig sind genügend Kraft und Nachruck vorhanden, sie zu realisieren (das kann der Impulsive besonders gut).

### Der eine tüftelt, der andere verkauft

Und so könnte die Kooperation funktionieren: Während der Nachdenkliche tage- und nächtelang an einem Projekt herumtüftelt, geht der Impulsive damit in die Welt hinaus und entwickelt Verkaufsstrategien, überzeugt Banken von seiner Kreditwürdigkeit und führt Gespräche über ein geschicktes Marketing.

Auch wenn der eine der Chef des anderen ist, ergeben sich wenig Probleme. Zwar hat der Impulsive den deutlich stärkeren Drang zur Unabhängigkeit, aber er ist andererseits auch bereit, sich der besseren Idee unterzuordnen – nicht allerdings dem stärkeren Druck.

Wenn der Ton und die Chemie stimmen – und davon kann man auf jeden Fall ausgehen –, wird man sich automatisch auf Wege konstruktiver Zusammenarbeit einigen.

Gisela, 35 Lung, 45, Tripa, 20 Bäken, und
Friedel, 30 Lung, 11 Tripa, 59 Bäken

Die impulsive Gisela und die nachdenkliche Friedel, beide Ärztinnen, haben sich während des Studiums kennen und schätzen gelernt, aber nach dem Staatsexamen aus den Augen verloren. Im Laufe ihrer beruflichen Karriere begegneten sie sich mehrmals in verschiedenen Rollen und Positionen – und jedes Mal fanden sie Wege, gut zusammenzuarbeiten. Einmal jobbten die beiden zusammen in einem Krankenhaus, wo Gisela als Assistenzärztin Friedel in ein neues Gebiet einarbeiten musste. Ein anderes Mal trafen sie sich Jahre später bei einer Ärztefortbildung, wo Gisela ein Referat hielt und Friedel nur Zuhörerin war. Dann wurde Friedel zur Oberärztin an einer Uniklinik berufen und sorgte dafür, dass Gisela, die mittlerweile in den USA gearbeitet hatte, eine Stelle als Stationsärztin bekam. Beide hatten niemals Probleme, die andere in ihrer jeweiligen Stellung zu unterstützen.

## Der Impulsive und der Souveräne Typ als Paar

Dies ist eine Verbindung, in der beide Partner sehr glücklich werden können. Beide Charaktere besitzen einen Feueranteil – hier gibt es also Überschneidungen. Darüber hinaus hat jeder der beiden eine Qualität, die der andere nicht hat: Der Impulsive ist vom luftigen Element geprägt, der Souveräne vom erdigen. Diese Verschiedenartigkeit erzeugt eine gewisse Spannung, aber auch die Chance, sich zu ergänzen und voneinander zu lernen.

### Respekt und Toleranz

Im Beziehungsalltag hängt vieles vom Respekt und von der Toleranz ab, die die Partner der Andersartigkeit des anderen entgegenbringen. Grundsätzlich kann man sagen, dass der Souveräne Charakter einen gefestigteren Charakter besitzt als sein Impulsiver Partner und automatisch danach streben wird, innerhalb der Beziehung die wichtigen Eckpfeiler zu setzen. Das ist wahrscheinlich sogar vernünftig, denn er verfügt über unternehmerischen Weitblick und lässt sich bei seinen Entscheidungen weniger von Emotionen leiten als sein Impulsiver Partner. Ganz objektiv betrachtet besitzt er die besseren Führungsqualitäten.

### Führung oder Bevormundung?
All das mag die Impulsive Hälfte durchaus einsehen. Dennoch wird sie das Vorgehen ihres Partners als bevormundend empfinden und sich vehement dagegen zur Wehr setzen. Je nach Ausprägung seines Feuer- beziehungsweise Luftanteils wird das Impulsive Naturell zu offenen Auseinandersetzungen und heftigen Diskussionen (Feuer) neigen oder raffinierte Strategien (Luft) anwenden. Da ein Souveräner Partner sich niemals ohne Gegenwehr herausfordern lässt, gibt es hier immer wieder Zündstoff für Reibereien und Spannungen. Nicht zu Unrecht wird der Impulsive sein Gegenüber darauf aufmerksam machen, dass er als der sensiblere Teil in der Partnerschaft mehr Rücksicht und Toleranz erwarten kann. Und hier sind wir am Knackpunkt dieser Zweierkiste angelangt: Es geschieht nämlich tatsächlich, dass der zur Selbstzufriedenheit neigende Souveräne Partner den Impulsiven überrollt, ohne es zu merken, und sich dann wundert, dass dieser verschreckt in seiner Ecke hockt und weint.

### Vorsicht Verletzungsgefahr!
Weil sie nicht nur intensiv lieben, sondern auch leiden, geht Impulsiven die manchmal sehr grobe, oft sture Art des Souveränen Liebsten sehr gegen den Strich. Aber sie sind ihm nicht wehrlos ausgeliefert. Immerhin verfügen sie über ein breites Spektrum an Verhaltensweisen – von rational, kaltblü-

tig und konsequent bis hin zu irrational, verrückt und völlig unberechenbar. Irgendein melodramatisches Stück fällt ihnen schon ein, um den Souveränen wachzurütteln.

## Weniger Feuer, weniger Spannung

Doch nicht bei allen Paaren dieser Konstellation kommt es häufig zu Streit und Spannungen. Ist der Feueranteil beider Partner weniger stark ausgeprägt, ist sogar eher ein harmonisches Miteinander zu erwarten. In solchen Beziehungen entfaltet der Souveräne Charakter seine mütterlichen oder väterlichen Eigenschaften und vermittelt dem Impulsiven Typ den so dringend benötigten Schutz und das Gefühl von Geborgenheit. Der Impulsive Partner wiederum bringt Lebendigkeit und vor allem viel Mitgefühl in die Beziehung ein. Beider Leben bekommt so mehr Stabilität.

## Die Reviere abstecken

Wenn die Partner klug sind, teilen sie bereits zu Beginn ihrer Beziehung die Reviere und Zuständigkeiten ihren Kompetenzen entsprechend auf. Der Impulsive Part könnte zum Beispiel alles Gestalterische (Konzept und Einrichtung von Haus oder Wohnung) übernehmen, der Souveräne die Geldangelegenheiten verwalten und Investitionen tätigen. Ein Konsens sollte möglichst auch in Sachen Freizeitgestaltung erarbeitet werden, sonst geht jeder zu stark seinen eigenen Interessen nach. Eine gute Lösung wäre etwa, gemeinsam Sport zu treiben.

Sissi, 46 Lung, 42, Tripa, 12 Bäken, und
Reinhold, 8 Lung, 55 Tripa, 37 Bäken
Impulsivtyp Sissi ist eine erfolgreiche Malerin und Kunsthandwerkerin. Ihre ungewöhnlichen Skulpturen verkauft sie in die ganze Welt. Die zerbrechliche Schönheit mit dem exzentrischen Charakter erregte als junge Kunststudentin die Aufmerksamkeit des reichen Bankiers Reinhold, der sich

sehr schnell unsterblich in sie verliebte. Aus der langjähri-
gen Ehe, in der beide sehr konsequent ihre eigenen Interessen verfolgen (Sissi malt, Reinhold war ständig auf Geschäftsreisen), gingen zwei Töchter hervor. Es war keine
gute, aber auch keine schlechte Ehe, sagen beide heute.
Das Einzige, was Sissi wirklich ärgerte, waren die Affären
ihres Mannes. Eines Tages jedoch brachte ein Börsencrash
Reinhold Millionenverluste bei, sodass er fast über Nacht
vor dem Nichts stand. Angesichts dieser Katastrophe ging
in Sissi eine Wandlung vor. Die verwöhnte Künstlerin entwickelte plötzlich eine unglaubliche Energie und setzte alles daran, ihre Kunstwerke zu Höchstpreisen zu verkaufen.
Die Nachfrage war tatsächlich beachtlich, und Sissi produ-
zierte Tag und Nacht neue Skulpturen. Sie arbeitete wie
eine Besessene, um die Familie finanziell über Wasser zu
halten, und entwickelte eine Geschäftstüchtigkeit, die
Reinhold nie in ihr vermutet hätte. Tatsächlich schaffte es
Sissi, das Eigenheim und das Auto vor dem Zugriff der Ge-
richtsvollzieher zu retten.
Nach zwei Jahren hatte sich Reinhold vom Schock des
Verlustes erholt und seine Geschäfte wieder aufgenom-
men. Durch geschickte Spekulationen war es ihm gelungen, zu Geld zu kommen. Als Reinhold jedoch wieder
begann, Affären zu haben, zog Sissi einen Schlussstrich
unter die Ehe und zog aus. Reinhold heiratete sehr
schnell wieder, zeigt sich aber seiner Exfrau Sissi weiterhin erkenntlich. Er finanziert ihr seit der Scheidung ein
luxuriöses Leben mit einer Apanage von 10 000 Mark
monatlich bis an ihr Lebensende. Außerdem kaufte er
ihr ein Haus. Dort lebt Sissi allein und zufrieden mit
ihrer Kunst. Sie und Reinhold sind heute die besten
Freunde.

Fallbeispiel

Sam, 12 Lung, 52 Tripa, 36 Bäken, und
Gesa, 60 Lung, 32 Tripa, 8 Bäken

Der Souveräne Unternehmensberater Sam und seine Impulsive Freundin Gesa, die als Kostümbildnerin am Theater arbeitet, sitzen beim Frühstück auf der Terrasse. Sam versucht Gesa klarzumachen, dass sie sich endlich von ihrem Mann scheiden lassen soll. Sam und Gesa leben nun seit einem halben Jahr zusammen, aber Gesa war bisher noch nicht bereit, den endgültigen Schritt zu tun. Immerhin gibt es ein Kind, das jetzt beim Vater lebt, und irgendwie fühlt sie sich ihrer alten Familie noch verbunden, obwohl sie Sam von Herzen liebt, wie sie beteuert. Doch Sam mag keine halben Sachen. Er fordert klare Verhältnisse und eindeutige Entscheidungen. Gesa windet sich – wieder einmal – und argumentiert, sie sei emotional einfach noch nicht so weit. Sam möge doch bitte noch etwas Geduld mit ihr haben. Doch Sam ist gerade dabei, die selbige endgültig zu verlieren. «Dann geh doch wieder zurück zu deiner Familie», herrscht er sie an. «Ich mache das jedenfalls nicht mehr lange mit. Es gibt genügend Frauen, die sich gerne mit mir einlassen würden, und zwar ohne Rückhalt und Altlasten.» Gesa räumt wortlos den Tisch ab und geht mit Tränen in den Augen ins Haus. Da platzt Sam der Kragen: «Was soll denn dieses Theater schon wieder. Ich versuche dir klarzumachen, in welchem Schlamassel du steckst, und zeige dir Lösungen auf. Und was machst du? Du bist verletzt!» Sam und Gesa bleiben noch ein weiteres halbes Jahr zusammen, dann trennen sie sich. Sam hat inzwischen eine neue Impulsive Partnerin (mit zwei Kindern), Gesa einen anderen Souveränen Partner, der sich aber mit ihrem Ex und ihrem Sohn gut arrangiert hat.

## Der Impulsive und der Souveräne Typ im Job

Das Geheimnis dieser Konstellation: Hier sind alle drei Energieprinzipien vorhanden. Es fehlt an nichts, wenn diese beiden zusammen auftreten. Dies kann eine ausgesprochen produktive Kombination sein, die zu enormen Erfolgen führen kann, denn beide Persönlichkeiten verfügen über Mut und Ehrgeiz, sind bereit, Risiken einzugehen, und engagieren sich leidenschaftlich gerne. Da sie darüber hinaus effektiv und zielgenau arbeiten, können sie eigentlich in jeder Branche ihren Weg machen, in Politik und Wirtschaft ebenso wie in Wissenschaft und Forschung oder in Kunst und Kultur. Selbst als Abenteurer auf Extremtouren haben die beiden Chancen – ob beim Umsegeln der Welt, beim Besteigen des Himalaja oder in einer Weltraumkapsel im All.

## Am Anfang steht die Auseinandersetzung

Ganz sicher stehen zu Beginn der Zusammenarbeit einige Auseinandersetzungen an. Die Machtverhältnisse und Kompetenzen müssen überprüft, geklärt und verhandelt werden. Schließlich sind hier starke Feuerqualitäten wie Rivalität und Wettkampfgeist mit im Spiel. Stimmt jedoch die Chemie und sind die Partner einander ebenbürtig, wird es bald eine Einigung geben, und der Startschuss für gemeinsame Projekte kann fallen. Die Schattenseite des Impulsiven, seine starke Emotionalität, fällt im Beruflichen weniger ins Gewicht und kann sehr gut vom Souveränen Mitstreiter ausgeglichen werden. Auf der anderen Seite besitzt der Impulsive genügend Verständnis für die manchmal etwas ungehobelte Art des Souveränen.

Harry, 15 Lung, 56 Tripa, 27 Bäken, und
Christian, 36 Lung, 46 Tripa, 23 Bäken

Der Souveräne Harry und der Impulsive Christian haben sich vor zwei Jahren auf dem Golfplatz kennen gelernt. Der Psychologe und Körpertherapeut Harry betrieb damals eine Praxis, in der er eine von ihm selbst entwickelte Körper-Seele-Methode vermittelte und gleichzeitig Therapeuten darin ausbildete. Christian war Inhaber einer gut gehenden Werbeagentur mit neun Angestellten. Die beiden Männer waren sich auf Anhieb sympathisch und interessierten sich sehr für die Arbeit des anderen. Es entstand schnell eine enge Freundschaft, in der beide die Chance sahen, auf ganz neue und «reife» Art zu kommunizieren. Harry, der als Psychologe ein geschultes Auge für konfliktträchtige Situationen hat, machte Christian sehr schnell die Schwachstelle ihrer Verbindung klar: «Wir beide wirken nach außen zwar sehr geschlossen, aber miteinander treten wir immer wieder in Konkurrenz.» Da beide ein starkes Interesse haben, sich persönlich weiterzuentwickeln, fanden sie nach ihren teils sehr heftigen Streitgesprächen bisher immer wieder zusammen. Meistens herrscht drei oder vier Tage Funkstille, dann ruft einer von beiden wieder an, und man redet in aller Sachlichkeit über den Vorfall.

Inzwischen haben Harry und Christian ihre Berufe zusammengelegt und gemeinsam etwas Neues entwickelt: Coaching für Manager und mittelständische Betriebe. Christian, der mittlerweile selbst eine therapeutische Ausbildung gemacht hat, verfügt über gute Kontakte zu Unternehmen, Harry lernt von Christian, wie man Ideen eindrucksvoll verkauft und Konzepte überzeugend präsentiert. Inzwischen sind die beiden ein unschlagbares Team. Bei geschäftlichen Terminen spielen sie sich gegenseitig die Bälle zu, Ihre Seminare sind regelmäßig ausgebucht, trotz beachtlicher Preise.

## Der Impulsive und der Glückliche Typ als Paar

Schön, wenn zwei sich so gut verstehen. Von der Veranlagung her passt in dieser Kombination vieles. Die Vorstellungen vom idealen Liebesglück etwa sind fast identisch. Beide haben das Bedürfnis nach intensiven Empfindungen. Dieses Liebespaar übt sich in der Kunst inniger Hingabe und kann es darin unter günstigen Umständen zur Meisterschaft bringen.

### Eine romantisch verspielte Liebe

Alles in allem gelingt hier eine höchst lebendige Mischung aus romantischer Liebe und verspielter Verrücktheit. Auch nach Jahren kommt da keine Langeweile auf. Bei diesem Potential an Phantasie und Leidenschaft kann man davon ausgehen, dass die gegenseitige Anziehung ein Leben lang hält.

Zu erklären ist diese besondere Liebe durch die beiden lebendigen Energien, die sich hier auf das Schönste ergänzen: Sowohl der Impulsive als auch der Glückliche Typ besitzen starke Lung- und Tripa-Anteile. Das Lung-Prinzip steht bekanntlich für das Kreative, Leichte und Bewegliche im Leben, aber auch für Feingefühl und Intuition. Die Tripa-Energie wiederum gibt diesen zarten Kräften mehr Schwung. Damit eröffnen sich dieser Verbindung ungeahnte Möglichkeiten. Zwischen dem Impulsiven und dem Glücklichen sind sämtliche Schattierungen der Liebe möglich, die sich zwischen Himmel und Hölle bewegen.

### Der Ausgleich ist das Erdprinzip

Dass sich die Beziehung meist doch eher in Himmelsregionen abspielt, geht auf das Konto des Glücklichen Partners. In ihm sind alle drei Energien gleich stark ausgeprägt: Neben der leichtsinnigen Lung- und der leidenschaftlichen Tripa-Energie besitzt er auch das erdige Bäken-Prinzip, das Ruhe und Stabilität in die Beziehung bringt. Diese Energie sorgt dafür, dass das Paar zwischen seinen Höhenflügen zurück auf den Boden kommt.

Dem Element Erde sei Dank, dass es in der Beziehung zwischen Impulsivem und Glücklichem Charakter außer Lieben, Leben, Spiel und Spaß auch so etwas wie Solidität geben kann. Das macht es möglich, langfristig zu planen und die Liebe auf ein festes Fundament zu stellen.

**Hanna, 41 Lung, 38 Tripa, 22 Bäken, und**
**Siggi, 37 Lung, 30 Tripa, 33 Bäken**
Hanna und Siggi führen eine Ehe mit traditioneller Rollenverteilung, wie sie in ihrem Dorf heute noch üblich ist. Er, gelernter Dachdecker, hat einen verantwortungsvollen Job als Projektleiter in einer internationalen Baufirma und ist viel unterwegs. Hanna, von Beruf Krankenschwester, betreut den fünfjährigen Sohn und sorgt für Haus und Garten. Um beruflich den Anschluss nicht ganz zu verlieren, arbeitet sie zwei Nächte im Monat in einem Krankenhaus.
Auch der äußere Lebensrahmen der jungen Familie entspricht den ländlichen Gepflogenheiten. Das schmucke, geräumige Landhaus wurde kurz nach der Hochzeit auf dem großen Familiengrundstück von Siggis Eltern, 50 Meter vom Stammhaus entfernt, unter tatkräftiger Mithilfe beider Familien gebaut. Hanna hat es ganz nach ihren Vorstellungen eingerichtet. Dank ihrer kreativen handwerklichen Fähigkeiten entstand eine dekorative Mischung aus antiken Bauernmöbeln und modernem Landhausdekor.
Lange hat Hanna nach den alten, bäuerlichen Stoffen für die Gardinen und Kissen suchen müssen, denn in ihrem Ort sind pflegeleichte Kunststoffvorhänge nach wie vor das Maß aller Dinge.
Ihr Leben in der Familie ihres Mannes hat Vor- und Nachteile, sagt Hanna: Einerseits schaut die Schwiegermutter nach dem Enkel, auf der anderen Seite findet auch eine

gewisse Kontrolle statt. Wer sie besucht, muss zwangsläu-
fig am Haus der Schwiegermutter vorbeigehen.

Hanna kommt damit zurecht. Es ist für sie der Tribut, den
sie für ihren Lebenstraum zahlt: ein Mann, ein Kind, ein
schmuckes Eigenheim.

Trotzdem ist die junge, lebenslustige Frau mit ihrem Leben
nicht zufrieden. Wie viele Hausfrauen fühlt sie ihren Einsatz nicht gewürdigt. Sie wünscht sich von ihrem Mann
mehr Anerkennung und mehr Engagement für die häuslichen Belange.

Siggi, der bis zum Zusammenziehen mit Hanna im Hause
seiner Eltern wohnte, wurde von seiner Mutter sehr ver-
wöhnt. «Das muss ich jetzt ausbaden», sagt Hanna. «Ich
habe den Platz seiner Mutter eingenommen. Siggi über-
lässt mir die gesamte Verantwortung für alles, was mit der
Familie zu tun hat. Sogar die Finanzierung des Hauses, die
monatlichen Ausgaben, alles muss ich alleine regeln.»

Siggi sieht das anders. Er will nach alter Väter Sitte mit
Haus und Hof nichts zu tun haben. Er sieht es als seine
Aufgabe, die Familie zu ernähren, und das soll so bleiben.
Eigentlich ist es ihm ohnehin nicht recht, dass Hanna Geld
verdienen geht. Dass sie es trotzdem tut, kann er tolerieren, doch sollten ihre anderen Aufgaben möglichst nicht
darunter leiden.

Siggi, ein Mann vom Typ der Glücklichen Persönlichkeit, hat
sich immer ein Leben mit Frau, Kind und Haus gewünscht
und ist zufrieden, wie die Dinge laufen. Wenn er abends von
der Arbeit nach Hause kommt, isst er mit der Familie zu
Abend. Anschließend geht er seinen gesellschaftlichen Verpflichtungen nach: Montags und freitags findet die Schaf-
kopfrunde im Wirtshaus statt, Samstagnachmittags spielt
er Fußball in der Altherrenmannschaft und sonntags ist er
ab 13 Uhr am Fußballplatz. Seine «Vereinstätigkeiten» hat
Siggi seit der Junggesellenzeit beibehalten. Er ist schließ-

lich in dem Ort aufgewachsen und findet, seine junge Frau müsse sich seinen Gepflogenheiten beugen.

Hanna fühlt sich emotional von ihrem Mann vernachlässigt und macht ihm oft Vorhaltungen.

Siggi versteht die Unzufriedenheit seiner Frau durchaus, mag aber trotzdem weder von seinen Gewohnheiten lassen noch seine Vorstellungen von der Ehe ändern. Seine Version lautet so: «Wir wären die glücklichste Familie der Welt, wenn Hanna mich so akzeptieren könnte, wie ich bin. Stattdessen versucht sie immer, mich zu ändern.»

Die Geschichte zwischen Hanna und Siggi hat sehr romantisch angefangen: Vor sechs Jahren, als sie sich bei einem Volksfest kennen gelernt hatten, wusste Siggi sofort: «Das ist die Frau, die ich heiraten werde.» Hanna war beeindruckt, wie direkt und unerschrocken Siggi auf sie, die Frau seiner Träume, zuging: «Er hatte keinen Zweifel, dass ich die Richtige war. Eines Tages kam er mit einem Blumenstrauß zu meiner Mutter und hielt ganz förmlich um meine Hand an.»

Eigentlich lieben sich Hanna und Siggi nach wie vor. Wenn nur der Alltag nicht wäre …

## *Der Impulsive und der Glückliche Typ im Job*

Zwei Kollegen dieses Schlages können ein ganzes Büro aufmischen. Wo immer sie sich begegnen, geschieht Unerwartetes. Die Dinge nehmen plötzlich eine andere Wendung, und zwar meistens zum Guten. Das Duo gute Laune ins Büro, ist immer zu Wortspielen und Späßen aufgelegt – und vor allem: Hier werden brillante Ideen geboren!

### Bloß keine Erbsenzählerei

In der Zusammenarbeit zwischen einem Impulsiven und einem Glücklichen Charakter steht eindeutig das kreative und engagierte Arbeiten im Vordergrund. Von ihrem Temperament und ihrer Einsatzfreude her sind die beiden wenig für Bürojobs geeignet, in denen alle um 17 Uhr den Griffel fallen lassen. Aus diesem Grund trifft man sie auch nur ganz selten in der Verwaltungsetage. Ihr Parkett ist überall dort, wo man sich in Projekte hineinknien und in seine Arbeit verlieben kann: in Wissenschaft und Forschung und allen kreativen und Kommunikationsberufen.

Von der Arbeitseinstellung her könnte es allerdings graduelle Unterschiede geben: Der Impulsive Typ mit seiner fatalen Neigung zum Workaholic wird vor lauter Arbeitseifer die Nächte zum Tag machen und dabei ständig zu essen und zu trinken vergessen. Das geht so lange, bis er irgendwann kraftlos zusammenbricht.

Das wiederum passiert dem Glücklichen nur selten. Er kann seine Kräfte besser einteilen und verliert sich niemals völlig in der Arbeit. Zumindest ist er in der Lage, nach Zeiten der Anspannung wieder Phasen der Ruhe und Entspannung einzulegen, um wieder zu Kräften zu kommen. Diese Fähigkeit der Regeneration geht dem Impulsiven Charakter ab. Er merkt nicht, wann er Ruhe braucht, und übergeht die ersten Warnsignale seines Körpers. Das geht oft lange gut, aber eben nicht endlos. Irgendwann streikt das System, und der Körper des Impulsiven macht nicht mehr mit. Diesem Raubbau an seinen Kräften könnte ein Kollege vom Glücklichen Typus Einhalt gebieten. Mit seiner fürsorglichen Art wird er ihn unter seine Fittiche nehmen und ihn füttern und aufmuntern, wenn er mal wieder erschöpft ist. Und der Impulsive ist ihm dafür zutiefst dankbar.

# Die vollkommene Impulsive Persönlichkeit

Will er begreifen, was ihm fehlt – und das will er, weil er sehr wissbegierig ist –, dann muss sich der Impulsive Charakter mit den Lebensthemen des Prinzips Bäken auseinander setzen, die sich im Charakter des Friedlichen spiegeln. Es gilt, die positiven Eigenschaften dieses Personentyps in die eigene Persönlichkeit zu integrieren – also die Erdverbundenheit und die Ruhe, das Gleichmaß und die Stabilität der Gefühle, all das, was den Friedlichen Typ so sympathisch macht.

Doch wie soll man das anfangen? Man kann sich diese Eigenschaften ja nicht einfach abschauen und sie nachmachen.

### Fremde Eigenschaften kann man lernen

Der Prozess der Integration artfremder Eigenschaften in die eigene Persönlichkeit ist kompliziert und schwierig und dauert oft ein Leben lang. Im ersten Schritt geht es darum, sich bewusst zu machen, dass überhaupt etwas fehlt. Wenn das Leben immer schwieriger erscheint und vieles danebengeht, man sich nicht mehr in seiner Mitte fühlt, ist dies ein guter Zeitpunkt, innezuhalten und zu überlegen: Wie fühlen sich Ruhe und Gelassenheit eigentlich an? Was genau strahlt ein Mensch aus, der in sich ruht? Vielleicht kennen Sie jemanden, der diese Eigenschaften besitzt – oder Sie stellen sich eine solche Person einfach vor und fühlen sich in ihren Seelenzustand hinein.

Im nächsten Schritt können Sie nun überlegen, welche Reaktionen und Verhaltensweisen Ihres Vorbilds Ihnen besonders gut gefallen. Und dann versuchen Sie, eine Form zu finden, diese Eigenschaften selbst zu entwickeln. Das erfordert viel Übung und viel Durchhaltevermögen!

## Suchen Sie sich ein Vorbild

Am meisten lernen wir natürlich, wenn wir möglichst oft mit Menschen zusammen sind, die die Eigenschaften besitzen, die wir gern lernen möchten. Pflegen Sie also den Umgang mit Menschen, die einen hohen Bäken-Anteil in ihrer Persönlichkeit besitzen. Sie müssen nicht unbedingt vom Grundtyp des Friedlichen sein. Ihr Lernprozess ist auch mit Mischtypen möglich, die viel Ruhe und Gelassenheit ausstrahlen – zum Beispiel mit dem Souveränen, dem Nachdenklichen oder dem Glücklichen Charakter.

Wenn Sie Ihre Aufmerksamkeit erst einmal geschärft und fokussiert haben, gelingt es Ihnen immer besser, zu erkennen, wie und wo Sie sich Ruhe und Stabilität holen können – manchmal durch ein Telefonat, durch einen Spaziergang in der Natur oder den Kontakt mit Tieren, manchmal durch eine kurze Meditation oder eine Achtsamkeitsübung (siehe Seite 140).

## Halt! Was tun Sie gerade?

Jeden Moment des Lebens können Sie nutzen, um kurz innezuhalten, den Kreislauf der Gedanken zu durchbrechen und sich allein dem zu widmen, was Sie gerade machen, ganz ohne Wertung. Nur in der Gegenwart kommen wir mit unserem Ich in Berührung, nur wenn wir im Augenblick sind, spüren wir Glück, erzeugen das gute Gefühl in uns selbst. Ganz sicher sind solche Übungen nicht leicht. Aber sie sind der Schlüssel zu Ihrer Ausgeglichenheit. Sie sind der Typ, der am stärksten von seinen Gedanken und Emotionen gesteuert wird, der sich leicht im Irrgarten siner Wünsche, Begierden, Visionen und Obsessionen verfängt. Sie brauchen zum Ausgleich immer wieder die heilsame Leere im Kopf. Abstand zu Ihren Empfindungen und ganz direkte Sinneserfahrungen sind das Rezept, um wieder mit sich eins zu werden.

## Leidenschaft ohne Leid: Das geht!

Die vollkommene Impulsive Natur ist das Idealbild Ihres Typs. Sie lebt ihre Leidenschaften, ohne ihnen zu verfallen, macht sich voller Begeisterung an die Arbeit, ohne sich dabei zu verausgaben, gibt sich dem Leben hin, ohne sich darin zu verlieren. Dieses Naturell schöpft seine Ideen aus der Vielfalt seiner Gefühle und Inspirationen. Sie sind das Potenzial seiner Kreativität, der Motor seines Schaffens. Innere Prozesse auszudrücken und ihnen Gestalt zu verleihen – diese großen Fähigkeiten zeichnen den Impulsiven Typ aus. Aber im transformierten Zustand wird er darüber weder egozentrisch noch eigenbrötlerisch oder schrullig, sondern dankbar angesichts seiner wunderbaren Talente. Und während er vielleicht den Garten umgräbt, einen Stall ausmistet oder in der Hängematte döst, kommen ihm die wirklich großartigen Einfälle. In aller Bescheidenheit: Sie sind einfach genial …

# Kapitel VI

# Der Nachdenkliche Charakter

**Mischtyp Lung-Bäken**
**Elemente Luft und Raum, Erde und Wasser**

## Wer sind Sie?

Sie sind ein sehr widersprüchlicher Mensch, denn in Ihrer Persönlichkeit vereinen sich die leichten Elemente Luft und Raum mit den schweren Prinzipien Wasser und Erde. Dadurch haben Sie eine große Bandbreite an Möglichkeiten. Doch auch Ihnen fehlt ein Stück zum vollkommenen Glück: das Temperament.

## Ihre Lebensaufgabe

Sie müssen offensiver werden. Ihre großen Lernziele heißen Power, Selbstbewusstsein und Mut. Von feurigen Typen wie der Königsnatur können Sie lernen, was es heißt, ein Ziel direkt anzusteuern und kompromisslos für eine Sache einzustehen. Hören Sie endlich auf zu zögern, Sie verpassen die besten Chancen. Erst wenn Sie gelernt haben, Gefühle zu zeigen und mehr aus sich herauszugehen, kommen Ihre Energien ins Gleichgewicht. Ihr Motto sollte sein: Wann will ich leben, wenn nicht jetzt?

## Der Nachdenkliche Typ auf einen Blick

Die folgenden Aussagen sind typisch für Ihre Persönlichkeit.

1. Ich bin ein stilles, aber tiefes Wasser
2. Ich zeige meine Gefühle ungern, bin eher kühl und zurückhaltend
3. Im Zweifelsfall bin ich eher langsam als schnell
4. Ich schätze ein ruhiges Leben und klare Verhältnisse
5. Es ist mir wichtig, Zeit für mich selbst zu haben
6. Ich bin ein ausgesprochen sensibler und friedliebender Typ
7. In Auseinandersetzungen verhalte ich mich eher defensiv
8. Ich bevorzuge den entspannten, lässigen Lebensstil. Repräsentationsveranstaltungen und Partys, auf die man geht, um zu sehen und gesehen zu werden, sind mir ein Gräuel
9. Ich umgebe mich mit Freunden und tausche mich gerne mit ihnen aus

10. Da ich sehr mitfühlend bin, werde ich oft um Rat gebeten

11. Ich bin ein Ästhet und bevorzuge kühle, klassische Formen. Protzige, bombastische Kunst mag ich nicht

12. Ich dränge mich nie in den Vordergrund, ärgere mich aber, wenn ich ignoriert oder übergangen werde

13. Spontan bin ich nur gelegentlich. Lieber nehme ich mir Zeit, um gründlich über alles nachzudenken

14. In Gegenwart fremder Menschen bin ich anfangs zurückhaltend, später taue ich dann aber auf

15. Es fasziniert mich, den Dingen auf den Grund zu gehen. Wenn ein Thema mich interessiert, will ich es vertiefen

16. Es geht mir sehr unter die Haut, Menschen oder Tiere leiden zu sehen

17. Ich kann anderen gut Raum lassen, sich zu entfalten

18. Ich bin eher uneitel und stehe nicht gerne im Rampenlicht

19. Im Grunde bin ich ein bescheidener Mensch: Ich kann mit wenig zufrieden sein

20. Auf Liebesentzug reagiere ich sehr empfindlich

21. Ich bin ein Tüftler und kann mich stundenlang mit einer eigenen Erfindung oder einem Hobby beschäftigen

22. Ich halte mich für einen ehrlichen Menschen und finde es wichtig, zu sagen, was ich denke oder fühle

23. Leider habe ich viele meiner Ziele und Träume bisher nicht oder nur auf Umwegen umsetzen können. Manchmal war ich zu bequem, manchmal zu langsam oder zu unentschlossen

24. Risiken einzugehen ist für mich oft ein Problem. Ich bin ein vorsichtiger Mensch

25. In der Liebe bin ich verspielt, einfühlsam und ausdauernd

# So ist der Nachdenkliche Typ

**Mehr Sein als Schein: Sie sind ein rätselhafter Mensch, der seine Stärken erst auf den zweiten Blick offenbart. Nachdenkliche Charaktere können sehr unterschiedliche Persönlichkeiten haben. Eine allgemein gültige Aussage ist deshalb nur schwer möglich.**

## Die vereinten Gegensätze

Stellen Sie sich vor, was es heißt, gleichzeitig schnell und träge zu sein – oder beweglich und stabil, leicht und schwer. Das ist unmöglich. Deshalb hat die Natur die gegensätzlichen Eigenschaften des Grundtyps Lung und des Grundtyps Bäken in der Persönlichkeit des Nachdenklichen Typs geschickt verteilt. Manche Exemplare Ihres Mischtyps entsprechen äußerlich eher dem Friedlichen Typ (Bäken) und vom Charakter her eher dem Elfentyp (Lung). Andere wiederum besitzen die körperlichen Merkmale der Elfe und die Psyche des Friedlichen.

## Üppig und quirlig

Im ersten Fall (außen friedlich, innen elfenhaft) ist Ihr Körper voll und rundlich gebaut, aber die Gliedmaßen sind feiner und die Haut sensibler als bei der friedlichen Natur. Sie haben weiche und dennoch gut ausgeprägte Gesichtszüge, und Ihre Bewegungen sind trotz Ihrer Üppigkeit anmutig und gewandt. Ihre Persönlichkeit ist durch die luftigen Merkmale von Elf und Elfe geprägt, allerdings auch hier in einer etwas abgemilderten Form. Sie haben ein quirliges, heiteres Gemüt, sind schlagfertig, können geistig blitzschnell reagieren – und vor allem lieben Sie es, unter Menschen zu sein, zu lachen und zu feiern. Doch anders als das Elfenwesen lassen Sie sich nicht so leicht aus der Fassung bringen. Sie haben eindeutig die besseren Nerven, sind weniger labil, und wenn es Ihnen gut geht, können Sie die Dinge sehr zuversichtlich und gelassen angehen. Mag sein, dass der ruhige Bäken-Anteil Sie auch ein wenig konventioneller macht. Selbst wenn Sie von Ihrer Lebenseinstellung her alternativ oder esoterisch eingestellt sind oder einen sehr viel jüngeren Partner lieben und ungewöhnliche Hobbys haben: Etwas in Ihnen hängt sehr stark an Tradition, Brauchtum oder Gewohnheit – und sei es nur, dass Sie jeden Freitag Fisch essen oder immer auf die gleiche altmodische Weise Ihren Geburtstag feiern.

## Der Nachdenkliche, schlanke Typ

Wenn Sie zur zweiten Variante gehören, entspricht Ihr Körper tendenziell der Elfenpersönlichkeit und Ihr Innenleben der Friedlichen Natur – auch hier jeweils mit gewissen Abstrichen. Viele Menschen Ihres Typs sind sehr groß oder sehr klein – immer jedoch wirkt Ihr Äußeres feinnervig, schmal und zierlich, wenn auch vielleicht nicht ganz so knochig wie bei den Elfen.

Vom Wesen her sind Sie sind ein bedächtiger, besonnener Mensch, der alles im Leben gerne ruhig angehen lässt. Wenn Sie sich für ein Thema interessieren, möchten Sie sich hineinvertiefen. Hierbei kommt Ihnen das «Sitzfleisch» des Friedlichen Typs entgegen. Er besitzt die nötige Konzentration und Ausdauer, um den Dingen auf den Grund zu gehen.

## Ein Mensch mit Kultur

Obwohl Sie praktisch, handwerklich und technisch ausgesprochen begabt sind, interessieren Sie sich sehr für geistige Themen. Das hat mit Ihrem Elfenhaften Innenleben zu tun. Zu ihren Lieblingsbeschäftigungen dürfte es gehören, sich auf dem Sofa liegend in ein gutes Buch zu versenken. Stundenlang, nächtelang, tagelang können Sie sich in die Welt einer Romanfigur versetzen. Ebenso lieben Sie tiefe philosophische Gespräche über das Wesen der Dinge.

## Die Aura des Geheimnisvollen

Sie würden niemals damit prahlen, sämtliche Wagneropern zu kennen, Klavier in Konzertreife zu spielen oder den letzten Architekturwettbewerb gewonnen zu haben, weil Sie lieber etwas zu dünn als zu dick auftragen. Als Meister(in) der Untertreibung üben Sie die Kunst der vornehmen Zurückhaltung. Das verleiht Ihnen eine geheimnisvolle Aura, etwas Rätselhaftes, was Sie für das andere Geschlecht besonders anziehend macht.

## Sie haben einen eindeutigen Geschmack

Ihr Geschmack ist in erster Linie dezent. Das bezieht sich auf die Kleidung und auf die Wohnungseinrichtung. Sie lieben klare Formen und den klassischen Stil. Im Zweifelsfall gilt für Sie das Motto «Weniger ist mehr».
Ähnlich wie Ihr Geschmack ist Ihre Art: Sie sind ein Mensch ohne Schnörkel, frei von Allüren, ganz natürlich und unprätentiös. Doch jemand, der so freundlich und unkompliziert ist, wird leicht unterschätzt. Wie oft im Leben haben Sie wohl schon den Satz gehört: «Das hätte ich dir nie zugetraut.»

## Ein häusliches Leben

Typisch für den Nachdenklichen Charakter ist sein ausgeprägter Sinn für Häuslichkeit. Er hat es zu Hause gerne schön und bequem, schätzt gutes Essen und Trinken und lässt ansonsten den lieben Gott einen guten Mann sein. Im Übrigen hat dieser Typ ein großes Herz für Menschen, Tiere und Pflanzen. Und er ist ausgesprochen kinderlieb.

## Wenn die Nachdenkliche Persönlichkeit aus der Balance gerät

**Der Nachdenkliche Typ ist besonders depressionsgefährdet.**

### Eine wandelnde Selbstanklage

In Zeiten der Disharmonie treten beim Nachdenklichen die Schattenseiten des Elfennaturells in den Vordergrund: Er wird launisch und unberechenbar, reagiert gereizt, wenn man zu viel von ihm fordert. Vor allem den Vertretern der fülligen Typvariante fehlt es an Selbstbewusstsein. Sie fühlen sich oft übergangen, nicht genügend gewürdigt und sehen sich als Opfer, dem übel mitgespielt wird. Wenn sie mit ihrem Schicksal hadern, können Nachdenkliche zur wandelnden Selbstanklage mutieren und in Selbstmitleid versinken. Von Zukunftsängsten und Verzweiflung geplagt, wälzt sich dieser Typ dann schlaflos im Bett und ist zutiefst davon überzeugt, dass die ganze Welt sich gegen ihn verschworen hat. Extreme Stimmungsschwankungen wie diese können für Freunde und Familie sehr belastend sein.

### Wenn die Gelassenheit kippt

Der schlanke, grazil gebaute Nachdenkliche besitzt eine ruhigere Psyche und stabilere Persönlichkeit. Bei Stress oder in Lebenskrisen werden die psychischen Schwachstellen des Bäken-Prinzips betont. Der Nachdenkliche verliert zwar nicht so leicht die Nerven, aber dafür wird er immer ruhiger, und zwar so stark, dass Stillstand eintritt und ihn blockiert. Passiv, desinteressiert und teilnahmslos wandelt dieser Typ dann durchs Leben. Und von diesem Zustand bis hin zur depressiven Verstimmung sind es nur noch ein paar Schritte. Durch den Hang dieses Typs, die Dinge zu vertiefen, kann die Depression unter Umständen so manifest werden, dass ärztliche oder psychiatrische Hilfe nötig sind.

## Was die Nachdenkliche Persönlichkeit aus dem Gleichgewicht bringt

**Vorsicht vor allem, was die Neigung zur Depression verstärken könnte!**

### Wenn das Leben schwer wird

Sicher kennen auch Sie diese beneidenswerten Menschen: Dank ihres gesunden Selbstvertrauens verlieren sie selbst in tiefen Krisen nie den Mut. Sie stehen auf, schütteln sich kurz und machen weiter. Das sind Menschen mit hohem Anteil an Tripa-Energie wie zum Beispiel der Königscharakter, der Tripa-Grundtyp. Als Nachdenklicher Typ ist Ihre Feuerenergie jedoch sehr schwach ausgeprägt. Ihnen fehlen von Natur aus das Selbstbewusstsein und die innere Gewissheit, es immer wieder zu schaffen. Vor allem bei Menschen mit hohem Anteil an Lung-Energie (Grundtyp Elf und Elfe oder Mischtypen wie der Nachdenkliche und der Impulsive) werden durch Krisen tief sitzende Ängste wach. Verlustsituationen wie zum Beispiel eine Kündigung, finanzielle Engpässe, ein Konkurs, aber auch Scheidung, Trennung vom Partner, der Tod eines Angehörigen oder ständige Wohnungswechsel lassen bei diesen Charakteren das Gefühl entstehen, den Boden unter den Füßen zu verlieren.

### Zwischen Trauer und Depression

Auf Verluste mit depressiven Verstimmungen zu reagieren ist völlig normal. Es ist die gesunde Trauerreaktion der Seele. Die klassischen Symptome solcher psychischen Befindlichkeitsbeschwerden sind Ängste, apathische Zustände, Lustlosigkeit, Appetitmangel, Schlaflosigkeit bei gleichzeitiger Unruhe und Müdigkeit am Tage – und die verheerende Überzeugung, vollkommen hässlich und ablehnenswert zu sein. Im Normalfall geht es den Betroffenen nach einigen Wochen oder Monaten wieder besser. Die Seele hat dann ihren Schmerz verarbeitet.

Bei Menschen mit depressiver Veranlagung bleibt die traurige Gemütslage nach Schicksalsschlägen jedoch bestehen. Sie wird chronisch, der Betreffende rutscht in ein seelisches Dauertief.

Wenn Sie sich also ohne erkennbaren Anlass oft antriebslos fühlen, kann es sein, dass Ihre Seele unter einer unverarbeiteten Trauer leidet. Überlegen Sie, ob Sie psychologische Hilfe in Anspruch nehmen möchten. Unabhängig davon sollten Sie sich aber auch Verhaltensstrategien aneignen, von denen Sie wissen, dass sie Ihnen helfen. Lesen Sie sich bitte die folgenden Vorschläge aufmerksam durch und probieren Sie diejenigen aus, die Ihnen am meisten zusagen. Es ist gut, damit bereits bei den ersten Anzeichen eines Seelentiefs zu beginnen.

## Leben Sie Ihren Schmerz aus: Tränen sind erwünscht

Tränen sind die Perlen der Trauer. Lassen Sie ihnen freien Lauf, wenn Ihnen danach zumute ist, denn sie helfen Ihnen, im Schmerz lebendig zu bleiben. Nur so können Sie ihn überwinden. Wenn Sie sich in einer Trauerphase wie erstarrt fühlen, hier ein Duftrezept, das Ihre Gefühle zum Fließen bringt:

Geben Sie in eine flache Schale einen Esslöffel Hautöl (z. B. Mandel- oder Jojobaöl) und drei Tropfen reine Rosenessenz (in Reformhäusern und Naturkostläden) und vermischen Sie das Ganze. Nun legen Sie sich entspannt hin. Wenn Sie mögen, legen Sie eine meditative Musik auf. Nehmen Sie drei tiefe Atemzüge und massieren Sie Ihre Herzgegend sanft mit der Mixtur. Der kostbare Rosenduft wirkt direkt auf Ihr Gefühlszentrum im Gehirn. Nach einigen Minuten werden Sie merken, dass Empfindungen in Ihnen hochsteigen, vielleicht auch Bilder oder bestimmte Gedanken. Geben Sie allem nach, was in diesem Augenblick kommt. Lassen Sie Ihren Tränen freien Lauf, sie sind heilsam.

Rosenduft ist ein hochwirksames herzöffnendes Mittel der Aromatherapie. Es heißt, dass diese Essenz sogar den Herzschmerz unglücklich Verliebter lindern kann.

## Zwingen Sie sich, mit Freunden auszugehen

Auch wenn Ihnen der Gedanke zunächst zuwider ist: Einmal in der Woche – am besten an einem ganz bestimmten Tag – sollten Sie mit einem guten Freund oder einer guten Freundin etwas unternehmen. Erzählen Sie, wie es Ihnen gerade geht und womit Sie sich gerade herumplagen. Sprechen Sie über Ihre Ängste, Ihre Träume und Pläne. Oder tun Sie etwas, was Ihnen Spaß macht: Gehen Sie ins Kino, zum Essen, zum Tanzen – was immer Ihnen einfällt. Alles, was Sie auf andere Gedanken bringt, durchbricht den Teufelskreis Ihrer Lethargie.

## Treiben Sie Sport

Es ist längst wissenschaftlich bewiesen: Sport ist eines der besten Mittel gegen Stimmungstiefs. Nicht umsonst umfassen die meisten Antidepressionstherapien auch ein ausgeklügeltes Sportprogramm. Eigentlich ist es egal, für welche Sportart Sie sich entscheiden – Hauptsache, Sie setzen sich in Bewegung.

## Nehmen Sie Johanniskraut

Wenn Sie sich für diese hochwirksame Kräutertherapie entscheiden, sollten Sie es richtig machen: Hypericin, die antidepressiv wirkende Heilsubstanz aus dem Johanniskraut, hilft nur in hohen Dosierungen. Vergessen Sie also bitte den oft empfohlenen Johanniskrauttee und entscheiden Sie sich für die Tablettenform. Nur so erreichen Sie die notwendige Wirkstoffkonzentration. Aber auch hier gibt es Unterschiede. In preiswerteren Präparaten ist der Johanniskrautextrakt pro Tablette oft zu niedrig dosiert oder wird mit anderen Kräutern vermischt angeboten. Die von der deutschen Arzneimittelkommission offiziell empfohlene Tagesdosierung gegen depressive Verstimmungen beträgt für Erwachsene 850 Milligramm Hypericin.

Und hier ein weiterer wichtiger Hinweis: Haben Sie Geduld! Die Wirkung von Johanniskrautpräparaten setzt nur langsam ein. Erst nach etwa drei Wochen ist der Wirkstoffspiegel im Blut so hoch, dass Sie den stimmungsaufhellenden Effekt deutlich spüren.

## Lassen Sie sich aufrichten

Die Strukturelle Körpertherapie hat sich zum Ziel gesetzt, Menschen innerlich und äußerlich wieder aufzurichten. Sie besteht aus einer Kombination der Massagetechniken Rolfing und Hakomi und aus psychologischen Elementen der Traumatherapie. Diese Therapie geht davon aus, dass alles, was den Menschen klein macht (Demütigungen, Rückschläge, Schocks, Verluste) in der Haltung sichtbar wird – man erkennt es am gebeugten Gang, der flachen Atmung, den hochgezogenen Schultern und dem steifen Nacken. Der Mensch fühlt sich unlebendig und leidet unter den klassischen Stresssymptomen Rückenschmerzen, Kopfweh oder ständiger Müdigkeit. Der Therapeut löst mit bestimmten Griffen das Bindegewebe, das oft wie ein Panzer über den Muskeln liegt und ein Gefühl des Eingesperrtseins erzeugt. Durch gezielte Fragen und Bewegungen lernt der Klient, die Gefühle wahrzunehmen und auszudrücken, was dann eine Lockerung der inneren Panzerung in ihm auslöst. So ergibt sich mit dem «Aufbrechen» der Muskulatur ein innerer Aufbruch. Die neue aufrechte Körperhaltung geht schließlich mit einer neuen Lebenseinstellung einher. Den Unterschied zur üblichen Massage sehen die Therapeuten der Strukturellen Körpertherapie vor allem im Behandlungserfolg. Während der Effekt einer herkömmlichen Entspannungsmassage nur ein bis zwei Tage anhält, kann der Erfolg der Strukturellen Körperbehandlung lebensverändernde Heilprozesse in Gang setzen. Im Lauf der Zeit lernt der Klient die Wechselwirkung zwischen Körper und Psyche ganz bewusst zu spüren: Er erkennt anhand verschiedener Symptome, auf welche Weise er seinen Frust «wegsteckt». Nach der etwa zehn Sitzungen umfassenden Behandlung berichten viele Menschen über ein neues Körper- und Lebensgefühl. Manche beginnen, sich gesünder zu ernähren, und erarbeiten sich einen «aufrichtigeren» Umgang mit ihren Problemen. Mehr über die Strukturelle Körpertherapie lesen Sie bitte im Anhang.

## Holen Sie sich Energie

Energiemedizin ist die Medizin der Zukunft, behauptet der berühmte amerikanische Ganzheitsmediziner Dr. Andrew Weill. Probieren Sie es einmal aus: Der Energieschub eines Heilers kann die Selbstheilungsprozesse im Körper enorm ankurbeln. Heilenergie lindert nicht nur Befindlichkeitsbeschwerden wie depressive Verstimmungen, sie stimmt insgesamt positiv und erhebt das Gemüt. Doch welche Methode ist geeignet: Handauflegen, Besprechen, Gesundbeten, Chakra-Therapie, Pranahealing, Touch for Health, Therapeutic Touch oder Reiki? Es liegt bei Ihnen. Auf dem Esomarkt wird eine Unzahl von Energietherapien angeboten. Zudem entwickeln viele Heiler ihre eigenen Varianten. Auch wenn die Allgemeinheit den Energietechniken sehr skeptisch gegenübersteht: Inzwischen suchen drei Millionen Deutsche jedes Jahr Rat und Hilfe bei Heilern, die Energie übertragen können. In den Staaten, in England, in Österreich und in der Schweiz arbeiten schon einige Krankenhäuser mit Energieheilern zusammen – zum Teil in Modellversuchen, zum Teil sind die Energiesitzungen ein regulärer Bestandteil des Klinikalltags. Dass Energieübertragung auf Krankheitsprozesse in Körper und Psyche tatsächlich heilend wirkt, hat Dr. Daniel Benor belegt, ein in London lebender amerikanischer Psychiater. Er sammelte weltweite Forschungen über geistiges Heilen – inzwischen über 150 kontrollierte

Studien und zehn Doktor- und zwei Magisterarbeiten. Sein Fazit: Rund die Hälfte der Tests war erfolgreich, und das unter oft extrem ungünstigen Bedingungen – etwa unter den Blicken argwöhnischer Wissenschaftler.

Aber wie bei fast allen Therapien gilt auch hier: Sie sind immer nur so gut wie der Therapeut, und der wiederum ist nur so gut wie seine Motivation. Geldschneider, die mehr als 120 Mark pro Sitzung verlangen, sollten für Sie von vornherein ausscheiden. Der beste Hinweis auf einen guten Energieheiler ist die Mund-zu-Mund-Propaganda. Hören Sie sich also im Bekanntenkreis um. Ihr Heiler sollte möglichst eine einschlägige Grundausbildung absolviert haben – also zum Beispiel Heilpraktiker, Masseur oder Krankengymnast sein. Und verlassen Sie sich bitte auf Ihren Bauch: Für gute Behandlungserfolge muss auch die Chemie zwischen Ihnen und dem Heiler stimmen. Im Zweifelsfall wenden Sie sich bitte an die Dachorganisationen der Verbände (im Anhang) und lassen Sie sich eine Liste von Heilern in der Nähe Ihres Wohnorts zuschicken.

## Stehen Sie früh auf

Morgendepressionen sind in der Psychologie ein feststehender Begriff. Man weiß, dass alle depressiven Gefühle sich zum Tagesbeginn hin verstärken. Um das zu verhindern, gibt es einen ebenso einfachen wie genialen Trick: Werden Sie schon vorher aktiv. Am besten, Sie stellen den Wecker eine Stunde früher, und dann raus aus den Federn und auf zum Frühsport. Wenn der Körper gut durchblutet und der Geist fit ist, hat das Morgentief keine Chance mehr.

## Bauen Sie sich ein gemütliches Nest

Für Ihr inneres Gleichgewicht brauchen Sie eine farbenfrohe, freundliche und angenehme Umgebung. Sorgen Sie also dafür, dass Sie sich zu Hause wohl fühlen können. Mit Pflanzen und Blumen und mit Bildern in hellen, positiven Farben. Sie als Ästhet und «Stubenhocker» brauchen eine Wohnatmosphäre, die schön ist und in der Sie sich zugleich geborgen fühlen.

## Atmen Sie Lichtenergie ein

Die folgende Übung bringt Licht in Ihr Herz und hellt Ihre Gedanken auf. Sie dauert etwa zehn Minuten. Setzen Sie sich im Schneidersitz auf den Boden, die Hände liegen entspannt auf den Oberschenkeln mit den Handflächen nach oben. Atmen Sie zehnmal tief und ruhig ein und aus und spüren Sie dabei, wie Ihr Körper sich entspannt. Achten Sie nur auf Ihren Atem. Wenn Gedanken auftauchen, lassen Sie sie einfach weiterziehen wie Wolken am Himmel – ganz ohne sie zu bewerten. Nun stellen Sie sich vor, dass vor Ihnen in Höhe Ihres Solarplexus eine Lichtkugel schwebt. Mit jedem Atemzug saugen Sie in Ihrer Vorstellung das Licht aus der Lichtkugel durch den Solarplexus ein. Bei jedem Ausatmen lassen Sie das Licht vom Solarplexus hinauf zum Herzen strömen. Atmen Sie auf diese Art zehn Minuten lang Licht in sich hinein. Malen Sie sich in Gedanken aus, wie Ihr Herz sich voll tankt mit dieser Lichtenergie, wie es sich weitet und wie es geheilt wird. Licht ist eines der besten Heilmittel gegen Depressionen. Es wirkt in der Realität – zum Beispiel, wenn Sie an grauen Novembertagen mittags einen Spaziergang machen –, und es wirkt in der Vorstellung, zum Beispiel mithilfe dieser Lichtmeditation.

## Nehmen Sie Abschied von allem, was Sie belastet

Menschen Ihres Typs, die stark zum Grübeln neigen und sich über vieles Gedanken machen, belasten ihr Gemüt oft mit negativen Energien. Die folgende Übung hilft Ihnen, sich vom geistigen Müll zu trennen. Sie wirkt wie ein Großreinemachen für die Seele.

Überlegen Sie: Gibt es etwas, was Sie schon lange verabschieden möchten? Negative Gedanken, Lebenseinstellungen, schlechte Gewohnheiten, bestimmte Verhaltensmuster – oder vielleicht einen Menschen, einen Lebensabschnitt? Legen Sie sich hin, werden Sie ganz ruhig und stellen Sie sich vor, dass Sie am Ufer eines friedlich dahinziehenden Flusses stehen. Ganz in Ihrer Nähe ist ein Holzboot an einem Pfahl festgemacht. Legen Sie nun alles, was Sie gerne loslassen möchten, in dieses Boot hinein. Nennen Sie die Dinge oder Gedanken beim Namen, während Sie sie hineinlegen, und danken Sie ihnen dafür, dass sie Sie eine Zeit lang durchs Leben begleitet haben. Wenn Sie Ihr Boot voll gepackt haben, sagen Sie sich, dass es nun Zeit ist, sich von diesen Dingen und Werten zu trennen. Machen Sie in Gedanken die Leinen los, wünschen Sie dem Boot mit seiner Last alles Gute und überlassen Sie es der Strömung. Schauen Sie zu, wie es sich immer weiter entfernt, wie es kleiner und kleiner wird und am Schluss am Horizont verschwindet. Sagen Sie sich, dass alles, was Sie losgelassen haben, seinen eigenen Weg finden wird. Atmen Sie dabei tief durch und spüren Sie, welche Erleichterung das für Sie bedeutet. Lassen Sie nun eine Weile lang mit jedem Ausatmen das Vergangene ein Stück mehr los und atmen Sie mit jedem Einatmen die Freiheit und Leichtigkeit ein, die Sie nun gewonnen haben. Vor Ihnen liegt eine unbeschwerte Zukunft. Freuen Sie sich darauf und kehren Sie mit diesem Gefühl der Zuversicht in Ihr jetziges Leben zurück. Beim Aufwachen reiben Sie Ihre Handflächen kräftig aneinander und streichen sich damit übers Gesicht.

# Der Nachdenkliche Typ und die anderen

**Ein Nachdenklicher Partner sucht die tiefe, ernsthafte Liebe.**

## Zwei Nachdenkliche als Paar

Ein Mensch, der denkt und fühlt wie man selbst: Da kommt Vertrautheit auf, da fühlt man sich endlich wie im sicheren Hafen. Nachdenkliche Typen wählen oft Partner, die in ihnen das Gefühl auslösen, angekommen zu sein.

### Eine unspektakuläre Zweisamkeit

Die Liebe zwischen Partnern dieses Typs ist tief und (fast) unerschütterlich, ihr Vertrauen ineinander (meist) grenzenlos. Das sind beste Voraussetzungen für eine lebenslange Partnerschaft. Bedenkenlos können diese beiden das Leben verwirklichen, nach dem ihr Herz sich sehnt: eine unspektakuläre, beschauliche Zweisamkeit, ein häusliches zurückgezogenes Leben. Zwei Nachdenkliche wünschen sich eine Insel der Geborgenheit.

### Die Liebe zur Natur

Zweifelsohne gibt es in diesem Nest genügend Raum für Blumen, Pflanzen und Haustiere, und wenn kein Garten vorhanden ist, wird der Balkon zum Blütenmeer oder das Wohnzimmerfenster zum Orchideenparadies.

Die Krönung des einvernehmlichen Glücks ist der Nachwuchs. Zu zwei Nachdenklichen Eltern kann man jedem Kind nur gratulieren, denn so viel Feingefühl, so viel Fürsorge, so viel Nachsicht und so viel spielerisches Miteinander gibt es nicht überall.

## Ein bürgerliches Gehäuse

Traute Zweisamkeit, ein schönes Heim, Liebe zu Kindern und zur Natur – nach dieser Beschreibung könnte man meinen, hier sei das klassische Spießertum zu Hause. Irrtum. Das bürgerliche «Gehäuse», mit dem sich das Nachdenkliche Paar umgibt, ist Ausdruck seiner Sehnsucht nach einem festen Rahmen und nach klaren äußeren Strukturen. Denn tief im Inneren wohnt im Nachdenklichen eine sensible Künstlerseele. Und die braucht einen geschützten Platz, um sich zurückziehen und die Wunden lecken zu können. Die Anfechtungen der rauen Welt setzen diesem defensiven Paar oftmals hart zu.

## Eine Spielwiese für Experimente

Das Zuhause ist für unsere beiden Nachdenklichen aber auch eine Spielwiese für kreative oder spirituelle Experimente – sei es, dass im Haus regelmäßig Meditationssitzungen veranstaltet werden, dass im Wohnzimmer Massagesessions stattfinden, die Garage zum Musikzimmer wird oder der Wintergarten zum Maleratelier. Im Leben zweier Nachdenklicher ist immer Raum für kreative Aktivitäten, denn die vielen Gefühle und Empfindungen, die Phantasien und Ideen wollen, ja müssen geradezu ausgedrückt werden. Der künstlerische Ausdruck ist wichtig für die Seelenhygiene der beiden.

## Der Wunsch, mit anderen zu teilen

Das gesellschaftliche Leben zweier Nachdenklicher ist rege, denn das Paar teilt gerne die Freuden und Erfolge des Lebens mit anderen. Doch ihre Tür öffnet sich nicht nur guten Freunden, sondern auch Not leidenden Fremden und Verwandten, armen Künstlern, Kriegsopfern und Waisenkindern. Im Zweifelsfall verzichten die beiden sogar auf das größere Auto und spenden stattdessen für einen guten Zweck.

## Das Verhältnis zum Geld

Da Nachdenkliche kein großes Interesse an Ruhm und Reichtum haben, werden sie darauf auch nicht viel Energie verwenden. Aber leider schneiden sie sich damit manchmal ins eigene Fleisch. Zum Beispiel, wenn andere ihr materielles Desinteresse spüren und sie bei Spekulationen oder Geldanlagen übers Ohr hauen oder wenn der Chef sie bei der Gehaltserhöhung übergeht. Nach der tibetischen Konstitutionslehre fehlt diesen Typen der Einfluss des geschäftstüchtigen Feueraspekts.

Eine andere Folge der wenig ausgeprägten feurigen Qualitäten zeigt sich möglicherweise in der körperlichen Liebe, dann nämlich, wenn die Innigkeit auf Kosten der erotischen Spannung geht.

Richie, 48 Lung, 7 Tripa, 45 Bäken, und
Valerie, 39 Lung, 12 Tripa, 49 Bäken
Valerie und Richie haben sich vor 25 Jahren kennen gelernt, beide bezeichneten sich damals als spirituelle Sucher. Valerie, eine große schlanke Frau mit ruhiger Stimme, glaubte damals ihre geistige Heimat in einer buddhistischen Glaubensgemeinschaft in Indien gefunden zu haben, wo sie einige Jahre verbrachte. Richie, ein großer, schlanker, sehr ernsthaft wirkender Mann, fühlte sich von Anfang an zum Heiler berufen. Da er seine Berufung sehr ernst nahm, lag ihm an einer soliden Grundlage. Er absolvierte gleich nach dem Abitur eine Heilpraktikerausbildung und besuchte anschließend eine Reihe von Seminaren, um sich in verschiedene Körper- und Psychotherapien einzuarbeiten. Heute gilt er als einer der besten Körper-Seele-Therapeuten in seiner Stadt. Obwohl er begnadete Heilerhände hat und die Patienten bei ihm Schlange stehen, hat er seine Honorare für Behandlungen in den letzten zehn Jahren nicht mehr erhöht.

Valerie ist inzwischen von ihrem «jugendlichen Selbster-fahrungstrip», wie sie ihre Indienzeit heute nennt, abge-kommen und hat ebenfalls beschlossen, sich den Naturheil-künsten zuzuwenden. Sie absolvierte eine Ausbildung als Feldenkraistherapeutin und betreibt heute zusammen mit Richie eine Praxis. Bemerkenswert ist die ausgeklügelte Ar-beitsteilung des Paares. Um sich beruflich nicht zu überlas-ten und auch für andere Interessen Zeit zu finden, benutzt jeder die Praxis an zweieinhalb Wochentagen. So haben beide einen Halbtagsjob und damit quasi nur einen Ver-dienst. Aber damit leben sie bewusst und gerne. Ihre Le-bensqualität ist ihnen wichtiger.

Dass Valerie und Richie trotzdem inzwischen in einer Eigentumswohnung mit Garten leben können, ist Valeries Vater zu verdanken, der seiner Tochter zu Beginn der Be-ziehung die Wohnung schenkte. Sie ist bis heute die ein-zige finanzielle Basis des Paares und wird es wohl auch bleiben. Beide fahren Fahrrad statt Auto und geben nicht viel Geld für Kleidung oder Urlaub aus. Über Anschaffun-gen, Weiterbildungen und andere Ausgaben wird fair dis-kutiert und demokratisch abgestimmt. Beiden ist es unge-mein wichtig, bewusst und korrekt miteinander umzugehen und sich möglichst nicht zu verletzen. Das gebietet ihnen nicht nur ihr spiritueller Hintergrund und ihre psychologi-sche Schulung, sondern auch ihr Idealismus und ihr hoher ethisch-moralischer Anspruch. Inzwischen haben Valerie und Richie ein Kind bekommen, das sie in einer Mischung aus «reflektiertem Bürgertum» und Intuition erziehen. Da beide durch ihre Arbeitsteilung gleich viel Zeit mit dem Kind verbringen, ist es an beide gebunden und wächst gut behütet auf. Es erlebt eine unbeschwerte Kindheit und fin-det sich problemlos in der Schule zurecht. Valerie und Ri-chie, die nie geheiratet haben, spüren beide tief in ihrem Innern, dass sie einander nie verlassen werden.

Paula, 28 Lung, 15 Tripa, 57 Bäken, und
Pete, 55 Lung, 9 Tripa, 36 Bäken

Paula und Pete haben sich in Nepal kennen gelernt. Er, von
Beruf Maler, war in seinem «geldbringenden Nebenberuf»
als Reiseleiter mit einer Gruppe unterwegs im Himalaja.
Sie, freie Autorin, recherchierte über Klöster. Von ihrer
Reise zurück, merkte Paula, dass sie schwanger war. Pete
reagierte prompt. Er kam zurück nach Deutschland und
machte ihr einen Heiratsantrag. Seit der Geburt ihrer
Tochter sind Paula, Pete und die kleine Pat eine innig ver-
bundene Familie. Pat begleitet ihre Eltern auf allen Reisen
und bewältigt ohne Murren alle Strapazen, die ihr schon
als Baby zugemutet wurden. Denn ihre Eltern haben beschlossen, ihr unkonventionelles Leben nicht aufzugeben.
Zwei Jahre lang lebten die drei in Los Angeles, wo Pete
mehrere Ausstellungen in einer Galerie angeboten worden
waren. Die nächste Station war eine Bergalm im Allgäu, wo
Paula ein Buch schrieb. Als man ihr eine feste Stelle als
Mitarbeiterin in einer Zeitschrift anbot, ging sie für ein
Jahr nach Hamburg und ließ ihre Familie in den Bergen zurück. Einmal im Monat zahlte ihr der Verlag einen Wo-
chenendflug, um ihren Mann und ihr Kind zu besuchen.
Erst als Pat zur Schule musste, verließ ihr Vater die Alm
und mietete unten im Tal ein altes Haus. Pat fuhr morgens
eine Stunde lang mit dem Schulbus zur nächsten Stadt, um
die Grundschule zu besuchen. Obwohl sie nicht den Dialekt
ihrer Mitschüler spricht, ist sie ein sehr beliebtes Kind. Die
Lehrerin lobt ihr soziales Verhalten. In den Schulferien
nimmt Pete die kleine Tochter auf seine Reisen mit. Sie
machen Trekkingtouren durch Ladakh und schlafen in No-
madenzelten. Für Pat sind Reisen um die Welt niemals be-
ängstigend, weil sie ihre Eltern, die ihre Heimat sind, immer bei sich hat. Inzwischen hat Paula ihren festen Job
übrigens wieder aufgegeben und beschlossen, sich beruflich

neu zu orientieren. Sie exportiert jetzt zusammen mit Pete ayurvedische Naturheilmittel aus Indien nach Deutschland. Der neue Wohnsitz von Paula, Pete und Pat ist jetzt Kerala in Südindien. Pat besucht dort eine internationale Schule, wo in englischer Sprache unterrichtet wird. Ihre beste Freundin ist jedoch ihre Nachbarin, ein indisches Mädchen, das ihr gerade die Landessprache beibringt.

## *Zwei Nachdenkliche Persönlichkeiten im Job*

Menschen des Nachdenklichen Typs sind wegen ihrer Hilfsbereitschaft und ihrer altruistischen Lebenseinstellung in Berufen gefragt, in denen es um Fürsorge und um soziale Fähigkeiten geht. Diese Charaktere sind hervorragende Heiler und Therapeuten, Psychologen, Sozialarbeiter und Pädagogen, man findet sie in Altenheimen und Kinderdörfern, als Jugendbetreuer und in der Psychiatrie. Nicht minder erfolgreich sind sie im Dienstleistungsgewerbe, wo Freundlichkeit, Rücksicht und eine gewisse Selbstlosigkeit wichtig sind.

### Als Künstler in der zweiten Reihe

Auch in der Welt der Künstler, der Kreativen und der Medienleute fühlt sich der Nachdenkliche Charakter zu Hause. In diesem bunten Volk der Egozentriker fällt er allerdings durch seine betonte Schlichtheit und sein auffällig unauffälliges Verhalten auf. Da er nichts mehr hasst, als im Rampenlicht zu stehen, verzichtet er im Zweifelsfall lieber auf die Lorbeeren.

Streit, Spannungen und ungute Auseinandersetzungen sind diesem Typ sehr unangenehm. Da steckt er lieber freiwillig zurück, allerdings nicht ohne in ruhigem Ton seine Sicht der Dinge dargelegt zu haben. Dass der Nachdenkliche dabei nicht das kleinste Detail übersieht, wird spätestens in diesem Augenblick klar.

## Hervorragende Teamworker

Zwei Nachdenkliche Kollegen können ausgezeichnet miteinander kooperieren. Hier kommen weder Neid noch Missgunst auf, auch kein eitles, selbstdarstellerisches Gebaren
oder Prahlen mit der eigenen Kompetenz. Stattdessen
herrscht ein lässiger Umgangston. Man bringt einander Respekt und Anerkennung entgegen, und die Kommunikation
wirkt wohltuend unaufgeregt. Zwei Nachdenkliche wollen
lieber ernsthaft arbeiten, als sich gegenseitig zu behindern,
und das tun sie.

Als von Grund auf tolerante und menschenfreundliche Freigeister haben Nachdenkliche Typen wenig Probleme mit Hierarchie. Wenn Not am Mann ist, macht sich der Chef ohne zu
murren selbst den Kaffee. Und auf dem Weg in die Kaffeeküche fragt er seine Assistentin beiläufig, ob er ihr eine Tasse
mitbringen soll.

## Manchmal zu zurückhaltend

Das einzige Hindernis in dieser beruflichen Harmonie könnte
die zurückhaltende Art dieser Naturelle sein. Wenn es nämlich darum geht, ihre guten Ideen und Visionen umzusetzen,
mangelt es ihnen oft an Tatkraft und Durchsetzungsvermögen. Vor Jobs, in denen sie entweder ihre Person oder ein Produkt verkaufen müssen, sollten sich diese Typen deshalb hüten. Hier wären sie eindeutig überfordert. Und da sie in
diesem Zustand viele ihrer kreativen Fähigkeiten verlieren,
sind nachdenkliche Personen im zweiten Glied sehr viel besser aufgehoben.

## *Der Nachdenkliche und der Souveräne Typ als Paar*

Die Harmonie in dieser Kombination hängt von der indivi-
duellen Mischung jedes Partners ab: Je ausgeprägter der
Tripa-Anteil beim Souveränen Typ und je stärker der Lung-

Anteil beim Nachdenklichen, desto geringer die Chancen für eine zukunftsträchtige Beziehung. Umgekehrt könnte man auch sagen: Je deutlicher bei beiden Partnern die Bäken-Anteile in den Vordergrund treten, desto besser. Der Grund: Das nach Dominanz strebende Tripa-Prinzip im Souveränen Partner wird diesen immer verleiten, die Führung zu übernehmen. Tripa-dominierte Menschen sind ungeduldig, halten sich für den Mittelpunkt der Welt und neigen dazu, Schwächere zu überfahren. Nachdenkliche Typen wiederum lassen sich oft überfahren. Hier droht die Gefahr einer einseitigen Machtverteilung.

## Das Bäken-Prinzip als gemeinsamer Nenner

Der sensible Nachdenkliche Typ leidet stumm unter der aggressiven Grobheit seines Partners und fühlt sich unverstanden. Die rettende Brücke zwischen diesen Gegensätzen ist das Bäken-Prinzip, das für die Elemente Wasser und Erde steht. Beide Charaktere tragen Teile davon in sich, es ist der gemeinsame Nenner in dieser Beziehung. Es steht für die Bereitschaft zu friedlicher Kommunikation, für Eintracht und häuslichen Frieden.

Und so können sich die beiden gut miteinander ausruhen und entspannen, einander verwöhnen und umsorgen. Sie schätzen den behaglichen Lebensstil und ein wohnliches Zuhause.

## Der Souveräne muss sich zurücknehmen

Dennoch kommt dieses Paar immer wieder an den Punkt, an dem ihre gegensätzlichen Prinzipien Spannung erzeugen. Was können der Nachdenkliche und der Souveräne also voneinander lernen?

Beginnen wir mit der «stärkeren» Persönlichkeit, dem Souveränen Partner: Er sollte sich zum einen für die kreativen Fähigkeiten seines feinsinnigen, intuitiven Partners interessieren und sich zum anderen etwas von dessen Zurückhaltung abschauen. Je besser er sein forderndes Verhalten zurücknehmen und den anderen in alle Entscheidungen einbeziehen kann, desto mehr kommt ihm der Nachdenkliche Typ entgegen. Dieser muss sich ja gerade etwas von der Power und der Willenskraft des Souveränen Partners aneignen.

Ob dieser Prozess der gegenseitigen Annäherung stattfindet, hängt auch davon ab, wie stark beide Teile bereit sind, die Fähigkeiten des anderen anzuerkennen.

**Iris, 18 Lung, 58 Tripa, 24 Bäken, und**
**Florian, 37 Lung, 28 Tripa, 35 Bäken**
**Iris und Florian führen das Leben eines modernen «dink»-Paares («double income, no kids»). Sie sind seit elf Jahren zusammen, seit sechs Jahren verheiratet und halten sich für (fast) unzertrennlich. Und das, obwohl – oder weil? – beide ihrem beruflichen Weiterkommen stets die Priorität eingeräumt haben.**
**Iris arbeitet als freiberufliche Webdesignerin, Florian ist bei einer Unternehmensberatung angestellt und oft die ganze Woche über bei Kunden irgendwo in Deutschland. Seit er diesen Job hat – und das ist nun schon drei Jahre –, führt das Paar eine Wochenendehe. Schweren Herzens zwar, aber man hat sich damit abgefunden. Schließlich haben Iris und Florian in den Jahren ihres Zusammenseins schon viele Wohnformen durchexerziert: Anfangs lebten beide in der gleichen Stadt, doch jeder in einer eigenen Wohnung. Dann bekam Iris das Angebot einer 500 Kilometer entfernten Multimediaagentur. Sie, die sich nach eigenen Angaben stark über ihren Beruf definiert, überlegte nicht lange und sagte zu. Vier Jahre blieb sie dort und sah ihren Freund nur ein oder zweimal im Monat. Keine leichte Zeit für beide, doch im Job lief es bei ihr ausgezeichnet.**

Aber irgendwann wollte Iris dann doch zurück. Und kurze Zeit später heiratete sie Florian.

Die neue Ära in der Beziehung begann mit dem Umzug in die neue, gemeinsame Eigentumswohnung. In dem Gefühl, endlich angekommen zu sein, genossen Iris und Florian erstmals ein ganz normales Eheleben. Drei Jahre währte diese Phase, dann bekam Florian, der studierte Biologe, das Angebot der eingangs erwähnten Unternehmensberatung. Den gut bezahlten Job mit hohen Aufstiegschancen mochte er sich nicht entgehen lassen. Und so entschloss er sich in Absprache mit Iris, zuzusagen. Nun ist er also wochentags in ganz Deutschland unterwegs, und aus der «Normalehe» wurde wieder mal eine Wochenendbeziehung. Keiner weiß, wie lange das so bleiben wird.

Was ist nun das Geheimnis dieser Partnerschaft, die über lange Jahre hinweg widrigsten Bedingungen standhält? Nach Iris' Ansicht liegt es daran, «dass Florian von Anfang an schlau genug gewesen ist, mich an der langen Leine zu lassen.» Sie schätzt an Florian vor allem seinen Humor, seine Intelligenz und die Toleranz, die er ihr gegenüber an den Tag legt. Mit Ihrem Tripa-Anteil von immerhin 58 Punkten ist sie eindeutig der dominante Part in dieser Beziehung. Das gibt sie ganz offen zu, und sie ist Florian dankbar, dass er das aushält. Allerdings behauptet sie, ihr Verhältnis hätte sich in dieser Hinsicht gebessert. Es sei heute «irgendwie partnerschaftlicher». Wie kam es dazu? Iris: «Einmal hatten wir eine Entfremdungskrise. Damals gingen wir zu einer Eheberatung, in der jeder seinen Standpunkt darlegen musste. Es waren eigentlich nur wenige Sitzungen, aber dabei ist einiges in Bewegung gekommen: Wir konnten plötzlich mehr Verständnis für die Position des anderen entwickeln und ich habe begriffen, was Gleichberechtigung wirklich bedeutet. Mich hat es ja auch eher gestört, dass ich immer so dominant war. Wie oft haben wir ganz selbstverständlich das gemacht, was ich wollte, zum Beispiel bei der Freizeitgestaltung. Und wenn ich dann mal auf Konfrontation ging und er mir auswich oder sehr diplomatisch reagierte, machte mich das nur noch unzufriedener.»

Florian ist auf jeden Fall der ruhigere, nachgiebigere und fürsorglichere Teil in der Beziehung. Er nimmt die Dominanzansprüche seiner Frau in Kauf, weil er sie als die andere Seite ihrer Feurigen Eigenschaften versteht: «Sie ist der Motor in unserer Partnerschaft, sie sorgt dafür, dass es zwischen uns niemals langweilig wird.» Er ist sehr stolz auf sie und gibt gerne zu, dass er durch das Leben an ihrer Seite vieles erleben konnte, wozu er sich allein nie aufgerafft hätte.

Iris ist zum Beispiel sehr reisefreudig und will auch unterwegs immer wieder ihre Grenzen austesten. Sie überredete Florian, mit ihr nach Chile und nach Neuseeland zu fliegen, so ungewöhnliche Reisen, dass er ihr heute noch dankbar dafür ist. Iris wiederum war sehr glücklich, seine Neugierde wecken zu können und ihn aus seiner Lethargie zu reißen. «In unserer Art sind wir uns beide ein Stück näher gekommen», meint sie. «Er schafft es mehr und mehr, aktiver zu werden, und das wiederum erlaubt es mir, passiver zu sein.»

Auf die Frage, wie sie ihre Krisen meistern, antwortet sie für beide: «Durch das Wissen, dass sie vorbeigehen. Bei einem Streit muss heute keiner mehr die Türen knallen und die Wohnung verlassen. Wir bleiben ja doch zusammen. Durch die extrem vielen Wandlungen, die wir in den letzten Jahren durchlaufen haben, ist unsere Beziehung sehr belastbar geworden. Heute wissen wir, dass immer wieder neue Stressfaktoren auf uns zukommen werden, und danach wird es wieder besser.»

Wie sieht es in Zukunft mit gemeinsamen Zielen und einer

gemeinsamen Aufgabe aus? Iris schüttelt den Kopf. «Im Augenblick ist dafür überhaupt kein Platz. Wir hätten gerne mehr Freizeit, aber das findet im Augenblick nicht statt.» Weil Iris einen Auftrag an Land gezogen hat, für den sie jetzt auch noch am Wochenende arbeiten muss. Zur Zeit sehen sich Iris und Florian eigentlich überhaupt nicht. Aber das ändert nichts daran, dass Florian für Iris nach wie vor der einzige Mann ist, bei dem sie jemals überlegt hat, ihn zu heiraten. Auch Florian will sich heute nichts anderes mehr vorstellen.

## Der Nachdenkliche und der Souveräne Typ im Job

Im Berufsleben ergänzen sich diese beiden Persönlichkeiten ideal: Während der Nachdenkliche die guten Ideen produziert, vermarktet der Souveräne sie geschickt. So wäscht eine Hand die andere. Es gibt kaum eine Branche, in der diese Rollenverteilung nicht funktioniert. Ob als Künstler (der Nachdenkliche) und sein Agent, ob als Hochleistungssportler (der Souveräne) und dessen Manager, ob als Artdirector (der Nachdenkliche) und PR-Manager (der Souveräne) einer Werbeagentur oder als Pädagoge (der Nachdenkliche) und Direktor (der Souveräne) eines Kinderdorfes.

### Der eine ist langsam, der andere ungeduldig

Einzig die Langsamkeit und Bedächtigkeit des Nachdenklichen Typs kann zum Problem werden. Der Kollege mit dem Souveränen Charakter ist nämlich sehr ungeduldig gegenüber langsameren Zeitgenossen. Er wird leicht aggressiv oder gereizt. Zart besaitete Seelen können mit dieser Art schlecht umgehen. Sie ziehen sich dann verletzt zurück.

## Der Nachdenkliche kann sich schlecht wehren

Die Fähigkeit, sich gegen Angriffe oder Übergriffe zu verteidigen oder mutig seinen Standpunkt zu vertreten, wurde dem Nachdenklichen Charakter nicht in die Wiege gelegt. Er muss sich offensives Verhalten erst mühsam antrainieren, etwa in Persönlichkeitsseminaren (die übrigens häufig von souveränen Typen geleitet werden), in einer Therapie oder mithilfe eines schlauen Buches. Ob er seine Lektionen gelernt hat, kann er dann am Souveränen Kollegen ausprobieren.

Doch es ist nicht gesagt, dass es zwischen einem Nachdenklichen und Souveränen Kollegen wirklich zu Konflikten kommt. Am Arbeitsplatz zeigen sich die meisten von einer sachlichen Seite.

## *Der Nachdenkliche und der Glückliche Typ als Paar*

Dieses Paar kann bedenkenlos eine gemeinsame Zukunft planen. Mit Kindern, Haus und Hund, aufregenden Urlauben und vielen Überraschungen. Von außen betrachtet mag dieses Leben aussehen wie jedes andere. Tatsächlich ist diese Beziehung sehr ungewöhnlich. Hier kommen zwei sehr reflektierte und bewusst lebende Menschen zusammen, die in der Lage sind, ihre Wünsche und Bedürfnisse zu erkennen und sich ihr Leben entsprechend zu gestalten.

## Normen und Regeln werden hinterfragt

Überholte Regeln haben hier ebenso wenig Platz wie hohle Konventionen. Dieses Paar schafft seine eigenen Traditionen. Vor allem der Nachdenkliche Partner profitiert von dieser Beziehung, denn er erhält von seiner besseren Hälfte eine Menge Rückenwind. Damit kann er lernen, seine Ziele etwas direkter anzustreben, statt sie so lange in seinem Herzen hin und her zu bewegen, bis nichts mehr davon übrig ist.

## Beide bestimmen, was sie glücklich macht

Auch der Glückliche Partner kann sich mit einem Nachdenklichen Partner an seiner Seite gut entfalten. Dieser wird sich hüten, ihm Vorhaltungen zu machen, wenn er seinen Interessen nachgeht. Und dass er das tut, ist gewiss. Menschen vom Glücklichen Typ sind es gewohnt, ihrer inneren Stimme zu folgen, und haben ein Gespür dafür, was ihnen gut tut. Wer so konsequent seinen Weg geht, braucht einen toleranten und nachsichtigen Partner, und genau so einer ist der Nachdenkliche.

Angie, 30 Lung, 35 Tripa, 35 Bäken, und
Peter, 42 Lung, 11 Tripa, 47 Bäken
Angie, eine vitale Frau mit strahlenden Augen, hatte von Anfang an den Mut zum eigenen Weg. Sie heiratete mit 19, kurz nach dem Abitur, ihren Zeichenlehrer und wurde kurz darauf schwanger. Die Ehe war gut, sagt sie rückblickend, aber mit der Zeit empfand sie ihren Mann als zu bevormundend und beschloss, sich von ihm zu trennen. Da war sie gerade 22. Ihre dreijährige Tochter hinderte die lebenslustige Angie nicht daran, ihre Träume zu verwirklichen. Sie hatte schon als Teenager Filme machen wollen und bewarb sich nun kurzerhand an der Filmhochschule. Unter tausend Anwärtern war sie eine von 70, die die Aufnahmeprüfung bestanden. Der Rest war dann nur noch eine Frage der Organisation. Angie und ihre Tochter zogen in eine Studenten-Wohngemeinschaft, tagsüber besuchte die Kleine den Unikindergarten und Angie die Filmhochschule, und wenn ihre Tochter schlief, kellnerte Angie in einer Musikkneipe. Der Nebenjob machte Angie Spaß, denn sie liebte es, unter Leute zu kommen. Eines Tages lernte sie in dieser Kneipe den Musikstudenten Peter kennen. Der schöne Mann mit seinen schwarzen, geheimnisvollen Augen faszinierte sie auf Anhieb. Er spielte Saxophon und hatte an

diesem Abend einen Auftritt mit seiner Band. Peter, der Frauenschwarm, verliebte sich sofort in die selbstbewusste Angie. Zwei Monate später machte er ihr einen Heiratsantrag. Aber Angie wollte sich nicht so schnell wieder binden. Ihr Kompromissvorschlag war, dass er ein frei gewordenes Zimmer in ihrer Studenten-WG beziehen sollte. Dann könnte man weitersehen. Sehr schnell entwickelte sich zwischen dem ruhigen, einfühlsamen Peter und Angies Tochter eine gute Beziehung, und schon bald waren die drei eine Patchworkfamilie. In der WG wohnte eine weitere Frau mit Kind, und so konnte man sich auch mit der Kinderbetreuung abwechseln. Peter ging seinem Musikstudium nach, hatte weiterhin Auftritte mit seiner Band und übernahm hin und wieder eine Rolle in einem der Übungsfilme, in denen sich Angie ausprobierte. Was die gemeinsame Freizeitgestaltung betraf, hatten sich von Anfang an zwischen der temperamentvollen Angie und dem eher defensiven Peter unterschiedliche Bedürfnisse herauskristallisiert: Während er seine Abende lieber zu Hause verbrachte oder Saxophon übte, ging Angie gerne unter Leute oder traf sich mit Freunden, von denen sie sehr viele hatte. Doch beide waren bereit, das Bedürfnis des anderen zu respektieren, und gingen ihren eigenen Interessen nach. Mit der Zeit fand Peter allerdings, dass ihre Partnerschaft unter den vielen Alleingängen Angies leide. Er wollte die Beziehung «pflegen» und bestand darauf, dass sie mindestens einen Abend pro Woche gemeinsam verbrachten. Angie schmunzelte belustigt über diese «Maßnahme zur Partnerhygiene», fügte sich aber gerne. Angie und Peter waren oft getrennt, aber dann auch wieder oft wochenlang eng zusammen – etwa, wenn er bei Dreharbeiten als Tontechniker einen Job bekam.
Noch während der Schneidearbeiten für ihren Abschlussfilm an der Filmhochschule bekam Angie das Angebot, als Regieassistentin bei einem Kinofilm mitzuarbeiten. Damit

änderte sich plötzlich alles. Angie verdiente nun viel Geld.

Doch gerade als sie zu den Dreharbeiten aufbrechen wollte, stellte Angie fest, dass sie wieder schwanger war. Ein großer Schock für sie, denn nun stand sie plötzlich vor der klassischen Entscheidung: Kind oder Karriere. Nächtelang diskutierte das Paar. Natürlich wollte Angie dieses Kind, aber sie wollte auch den Job. Dass sie sich dann tatsächlich für beides entscheiden konnte, hatte sie Peter zu verdanken. Er, das «Familien- und Beziehungstier», erklärte sich bereit, die ersten Jahre zu Hause zu bleiben und für das Baby zu sorgen. Das machte Angie so viel Mut, dass sie überglücklich einwilligte. Im dritten Monat ihrer Schwangerschaft verschwand sie für ein halbes Jahr zu Dreharbeiten nach Südspanien. Währenddessen suchte Peter ein Haus und zog dort mit Angies Tochter ein. Im Keller richtete er sich ein kleines Musikstudio ein und besuchte einen Kochkurs. Mit der ihm eigenen Ernsthaftigkeit bereitete er sich auf seine neue Aufgabe vor.

Im achten Monat ihrer Schwangerschaft kam Angie von den Dreharbeiten zurück. Gesund, gut gelaunt und stolz auf ihren ersten «richtigen» Job, der überraschend gut gelaufen war. Eine Woche später besuchte sie bereits einen Schwangerschaftskurs, zu dem Peter sie vorsorglich angemeldet hatte, und bereitete sich auf die Geburt vor, die dann entgegen den Prognosen der Ärzte völlig problemlos verlief. Die kleine Maja war von Anfang an ein sehr zufriedenes Kind. Angie blieb genau sechs Monate lang zu Hause, um ihr Baby zu stillen. Es war eine wunderbare Zeit. Peter verbrachte viele Stunden in seinem Musikstudio, um eine erste eigene CD vorzubereiten, Angie kümmerte sich um die beiden Kinder und entdeckte ihre Liebe zum Gärtnern. Aber wie so oft im turbulenten Leben dieses Paares wurde bald alles wieder ganz anders. Angie bekam ein neues Angebot als Regieassistentin. Diesmal sollte es nach Amerika gehen. Schweren Herzens, aber auch berauscht von der neuen Herausforderung, verließ sie ihre Familie für ungewisse Zeit. In Amerika wollte es der Zufall, dass der Regisseur während der Dreharbeiten plötzlich krank wurde, und so mussten Angie und zwei weitere Regieassistenten einen Teil seiner Aufgaben übernehmen. Wie immer erledigte sie ihren Job mit Bravour.

Peter managte derweil die Restfamilie. Er kam sehr gut mit der kleinen Maja zurecht. Einmal besuchte er Angie mit den Kindern drei Wochen lang am Drehort. Als «Maßnahme zur Familienhygiene», hatte Peter erklärt. Er war hervorragend in seine Doppelrolle als Hausmann und Berufsmusiker hineingewachsen und konnte sich mittlerweile nichts Schöneres mehr vorstellen als «im Schatten einer großen Frau zu stehen», wie er seine Situation humorvoll schilderte. Für ihn war es so genau richtig. Er hatte sich nie in seinem Leben danach gesehnt, im Vordergrund zu stehen. Lieber nahm er zu Hause die Zügel in die Hand und spielte für Angie eine Art Karriereberater, auf dessen Meinung sie großen Wert legte.

Die kleine Maja lernte mit drei Jahren Trompete spielen, ließ sich mit fünf von ihrem Papa die Haare grün färben und begleitete ihn auf Konzerte. Heute besucht sie ein musisches Gymnasium und spielt drei Instrumente. Angie ist zwar immer noch viel unterwegs, aber sie plant, ihre Arbeit zu reduzieren, um mehr Zeit für ihre Familie zu haben. Manchmal nimmt sie ihre ältere Tochter, die inzwischen eine Schauspielschule besucht, zu Dreharbeiten mit. Und wenn sie dann mal wieder länger zu Hause ist, liebt sie es, sich von Peter ein gutes Essen vorsetzen zu lassen. Wenn Peter unterwegs ist, kocht die 12-jährige Maja für ihre Mama – genau wie sie es vom Papa gelernt hat.

*Der Nachdenkliche und der*
*Glückliche Typ im Job*

Diese beide Typen verfügen über ein großes kreatives Potential, das sich mit einer praktischen Begabung, Durchhaltevermögen und persönlicher Standfestigkeit paart. Und mit dieser Kombination steht ihnen jede Branche offen. Im Laufe einer Zusammenarbeit wird sich der natürliche Vorteil der Glücklichen Persönlichkeit recht schnell bemerkbar machen. Sie besitzt die Tripa-Energie, die dem Nachdenklichen Typus fehlt. Tripa steht für Willenskraft, Mut und Kampfgeist, für klare Zielsetzung und – ganz entscheidend – für Autorität.

## Der Glückliche Typ trifft die Entscheidungen

Es ist klar, wer im Team die Entscheidungen trifft, wer die Ideen nach außen verkauft, wer im Zweifelsfall das Steuer herumreißt, wenn das Schiff ins Schlingern gerät. Der Glückliche Mitarbeiter übernimmt die Führung aber nicht, weil er nach Dominanz strebt, sondern weil er klar erkennt, dass er auf diesem Gebiet die größere Kompetenz besitzt – eine gute Entscheidung also. Und der Nachdenkliche Partner wird froh darüber sein – er selbst leidet ja oft genug unter seiner Unentschiedenheit.

Alles in allem ist dies eine sehr gute Konstellation, nicht zuletzt auch wegen der ähnlichen Lebenseinstellung der beiden Kollegen.

# Der vollkommene Nachdenkliche Typ

Ein ausgesprochen angenehmer Mensch, dieser Nachdenkliche Charakter. Nicht zu laut, nicht zu schrill, nicht zu schräg, einfach nur normal. Ganz ohne Allüren, natürlich, freundlich und aufgeschlossen. Er ist ein Typ mit ausgeprägten sozialen

Fähigkeiten, keiner von denen, die nur an sich denken, sondern im Gegenteil ein klassischer Altruist. Er sieht sofort, wo es fehlt, und hilft, ohne nachzudenken. Er freut sich, andere zu beschenken und mit ihnen die Schönheiten des Lebens zu teilen. Und er hat ein so wohltuendes Mitgefühl. Nächtelang kann er zuhören, wenn es jemandem schlecht geht. Dann denkt er gut und gründlich nach. Die Ratschläge, die er von sich gibt, sind wohl überlegt. Auch seine Meinung über die Dinge des Lebens ist stets reflektiert, weil er sich informiert, bevor er etwas sagt. Und was er sagt, meint er dann wirklich ernst.

## Was er äußert, hat Hand und Fuß

Vollkommene Nachdenkliche Persönlichkeiten sind ehrlich, und diese Ehrlichkeit kommt von Herzen. Sie lehnen es zutiefst ab, Wahrheiten zu manipulieren. Denn sie sind durch und durch integer und leiden, wenn ihnen oder anderen Unrecht geschieht. Man könnte sie auch idealistisch nennen, aber anders als die Elfe bauen sie keine Luftschlösser, sondern träumen vom Guten im Menschen.

## Menschen von edler Gesinnung

Trotz ihrer edlen Gesinnung können Nachdenkliche auch sehr lustig sein. Nach Zeiten des Rückzugs – die sie ganz besonders genießen, weil sie es ja lieben, sich in Gedanken und Bücher zu vertiefen – genießen sie Phasen der Geselligkeit. Sie sind gerne in (guter) Gesellschaft und lieben es, vortrefflich zu speisen, gute Gespräche zu führen und sich zu amüsieren. Protzige Partys und große Menschenansammlungen findet ein Nachdenklicher allerdings anstrengend. Lieber sind ihm Treffen im kleinen, feinen Kreis. Da darf er nämlich das tun, was er am liebsten tut: die Füße auf den Tisch legen und tief durchatmen.

## Leben und leben lassen

Weil er so entspannt leben und leben lassen kann, fühlt man sich sehr wohl in der Nähe des vollkommenen Nachdenklichen Typs. Er ist eben ein Freigeist: Ein großzügiger, toleranter Partner, eine verständnisvolle Mutter oder ein gutherziger Vater und ein Gastgeber, der seine Gäste niemals einengt. Da bleibt für die anderen viel Raum zur Entfaltung, da kann sich Neues entwickeln. In der Musik, in der Kunst, beim Tanz oder Theaterspiel – die Gegenwart eines Nachdenklichen wirkt inspirierend.

## Die Lethargie ist überwunden

Seine angeborene Zögerlichkeit und Passivität, die schwachen Seiten seines Naturells, hat der vollkommene Nachdenkliche Typ aus eigener Kraft überwunden. Er hat Mittel und Wege gefunden, den kämpferischen, dynamischen Teil in sich zu erwecken. Vielleicht trainiert er Aikido oder Karate, vielleicht macht er eine Urschreitherapie oder besucht einen Kurs in Selbstbehauptung. Auf jeden Fall hat er sich ganz bewusst Strategien angeeignet, um seine Aggressionen nicht mehr hinunterzuschlucken. Denn in seinem Innern, das weiß er längst, richten sie weitaus größeren Schaden an. Lange genug litt er an den Auswirkungen seiner Autoaggressionen, sprich Depressionen. Aber das ist nun vorbei. Der Nachdenkliche kennt inzwischen die Augenblicke, wo er in sich statt aus sich heraus geht – und er ändert sein Verhalten. Das ermöglicht ihm, seine Ziele direkter anzupacken. Die dadurch errungenen Erfolge machen ihn glücklich und selbstbewusst. Ja, es scheint sogar, als würde er das Leben jetzt ganz anders wahrnehmen: Seit er weiß, dass man sich das, was man will, ganz direkt «holen» kann. Und noch etwas hat der vollkommene Nachdenkliche gelernt: Er redet über seine Gefühle. Wenn ihm zum Beispiel Unrecht geschieht, reagiert der vollkommene Nachdenkliche jetzt anders. Statt sich beleidigt zurückzuziehen und im Stillen seine Wunden zu lecken, setzt er sich nun zur Wehr. Er ist hier weit aus seinem Schatten herausgetreten. Lange genug hat er sich die Schikanen und Demütigungen von feuerbetonten Typen wie Königsnaturen, Impulsiven oder Souveränen gefallen lassen. Nun setzt er ihnen etwas entgegen. Selbstbewusst, mit ruhigen, wohlgesetzten Worten legt er seinen Standpunkt dar. Und er erntet dafür Respekt und Beifall.

# Kapitel VII

# Der Souveräne Typ

**Mischtyp Tripa–Bäken**
**Elemente Feuer, Wasser und Erde**

## Wer sind Sie?

Die Vitalität des Feuers und die Stabilität der Erde:
Das ist die Mischung der Lebenstüchtigen. Souveräne
Menschen wie Sie besitzen alle Voraussetzungen zum
Siegen. Um wirkliche Harmonie zu erlangen, sollten
Sie sich jedoch die feinen Qualitäten des Luftelements
aneignen.

## Ihre Lebensaufgabe

Für Sie ist es sinnvoll, sich an den Eigenschaften und Verhaltensweisen der Elfennatur zu orientieren. Lassen Sie sich von Ihrer Kreativität, Spontaneität und Flexibilität inspirieren – und üben Sie Rücksicht und Geduld gegenüber Schwächeren. Ein weiteres großes Thema für Sie ist Ihr Bedürfnis nach Macht und Kontrolle: Sie lieben das Gefühl, alles im Griff zu haben. Aber Ihr Weg zum Glück heißt Loslassen. Hören Sie auf, das Schicksal immer lenken zu wollen, und lernen Sie, sich mehr im Strom des Lebens treiben zu lassen. Sie werden überrascht sein, was dann alles geschehen kann!

## Der Souveräne Typ auf einen Blick

Sind Sie ein Souveräner Charakter? Dann sind die folgenden 25 Behauptungen typisch für Ihre Persönlichkeit.

1. Mein Charakter ist stabil. Mich haut so schnell nichts um – und wenn, dann komme ich schnell wieder auf die Beine

2. An Selbstbewusstsein mangelt es mir nicht. Ich glaube an mich

3. In einer Gruppe übernehme ich meistens die Führung. Sie wird mir oft sogar von außen angetragen

4. Ich bin der Typ des Patriarchen oder der starken Überfrau

5. Ich halte mich für körperlich und intellektuell sehr leistungsfähig

6. Ich weiß sehr gut, was ich will, was ich kann und was ich brauche

7. Wenn ein Team mich als Chef anerkennt, bin ich fair und gerecht

8. Meine Arbeit macht mir nur Spaß, wenn ich meine Vorstellungen durchsetzen kann und Aufstiegschancen habe
9. Ich halte mich für sehr realistisch. Risiken kann ich gut einschätzen
10. Mir liegt viel daran, erfolgreich zu sein. An einem Problem zu scheitern ist gegen meine Ehre
11. Um ein Ziel zu erreichen, überlege ich mir zuerst eine gute Strategie. Und dann lege ich los
12. Kritik trifft mich nicht sonderlich. Ich akzeptiere nur den Teil, der mich überzeugt
13. Ich kann sehr gut für mich sorgen und mir meine Bedürfnisse erfüllen
14. Kreativität ist nicht unbedingt meine Stärke. Ich bin kein Künstlertyp, sondern ein(e) Macher(in)
15. Ich bin es gewohnt, meine Überzeugungen klar und deutlich kundzutun
16. Ein Projekt planen, organisieren und auf die Beine stellen – das ist eine meiner großen Stärken
17. Mit meinem Optimismus und meiner Zuversicht kann ich andere Menschen gut aufbauen und motivieren
18. Eigentlich bin ich der/die geborene Unternehmer/in. An Mut und Weitblick fehlt es mir jedenfalls nicht
19. Wahrscheinlich bin ich ein Kontrollfreak. Ich brauche das Gefühl, auf die Menschen und Dinge um mich herum Einfluss zu haben
20. Ich brauche viel Raum zum Leben. Eingeengt zu werden, halte ich nicht aus
21. Es kann passieren, dass ich sensible, leise Menschen übergehe, ohne es zu wollen. Mir muss man laut und deutlich sagen, was einem nicht passt
22. Es gibt viele Menschen, die mich – offen oder heimlich – um meine Stärke beneiden
23. In einer Partnerschaft bin ich meistens der-/diejenige, der/die wichtige Entscheidungen trifft

24. Ich habe starke Beschützerinstinkte und kann gut für meine Familie sorgen
25. In der Liebe bin ich leidenschaftlich und dominant, aber auch liebevoll und warmherzig

## So ist der Souveräne Typ

**Ein Fels in der Brandung des Lebens: Sie als Souveräner Mensch sind physisch und psychisch sehr robust. Wer soll also der Boss sein, wenn nicht Sie?**

### Ein Siegertyp mit Führungsanspruch

Sie sind aus einem besonderen Holz geschnitzt. Es ist extrem widerstandsfähig, stabil und besitzt tragende Eigenschaften. Mit dieser Ausstattung kommen Sie im Leben sehr weit, weiter als andere. Wenn das Schicksal es gut mit Ihnen meint, schaffen Sie es sogar bis auf die oberen Stufen der Macht. Und – seien Sie ehrlich – genau da wollen Sie auch hin. Die meisten Menschen, die in Chefetagen und Regierungssesseln sitzen, haben Ihren Souveränen Charakter. Es sind die reichen Patriarchen und die Eisernen Ladys, die Kapitäne und die erfolgreichen Unternehmerinnen, es sind Wirtschaftsbosse, Spitzenpolitikerinnen und Hochleistungssportler – Männer und Frauen, die in unserer Gesellschaft etwas zu sagen haben.

### Natürliche Autorität mit Weitblick

Auch wenn Sie selbst (noch) nicht in einem Chefsessel sitzen, spüren Sie genau, dass Sie dafür wie geschaffen wären. Ihre Führungsqualitäten haben Sie bereits bei den ersten Sandkastenspielen unter Beweis gestellt. Und wahrscheinlich hat man Ihnen von Kindesbeinen an wichtige Aufgaben übertragen. Das blieb nicht ohne Folgen: Mit den Jahren entwickelten Sie sich zu einem Entscheidungsträger. Ob im Kreis der Familie oder im Tennisclub, im Stadtrat oder in der Firma: Sie wollen und können Verantwortung übernehmen.

Mit der Ihnen eigenen Fairness, Ihrem ausgeprägten Gerechtigkeitsgefühl und Ihrem Weitblick sind Sie in der Lage, weitreichende Entscheidungen zu treffen. Keiner der sieben Typen besitzt diese natürliche Autorität.

### Ein Energiebündel, das andere mitreißt

Mutig und voller Tatkraft packt ein Souveräner Mensch das Leben an. Mit einer Selbstgewissheit, die über jeden Zweifel erhaben ist, schiebt er Projekte an, verfolgt Ziele und organisiert Veranstaltungen. Lässt man ihn so machen, wie er will, zieht er andere mit seinem Optimismus und seiner guten Laune in seinen Bann. Kein Wunder, dass sich um dieses Energiebündel immer wieder Trittbrettfahrer scharen, die auf seinen Zug aufspringen.

### Gefühle haben keinen großen Einfluss

Machertypen wie der Souveräne besitzen ein dickes Fell. Sie kommen nach seelischen Erschütterungen entweder schnell wieder auf die Beine, oder aber die Krise erreicht gar nicht ihren innersten Kern. Insgesamt wird ihr Verhalten von Gefühlen und Empfindungen nicht sehr stark beeinflusst. Nur ganz selten wird dieser Typ sich von Gefühlen mitreißen lassen. Umgekehrt ficht es ihn auch nicht besonders an, wenn es anderen um ihn herum schlecht geht. Das hat durchaus Vorteile, weil er aus dieser Distanz heraus die Situation objektiv beurteilen oder helfend einschreiten kann. Auf der anderen Seite fehlt es ihm dadurch an Mitgefühl und Einfühlungsvermögen.

Alles in allem macht die Fähigkeit, vieles nicht so nah an sich heranzulassen, Souveräne Menschen enorm belastbar. Wenn andere die Nerven verlieren, behalten sie den Überblick und können klare, eindeutige, mitunter lebensrettende Entscheidungen treffen.

## Felsenfeste Überzeugungen

Kopfgesteuert, vernünftig, pragmatisch: Der Souveräne Charakter wirkt unbestechlich. Bevor er sich ein Urteil bildet, sammelt er systematisch alle Informationen, die er dann sortiert und analysiert. Erst wenn er die Sachlage gründlich durchdacht und kritisch hinterfragt hat, äußert er seine Meinung. Das tut er dann allerdings mit großer Bestimmtheit. An den Ansichten, Lebenseinstellungen und Vorstellungen Souveräner Persönlichkeiten ist kaum zu rütteln.

## Ein fürsorglicher Gruppenchef

Durch sein hohes soziales Bewusstsein wird dieser Charakter immer versuchen, im Sinne einer größeren Gruppe zu agieren – egal ob es sich um eine größere Gemeinschaft, um eine Fußballmannschaft, ein Firmenteam oder um die eigene Familie handelt. Wenn es etwas zu verteilen gibt, achtet er darauf, dass jeder zu seinem Recht kommt. Dabei kann er eine große Fürsorglichkeit entwickeln. Bei Menschen, die der Souveräne Charakter unter seine Fittiche nimmt, lässt er auch Nachsicht walten.

## Seine Feinde haben nichts zu lachen

Nur eines nimmt der Souveräne Typ wirklich übel: wenn man seine Führungsposition infrage stellt. Wer es auf sein Revier abgesehen hat oder an seinem Chefsessel sägt, wer seine Familie oder Freunde gegen ihn aufhetzt oder ihn auf andere Weise herabwürdigt, muss mit heftigen Reaktionen rechnen. Unliebsame Personen macht er mit großem Energieaufwand ausfindig, stellt sie zur Rede und macht sie unschädlich. In dieser Hinsicht verstehen Souveräne keinen Spaß.

## Wenn der Souveräne Typ aus der Balance gerät
**Engstirnig, stur und gnadenlos: Mit ihren Schattenseiten stellt die Souveräne Persönlichkeit ihre Mitmenschen auf eine harte Probe.**

### Der Souveräne kämpft mit allen Mitteln
Mit dem Souveränen Charakter in den Clinch zu gehen, ist eine Herausforderung der besonderen Art. Dieser hartnäckige, nervenstarke Gegner kämpft mit harten Bandagen, es geht schließlich um seinen Ruf als Sieger. Verlieren, nachgeben oder gar einen Fehler zugeben ist nicht seine Sache. Wenn zum Beispiel ein Projekt nicht gelungen ist, macht er gerne andere dafür verantwortlich. Dann hagelt es Vorwürfe, Vorhaltungen und Beschuldigungen. Weil es ihm schwer fällt, in sich hineinzuschauen, zeigt der Souveräne Typ gerne mit dem Finger auf andere, bevor er den Fehler bei sich zu suchen beginnt – sofern er überhaupt in der Lage ist, vor seiner eigenen Haustüre zu kehren. Im Grunde seines Herzens ist der Souveräne zutiefst davon überzeugt, immer im Recht zu sein. Wer ihm das Gegenteil beweisen will, muss sich warm anziehen.

### Kritik perlt an ihm ab
Auf Kritik reagiert der Souveräne Typ unterschiedlich: Entweder sie perlt an ihm ab wie Wasser auf dem Federkleid einer Ente. Dann ist es, als hätte man gar nichts gesagt. Oder sie wird als Angriff gewertet und der Kritiker wie ein Feind bekämpft. Dabei kann die Aggression bei entsprechend hohem feurigem Tripa-Anteil durchaus in Gewalttätigkeit umschlagen.

Wer sein Feind und wer sein Freund ist, erkennt der Souveräne Typ im Zustand der Disharmonie nur schwer, weil er dann ohnehin nur die seine Freunde nennt, die ihm nach dem Mund reden. Auf diese Weise blendet er einen Teil der Realität einfach aus und biegt sich die Wahrheit so zurecht, dass sie in sein Weltbild passt.

### Er verfolgt überkommene Ziele

Auch das Loslassen von einmal gesteckten Zielen fällt diesem Charakter schwer. Mit der ihm eigenen Hartnäckigkeit verrennt er sich manchmal in eine Idee und begreift gar nicht, dass seine Aktivitäten bereits sinnlos geworden sind und er sich nur noch im Kreis dreht. Stur verfolgt er den eingeschlagenen Kurs, und je höher die Hindernisse, desto verbissener räumt er sie weg. Durch diese Engstirnigkeit verbaut er sich elegante Lösungen und verliert den Blick für neue Möglichkeiten.

### Schwächere werden einfach überrollt

Die Partner von Souveränen Charakteren leiden oftmals unter der Dominanz und der oft nur mühsam versteckten Herrschsucht ihrer Liebsten. Da es diesem Typ an Einfühlungsvermögen mangelt, kann er sich sehr schlecht in die Lage anderer Menschen hineinversetzen. Er fällt meistens mit der Tür ins Haus und behauptet im Nachhinein, sie sei offen gewesen. Schwächere, langsamere oder empfindlichere Menschen empfinden diese Art, überrollt zu werden, als sehr verletzend. Wer es wagt, sich gegen Übergriffe zur Wehr zu setzen, muss eines wissen: Dieser Charakter reagiert nur auf gute und mit Nachdruck vorgetragene Argumente – wenn überhaupt.

### Die anderen sind die Bösen

Eine weitere Schattenseite der Souveränen Persönlichkeit ist ihre Neigung zur Projektion: Statt bei Auseinandersetzungen seinen Anteil bei sich zu suchen, «bewältigt» der Souveräne seine Probleme in der Außenwelt: Er wirft anderen exakt das vor, was er an sich selbst ablehnt. Diese in der Psychologie als Projektion bekannte Verhaltensweise produziert künstlich Feinde und eine Menge Missverständnisse.

## Sucht nach Macht und Kontrolle

Vor allem wenn er sehr erfolgreich ist, entwickelt der aus dem Gleichgewicht geratene Souveräne Charakter leicht ein selbstsüchtiges, hochmütiges Verhalten, das durchaus größenwahnsinnige Züge haben kann. Ein weiteres Problem ist seine Sucht nach Macht und Kontrolle, durch die er sich unter Umständen um viele Freunde bringt. Auf seinem hohen Ross fühlt sich der Souveräne manchmal sehr einsam, ohne es vor sich selbst zugeben zu können.

## Körperliche Symptome der Disharmonie

Wenn er psychisch im Ungleichgewicht ist, entwickelt der Souveräne Typ oft bestimmte körperliche Symptome, wie zum Beispiel Oberbauchschmerzen und Probleme mit der Leber, aber auch chronische Infektionen im Verdauungssystem sowie Krampfadern, Zysten, Schuppenflechte (Psoriasis) und starke Kopfschmerzen.

## *Was die Souveräne Persönlichkeit aus dem Gleichgewicht bringt*

**Da der Souveräne Typ gerne «besitzt», macht es ihm schwer zu schaffen, wenn er einen Verlust ertragen muss.**

### Der Verlust von Macht und Einfluss

Kontrollverlust rüttelt an den Grundfesten des Souveränen Typs und löst bei ihm je nach Schweregrad eine Mischung aus Aggression, Angst und Unsicherheit aus. So ist es ihm zum Beispiel unerträglich, wenn sein Lebenspartner sich ihm entzieht. Auch im Beruf leidet er, wenn er Macht und Verantwortung abgeben muss. Ähnliches gilt sogar, wenn er als Vereinsvorsitzende(r) abgewählt oder auf eine andere Weise «vom Thron gestoßen» wird.

## Lernen Sie, Ihr Ego loszulassen

Bei Verlusten zwingt uns das Schicksal zum Loslassen, aber diese Lektion fällt dem Souveränen Typ besonders schwer. Hier kann er von den Buddhisten einiges lernen. Für sie ist die Sucht nach Macht und Kontrolle ein typisch westliches Syndrom, dem die Überbewertung des Ich zugrunde liegt. Ihr Weg zum Glück ist die Abkehr vom Ego, ihr Mittel dazu heißt Meditation.

Das bedeutet aber nicht nur, stundenlang still zu sitzen und an nichts zu denken. Das wahre Ziel der Meditation ist eine meditative Geisteshaltung, die das gesamte Leben prägt, voller Demut und Dankbarkeit gegenüber der lebendigen Natur.

## Suchen Sie Grenzerfahrungen

Ein anderes Mittel zur Persönlichkeitsschulung des Souveränen sind Grenzerfahrungen. Was das ist, kann man beim Psychotraining lernen, aber auch in Survivalkursen in freier Natur, bei denen man seine sozialen und kooperativen Fähigkeiten austestet.

Doch auch im Alltag kann man immer wieder Grenzerfahrungen machen, indem man sich ganz bewusst für Neues öffnet und sich unbekannten Situationen aussetzt – psychisch und physisch. Solche Übungen sind enorm wichtig für die persönliche Weiterentwicklung des Souveränen, weil sie ihn vor den Gefahren der Selbstüberschätzung bewahren. Wer sich immer wieder neu orientieren muss oder ungewohnten Erfahrungen aussetzt, erfährt sich zunächst als klein und unbedeutend. Doch mit der Zeit begreift er sich als Teil eines übergeordneten Systems. Dieses Begreifen kann der Beginn eines weitreichenden Veränderungsprozesses sein.

Die folgenden Übungen sind als Einstieg in diese Bewusstseinsschulung zu verstehen. Sie beginnen bei den kleinen Dingen des Alltags.

## Fühlen Sie das Wort «danke»

Wie oft sagen wir tagein, tagaus danke, ohne es wirklich zu meinen. Wenn Sie sich bei der nächsten Gelegenheit bei einer Ihnen nahe stehenden Person bedanken, sprechen Sie das Wort «danke» einmal ganz bewusst aus und lassen Sie es wirklich von Herzen kommen. Sie werden sich wundern, welche Reaktionen Sie dafür ernten. Vielleicht ein überraschtes Lächeln – vielleicht Dankbarkeit? Warten Sie es ab. Diese kleine Übung kostet Sie nichts, aber sie kann Ihnen auf sehr tief greifende Weise zeigen, was das Gefühl von Dankbarkeit in Ihnen und den anderen bewirkt.

## Seien Sie für jeden Tag dankbar

Der vietnamesische Mönch Thich Nhat Hanh, der seinen zumeist westlichen Anhängern die Weisheiten des Buddhismus in ganz praktischen Übungen beibringt, sieht in jedem Tag eine Chance, das Leben neu zu betrachten. Er behauptet, dass unsere Einstellung zu einem Tag ganz entscheidend davon abhängt, wie wir aufwachen. Nehmen Sie sich also im kostbaren Augenblick des Aufwachens am Morgen einen Moment Zeit und seien Sie einfach dankbar, weil vor Ihnen 24 wundervolle Stunden liegen. Sicher werden Sie sich im Lauf des Tages immer wieder einmal an dieses Aufwachgefühl erinnern. Achten Sie darauf, wie es Ihre Einstellung zu diesem Tag verändert.

## Malen Sie das Gefühl inniger Dankbarkeit

Dankbarkeit ist ein herzöffnendes Gefühl, es wird in der Wirkung nur noch von dem Gefühl der Liebe übertroffen. Wenn wir uns in Dankbarkeit üben, lernen wir gleichzeitig Gefühle wie Liebe und Freude zu empfinden – und vor allem auszudrücken. Die folgende Übung hilft, das Herz in Dankbarkeit zu öffnen.

○ Legen Sie ein Blatt Papier und Farbstifte oder Wasserfarben und Pinsel bereit und setzen Sie sich bequem hin. Entspannen Sie sich nun und schließen Sie die Augen. Die nächsten fünf bis zehn Minuten widmen Sie ausschließlich dem Gefühl von Dankbarkeit. Überlegen Sie, wofür Sie in Ihrem Leben dankbar sein können – vielleicht dafür, dass Sie gesund sind und viele Talente besitzen, vielleicht für Ihren Partner, für Ihre Kinder oder für andere Menschen, die Sie lieben, für Ihr Auto, Ihren inneren oder materiellen Reichtum, vielleicht für den Blumenstrauß, der vor Ihnen auf dem Tisch steht. Achten Sie während dieser Übung immer wieder darauf, wie sich das Gefühl von Dankbarkeit in Ihrem Herzen anfühlt.

○ Dieses Gefühl drücken Sie nun in einem Bild aus. Es geht nicht darum, Gegenstände zu malen, auch keine Menschen oder bestimmte Dinge, sondern nur darum, ein Gefühl darzustellen. Lassen Sie die Farben in freier Form ineinander fließen. Mindestens zehn Minuten lang sollten Sie sich dem Ausdruck des Gefühls von Dankbarkeit auf Papier widmen.

○ Wenn Sie fertig sind, schließen Sie Ihre Augen wieder und spüren dem Gefühl der Dankbarkeit in Ihrem Herzen nach – drei bis fünf Minuten lang.

○ Zum Schluss öffnen Sie die Augen und schauen sich Ihr Gemälde an. An diesem Tag sollten Sie einmal nur ganz kurz – etwa ein oder zwei Minuten lang – Ihre Tätigkeit unterbrechen und sich an dieses Gefühl erinnern.

## Verlust von Geld und Besitz

Da der Souveräne Typ sehr materiell eingestellt ist, macht es ihm viel aus, weniger Geld zu verdienen, Geld bei Spekulationen zu verlieren oder gar einen Konkurs zu erleben und Haus und Besitz verkaufen zu müssen. Sich gegen solche

Schicksalsschläge zu schützen ist nicht möglich. Aber man kann Gelassenheit trainieren, Abstand gewinnen von dem, was sich nicht ändern lässt.

## Lernen Sie stoische Gelassenheit

Die Wiederentdeckung stoischen Denkens ist mehr als eine intellektuelle Mode. Diese Haltung führt zur Gelassenheit, indem sie den «Widerfahrnischarakter des Lebens» (so der Philosoph Wilhelm Kamlah) erkennt und daraus geistige Übungen ableitet. Gleichmut bedeutet dem Stoiker, sich nicht in der Sorge um Unabänderliches aufzureiben oder Kraft daran zu verschwenden, es ändern zu wollen, sondern sich innerlich davon zu distanzieren. Diese Distanz lässt sich durch eine Übung erarbeiten, die der römische Philosoph und Kaiser Marc Aurel prae-meditatio nannte: das geistige Vorwegnehmen all dessen, was geschehen kann. Wenn wir innerlich auf alles vorbereitet sind, was uns passieren kann, begegnen wir auch Ärgernissen gleichmütiger. Der stoische Standpunkt könnte zum Beispiel lauten: «Ich werde mich von diesen Geschehnissen nicht beeinflussen oder schädigen lassen.» Diese Gleichgültigkeit, die im Übrigen nicht mit Resignation oder Pessimismus zu verwechseln ist, befreit den Geist für den Augenblick. Gerade weil man auf alles gefasst ist, kann man die Gegenwart genießen. Geschehenes können wir nicht mehr ändern, die Zukunft kaum beeinflussen. Das Einzige, was in unserer Macht steht, ist der Augenblick. Der Stoiker Ludwig Wittgenstein drückt es so aus: «Nur wer nicht in der Zeit, sondern in der Gegenwart lebt, ist glücklich.»

## Fehlschläge und Misserfolge

Ideen und Projekte verwirklichen, die die Welt bewegen, Dinge in die Wege leiten, von denen man spricht: Das sind die typischen Ziele der Souveränen Persönlichkeit. Doch wehe, das Vorhaben gelingt nicht! Kleinere Misserfolge steckt der ehrgeizige Souveräne dank seiner psychischen Robustheit locker weg, doch größere Fehlschläge empfindet er als Beschädigung seines Egos – sie stellen sein Selbstbild als Sieger in Frage. Die richtige Reaktion in solchen Augenblicken: Hören Sie auf, in Gedanken bei Ihrem Scheitern und Versagen zu verweilen. Richten Sie stattdessen den Blick wieder auf das Positive. Die folgende Wahrnehmungsübung hilft Ihnen dabei.

### Sehen Sie das Schöne

Wer gerade schlimme Zeiten durchmacht, verliert den Blick für das Schöne um ihn herum. Aber genau das ist in diesem Augenblick besonders wichtig.

- Nehmen Sie sich fünf Minuten Zeit zur Entspannung. Suchen Sie sich einen ruhigen Platz, machen Sie die Augen zu und achten Sie nur auf Ihren Atem. Sie können zum Beispiel beim Ein- und Ausatmen immer bis drei zählen. So verhindern Sie, dass störende Gedanken Sie in Beschlag nehmen. Sie sollen einfach nur atmen und dabei zählen. Vielleicht können Sie mit der Zeit etwas tiefer und länger ein- und ausatmen.

- Anschließend öffnen Sie Ihre Augen ganz langsam wieder und behalten Ihren entspannten Blick bei. Sie haben nun neun Minuten Zeit, um sich mit diesen ruhigen, «weichen» Augen umzusehen und sich der schönen Dinge um Sie herum bewusst zu werden. Schön kann das Muster des Teppichbodens sein, das Blatt einer Zimmerpflanze, ein Sonnenstrahl, der auf ein Möbelstück fällt, ein kleiner Käfer, eine Kerze.

- Nun schließen Sie die Augen und atmen vier Minuten lang nur ein und aus. Zählen Sie dabei und versuchen Sie, bewusst etwas langsamer ein- und auszuatmen, ohne sich dazu zu zwingen. Wahrscheinlich tun Sie es bereits automatisch.

○ Wenn Sie die Augen jetzt öffnen, schauen Sie sich die schönen Dinge in Ihrer Umgebung wieder mit weichen Augen an – aber tun Sie diesmal so, als würden Sie alles zum ersten Mal sehen.

○ Zum Schluss holen Sie noch einmal tief Luft und atmen ganz tief aus. Ihr Tag geht nun weiter. Sie können zwischendurch immer wieder versuchen, etwas Schönes in Ihrer Umgebung zu entdecken. Das geht natürlich am besten, wenn Sie sich in einer schönen Landschaft oder ganz generell in einer schönen Umgebung aufhalten. Aber es ist auch im Büro, in der Kaffeeküche oder in der Tiefgarage möglich. Schönheit ist überall, wenn Sie Ihr Auge dafür geschärft haben. Dafür können Sie ein Gefühl der Dankbarkeit entwickeln.

## Die Schuld bei anderen suchen

Weil sie nicht unbedingt Meister darin sind, in sich zu gehen und sich Fehler oder Schwächen einzugestehen, neigen Souveräne Typen dazu, bei Problemen andere zum Buhmann zu machen. Die Psychologie nennt dieses Verhalten Projektion. Es ist gar nicht so einfach, sich der Mechanismen klar zu werden, die sich dabei abspielen.

## Machen Sie sich Projektion bewusst

Wenn eine Person, eine bestimmte Eigenschaft oder ein bestimmtes Verhalten einer Person in Ihnen starke Wut oder Ablehnung auslösen, seien Sie wachsam: Hier geht es nicht um diesen Menschen, sondern um Ihr Problem! Ihr Gegenüber spiegelt ein Thema, das Sie offensichtlich noch nicht bewältigt haben. Es geht um einen Aspekt von Ihnen, mit dem Sie selbst nicht klarkommen.

Statt nun auf die andere Person loszugehen und ihr Feindseligkeiten entgegenzuschleudern, bleiben Sie diesmal ganz bei sich. Holen Sie tief Luft, nehmen Sie Abstand und fragen Sie sich, warum dieser Mensch bei Ihnen diese starken Emotionen auslöst: Was hat er an sich, was Sie bei sich nicht mögen? Ist er vielleicht eitel und egoistisch? Stur und uneinsichtig? Erinnert er Sie an jemanden, der Sie einmal sehr verletzt hat? Versuchen Sie die Wunde zu benennen, die diese andere Person in Ihnen offen legt.

Heftige Emotionen sind auch Chancen. Wenn Sie den Augenblick, in dem Sie die Gefühle spüren, richtig nutzen, helfen sie Ihnen bei Ihrer persönlichen Weiterentwicklung. Gefühle zeigen Ihnen, wo Sie ein Problem haben. Sie könnten sich zum Beispiel eingestehen, dass die Angelegenheit, an die Sie gerade so schmerzhaft erinnert werden, ganz offensichtlich noch nicht überwunden ist. Die Anerkennung und Würdigung einer seelischen Verletzung ist der erste Schritt zur Heilung. Der Rest ergibt sich oft wie von selbst.

Genau genommen müssten Sie dem Menschen, der Sie auf Ihr Problem aufmerksam gemacht hat, danken. Durch ihn haben Sie etwas über sich lernen dürfen.

## Der Souveräne Typ und die anderen

Mit weniger Machtkampf und mehr Gefühl kommt der Souveräne in seinen Beziehungen weiter.

### Zwei Souveräne Persönlichkeiten als Paar

Zweimal Selbstbewusstsein, zweimal Führungsanspruch, zweimal Machtbewusstsein. Damit sich so kraftvolle Partner nicht in die Quere kommen, brauchen sie eine Menge Raum – im direkten und im übertragenen Sinne.

Dennoch stehen die Chancen auf ein gemeinsames Glück sehr gut. Die beiden Souveränen Persönlichkeiten sind aus dem gleichen Holz geschnitzt. Sie können ihre Bedürfnisse also durchaus auf den Partner übertragen, und sie schätzen beim anderen die Eigenschaften, die sie an sich selber mögen: die Selbständigkeit etwa, das große Verantwortungsbewusstsein, der eiserne Wille, die enorme Lebensenergie und die Unbesiegbarkeit.

## Beide wollen die Welt bewegen

Wenn sich zwei Souveräne zusammentun, wird jeder der beiden ein Terrain für sich beanspruchen, auf dem er ganz allein wirken kann. Unabhängig davon sind weltbewegende Dinge möglich, wenn beide ein gemeinsames Lebensprojekt verwirklichen.

Eines vorneweg: Am Hungertuch wird das Souveräne Paar niemals nagen. Tatendurstig, erfolgshungrig und materiell orientiert wie die beiden sind, machen sie sich frühzeitig daran, sich eine solide Finanzbasis zu schaffen. Geld und beruflicher Erfolg haben in dieser Beziehung eine große Bedeutung, weil sie dem Souveränen Paar dazu verhelfen, das zu tun, was ihm am Herzen liegt: Macht und Einfluss auszuüben, Geschicke zu lenken, etwas zu bewegen.

## Souveräne Frauen sind keine Heimchen am Herd

Frauen mit Souveräner Natur geben sich nicht (lange) damit zufrieden, für ihren Mann das Heimchen am Herd zu spielen. Sollten sie überhaupt jemals in die Rolle der Nurhausfrau schlüpfen, werden sie dafür sorgen, dass Haus, Hof und Kinder zu ihrem Imperium werden. Sie schaffen sich damit einen Gegenpol zur Ernährerrolle ihres Mannes. Wahrscheinlicher ist es allerdings, dass die Souveräne Gattin neben der Kindererziehung eigene Geschäfte ankurbelt oder dem Ehemann tatkräftig unter die Arme greift. Der wiederum weiß die starke Frau an seiner Seite zu schätzen.

Unterm Strich kann sich in dieser Beziehung jeder auf den anderen verlassen. Souveräne Partner stehen tausendprozentig zueinander, komme, was wolle. Ihr großes gemeinsames Interesse ist es, Geld und Prestige zu vermehren oder ein gemeinsames Lebenswerk zu schaffen.

## Immer in Konkurrenz

Doch wenn zwei Machtmenschen zusammenkommen, gibt es auch Reibung, und hier sind wir beim wunden Punkt dieser Beziehung angelangt: Konkurrenzsituationen und Machtkämpfe prägen unterschwellig immer das Zusammenleben. Deshalb wäre es gut, wenn die Partner sich bereits zu Beginn ihres gemeinsamen Lebens in einer ruhigen Stunde zusammensetzten, um sich über ihre Kompetenzen, Aufgaben und Geldangelegenheiten zu einigen. Damit sie, wenn es emotional sehr eng wird, auf klare Vereinbarungen zurückgreifen können.

Anna, 14 Lung, 60 Tripa, 26 Bäken, und
Tom, 16 Lung, 58 Tripa, 26 Bäken
Anna, Geschäftsführerin in einer PR-Agentur, und Tom, ein studierter Philosoph und freier Schriftsteller, sind seit acht Jahren ein Paar. Sie ist sechseinhalb Jahre älter als er und verdient gut das Doppelte von dem, was er für den Hörfunk und verschiedene Feuilletons «erschreibt». Trotzdem hat er noch nie von ihr Geld bekommen, betont Anna: «Wenn er sich nicht selber finanzieren könnte, hätte ich keinen Respekt vor ihm.»
Getrennte Kassen waren von Anfang an eine Voraussetzung in dieser Beziehung. Er zahlte immer so viel, wie es ihm möglich schien, sie legte den Rest hinzu. Meistens gab es da keinen großen Unterschied, denn auch Tom besteht auf seiner finanziellen Unabhängigkeit.
Als Basis ihrer Beziehung definieren Anna und Tom ihre In-

dividualität, ihre absolute Eigenständigkeit und ihre Eben-
bürtigkeit. Jeder erwartet vom anderen, dass er – ebenso
wie er selbst – «stark ist und etwas Großes macht». Anna
und Tom wollen stolz aufeinander sein und freuen sich am
Erfolg des anderen. Ständig fordern sie sich gegenseitig
heraus. «Sobald es zwischen uns langweilig wird, werde ich
zur Hexe», sagt Anna. Sie verlangt von ihrem Mann, dass
er ihr Kontra gibt, und umgekehrt ist es genauso: «Wenn
ich mein Leben nach Tom ausrichten würde, bekäme er die
Krätze.»

Anna und Tom sind sehr eingespannt in ihren Berufen
und unterstützen sich gegenseitig, ihren eigenen Weg
konsequent zu verfolgen. Wenn einer dabei einen Miss-
erfolg erleidet, kann er sich darauf verlassen, dass er vom
anderen Hilfestellung bekommt – aber nicht ständig. Ein
ungeschriebenes Gesetz zwischen Anna und Tom heißt:
Schwächen sind erlaubt, aber sie müssen auf eine vorüber-
gehende Situation beschränkt bleiben, weil das gemeinsame Selbstverständnis lautet: Wir sind gleich stark.

Fragt man Anna und Tom, was sie aneinander schätzen,
nennen sie die besten Eigenschaften, die sie beide besitzen: Wärme, die Fähigkeit, Geborgenheit zu vermitteln,
Zuverlässigkeit, Intelligenz, Weitblick, kritisches Bewusstsein und Mut. Und dann wären da noch Humor und das
tiefe Verständnis für die Werte des anderen: Anna und
Tom lachen viel: gemeinsam über andere, jeder über sich
und über den anderen.

Sie leiden auch gemeinsam unter bestimmten Dingen.
Wenn zum Beispiel jemand über Musik, Literatur oder über
Philosophie «dumm daherschwätzt».

Wie in jeder stabilen Paarbeziehung gibt es auch in dieser
immer wieder Phasen der Ruhe und Regeneration. Dann
wird gemeinsam geschwiegen oder man macht sich «auf
die Suche nach Gott».

Immer wieder wundern sich Anna und Tom, dass sie als zwei extrem ichbezogene Menschen ein so inniges, harmonisches Paar sind. Ihre Erklärung: «Wahrscheinlich kann keiner außer uns den anderen aushalten.»

Was mag Anna an Tom? «Dass er in Situationen mutig ist, wo ich es nicht bin. Zum Beispiel geht er viel unbefangener und selbstbewusster auf Menschen zu.»

Was mag Tom an Anna? «Dass ich mit ihr alles unternehmen kann und dass sie eine starke Frau ist.»

Anna sieht ihre Aufgabe in dieser Partnerschaft vor allem darin, Tom in seiner Berufung zu unterstützen. «Ich verlange von ihm, dass er damit weitermacht, den Menschen die Welt zu erklären und ihnen Botschaften auf einem bestimmten geistigen Niveau zu vermitteln.»

Tom sorgt in der Beziehung dafür, dass Anna und er «ein tolles, unlangweiliges Paar sind, das immer neue Ufer erobert. Jeder für sich und gemeinsam.»

Anna und Tom haben von Anfang an ihr Eigenleben behalten. Jeder pflegt seinen eigenen Freundeskreis, und so geht man in der Woche meistens getrennt aus. Nur die Wochenenden verbringen sie zusammen.

Es gibt aber auch ein Problem: Annas höhere Ansprüche an Wohn- und Lebensqualität. Ein Thema, über das viel, zum Teil sehr heiß diskutiert wird. Schließlich kann Anna sich den Luxus, mit dem sie sich gerne umgibt, auch leisten, im Gegensatz zu ihm. Er sieht sich gezwungen, ihr entgegenzukommen, als Tribut an ihre bessere finanzielle Situation.

Im Urlaub bemüht sich das Paar um einen Kompromiss. Sie sind meist mit dem Rucksack unterwegs und gehen zwischendurch für ein oder zwei Tage in ein Luxushotel.

Wie alle Liebenden fragen sich auch diese beiden immer wieder, ob sie ein Kind wollen. Doch bisher fiel die Antwort immer gleich aus: «Eigentlich würden wir schon gerne wollen. Aber um Kinder muss man sich ja auch kümmern.» Dazu haben sie keine Lust. Zudem befürchten sie, dass ein Kind sie zu sehr voneinander ablenkt. Das wollen sie auf keinen Fall. Ihr Leben zu zweit ist aufregend genug.

Kürzlich stand eine große Entscheidung an: Tom bekam eine sehr reizvolle Festanstellung in einer anderen Stadt angeboten. Nach langen Diskussionen, in denen Anna ihn selbstverständlich ermutigte, den Schritt zu wagen, entschied er sich tatsächlich, den Job anzunehmen. Doch dann passierte mit Anna etwas Seltsames: Sie war plötzlich sauer und wusste nicht, warum. Was war geschehen? Anna ging in sich und kam darauf: «Es wurmt mich, dass Tom jetzt neue Tatsachen schafft und ich gezwungen bin, darauf zu reagieren. Ich habe keine Kontrolle mehr über die Situation. Das macht mich rasend.»

Annas Reaktion auf diesen Kontrollverlust ist eine Mischung aus Aggression und Angst. In letzter Zeit leidet sie öfter unter Magenschmerzen und bekommt Migräne. Sie stößt mit Armen und Beinen an Möbelkanten oder reißt sich die Fingernägel ein.

Aber sie wäre keine Souveräne Persönlichkeit, hätte sie nicht bereits nach einer Lösung für sich gesucht: «Ich werde jetzt ein neues Betätigungsfeld finden und etwas tun, was für mich Erfolg versprechend ist.»

Anna trägt sich schon lange mit dem Gedanken, in der Stadt, in die Tom zieht, eine Filiale ihrer Agentur aufzubauen. Dieses Projekt kommt ihr jetzt sehr gelegen. Es wird ihr neue Anerkennung und das Gefühl einbringen, mit Tom wieder auf einer Ebene zu stehen.

Wie auch immer dieser neue Abschnitt in ihrer Paargeschichte ausgehen mag: Anna und Tom sind fest davon überzeugt, dass sie zusammenbleiben – bis sie 120 und er 113 ist.

## Zwei Souveräne Persönlichkeiten im Job

Wo es um Geld geht, wo über Menschenschicksale entschieden, wo überhaupt weitreichende Entscheidungen ge-
troffen werden, überall dort findet man sie: Souveräne
Charaktere sind die Bosse dieser Welt. Sie beherrschen die
Zentren der Macht in Wirtschaft, Politik, Sport und Finanz-
wesen. Und sollten sie (noch) nicht das Sagen haben, reden sie auf jeden Fall mit, und ihre Stimme wird immer
gehört. Menschen dieses Typs können gar nicht anders, als
Einfluss zu nehmen, und sei es nur durch ihre reine Präsenz: Selbst wenn sie gar nichts tun und sich sogar ganz bewusst aus einer Sache heraushalten, sind sie mit dabei, weil
man sie garantiert um Rat fragen oder um Hilfe bitten
wird.

### Auf dieses Urteil ist Verlass

Souveräne Charaktere werden nicht nur von ihren Kollegen
und Mitarbeitern, sondern auch von ihren Vorgesetzten ins
Vertrauen gezogen: Ihre Meinung ist wertvoll, denn sie gelten
als unbestechlich. Kein Wunder, dass man die Betreffenden
oft in Positionen sieht, in denen Gerechtigkeit walten
soll(te): als Richter, als Schiedsrichter, Betriebs- oder Ge-
meinderat, als unparteiisches Mitglied in Kommissionen und
Jurys, als Sachverständige und Geschworene in großen Ge-
richtsprozessen. Die Souveräne Persönlichkeit muss nicht
autoritär sein – ihre Autorität ist angeboren.

### Erfolg als Motivation

Die große berufliche Motivation des Souveränen Charakters
ist der Erfolg. Ob er den Weltraum erobert, Kontinente ver-
netzt oder auch nur den Gemüseladen um die Ecke betreibt:
Immer will er der Beste sein und Neuland erobern. Bekommt
er nicht, was er zu verdienen glaubt, oder kann er sich nicht
genügend ausagieren, beginnt er bald nach einem neuen Be-

tätigungsfeld zu schielen. Denn zwei Dinge verträgt er ganz schlecht: die Beschneidung seines Verantwortungsbereiches und die Nichtbeachtung seiner Leistung.

### Schulter an Schulter auf dem Weg nach oben

Zwei Souveräne begreifen sehr schnell, dass sie miteinander weiter kommen als allein. Deshalb sind sie meist schlau genug, nicht miteinander in Konkurrenz zu treten, sondern Schulter an Schulter ihr Lebenswerk zu vollbringen. Denn sie wollen etwas Bedeutsames schaffen, das ihnen Anerkennung und Bewunderung einbringt. Das ist in einem Steuerbüro oder einer Betriebskantine genauso möglich wie in einer Weltraumkapsel. Ob sie es schaffen, sich den Erfolg nicht gegenseitig zu neiden oder die Verdienste des anderen anzuerkennen, hängt von zwei Faktoren ab: vom geistigen Niveau und vom Einfluss des Feuerelements in ihrem Charakter. Letzterer ist zwar einerseits der Motor ihres Ehrgeizes, aber er «nagt» andererseits auch am edelmütigsten Charakter und bringt Gefühle wie Neid, Missgunst und Eifersucht ins Spiel. Davon, wie die beiden Souveränen diesen Teil ihrer Persönlichkeit meistern, hängt der Erfolg ihrer Kooperation ab. Wie in einer Ehe zwischen diesen Typen sollten auch im Job die Kompetenzen und Verantwortungsbereiche eindeutig festgelegt werden, um Revierkämpfe von vornherein zu vermeiden.

## Der Souveräne und der Glückliche Typ als Paar

In der Hierarchie der sieben Charaktertypen stehen der Souveräne und der Glückliche Typ auf der sechsten und siebten Stufe, belegen also die beiden oberen Sprossen der Leiter. Die Tibeter glauben, dass diese Persönlichkeiten ein besonders günstiges energetisches Potential besitzen. Wenn zwei Menschen sich in dieser Konstellation finden, kann daraus eine ausgesprochen stabile, harmonische Beziehung entstehen.

Wahrscheinlich nimmt der Glückliche Typ – wie in all seinen Beziehungen – einen günstigen Einfluss auf seinen Partner. Seine Aufgabe in dieser Partnerschaft besteht darin, die überbordende Feuerenergie des Souveränen Typs zu zähmen und dessen unterentwickelte «luftige» Eigenschaften zu fördern.

## Mehr Betonung auf Elfen-Themen

In ihrem Glücklichen Partner hat die Souveräne Persönlichkeit ein gutes Vorbild, um ihre Sensibilität und Intuition zu schärfen und Interesse für geistige Themen zu entwickeln. Die Kreativität des Glücklichen Typs und sein Faible für Kunst und Literatur wirken in der Regel sehr mitreißend.

Sehr zugute kommen der Beziehung die in beiden Partnern angelegten positiven Eigenschaften, etwa praktische Intelligenz, Lebenstüchtigkeit und der gemeinsame Sinn für Humor. Mit der Fähigkeit, gemeinsam zu lachen, lassen sich eine Menge Hürden nehmen.

## Der Souveräne mildert seine Kontrollsucht

Mit etwas Geschick kann der Glückliche Typ dazu beitragen, dass sein Souveräner Partner seine kontrollierende Art etwas zurücknimmt und das Vertrauen entwickelt, dass die wichtigen Dinge im Leben auch ohne seinen Einfluss ihren Lauf nehmen. Wenn das gelingt, wird neue Energie frei für spielerische Leichtigkeit, für den Spaß am Ausprobieren und Experimentieren.

## Langeweile – kein Thema für dieses Paar

Wenn der Souveräne und der Glückliche Partner ein Stück ihres Lebens gemeinsam gegangen sind, stellen sie oft mit Staunen fest, dass sie sich noch nie miteinander gelangweilt haben. Trotz großer Vertrautheit ist in dieser Partnerschaft die Dynamik innerhalb der Beziehung groß, ebenso wie der Drang, aktiv am Leben teilzunehmen. Da beide sich gerne beruflich verwirklichen und dabei sehr erfolgreich sein können, wird es auch an Geld nicht mangeln. Allerdings entwickelt sich ein Glücklicher Charakter nur selten zum Arbeitstier. Er findet die anderen Seiten des Lebens zu interessant, um sie einer Energie raubenden Karriere zu opfern. Der Souveräne Partner hingegen definiert sich fast ausschließlich über seinen Erfolg.

**Sybille, 35 Lung, 33 Tripa, 32 Bäken, und**
**Bert, 24 Lung, 45 Tripa, 31 Bäken**
**Bevor sie zusammenkamen, kannten sich Sybille und Bert schon elf Jahre, allerdings als Frau beziehungsweise als Mann eines anderen Partners. Die beiden Paare waren eng befreundet. Sie fuhren gemeinsam in Urlaub, besuchten einander regelmäßig, gingen zu viert aus. Bei diesen Treffen tauschten sich Sybille und Bert auch über ihre Partnerprobleme aus. Beide waren nicht sehr glücklich in ihren Beziehungen und gaben sich gegenseitig Tipps. Sie ahnten damals noch nicht, dass sie mit diesen vertrauten Gesprächen den Grundstein für ihr späteres Verhältnis legten.**

**Inzwischen sind Sybille und Bert längst von ihren Partnern geschieden und leben seit über zehn Jahren zusammen – in einem idyllischen Haus in einer idyllischen Kleinstadt. Ihre Beziehung ist sehr glücklich, finden beide. Bert, der Souveräne Charakter, leitet eine Spezialeinheit der Polizei, die für Krisenfälle eingesetzt wird. Er treibt berufsmäßig Hochleistungssport und «ist zum Töten ausgebildet», wie Sybille es formuliert.**

**Sie schätzt an ihm seine spezielle Mischung aus Männlichkeit, Sensibilität und Fürsorglichkeit: «Bert ist ein Macho, der vieles sehr analytisch beurteilt. Aber er kann auch mit**

Pflanzen reden und über die Schöpfung nachdenken. Außerdem ist er einer, der sich kümmert.»

Sybille, eine Glückliche Persönlichkeit, ist ausgebildete Ernährungswissenschaftlerin. Sie hat sich im Lauf der Jahre eine völlig undogmatische Einstellung zur Ernährung angeeignet, die sie mit sehr viel Menschenkenntnis und «medialem Einfühlungsvermögen» weitergibt, wie sie sagt. In ihrem Institut für Gesundheitsberatung hält sie unter anderem Vorträge für Eltern über- und untergewichtiger Kinder, gibt Seminare und macht Einzelberatung. Privat isst Sybille sehr gerne gut und ist im Übrigen völlig unsportlich.

Was das soziale und berufliche Umfeld betrifft, ist das Paar durch Welten getrennt: Anfangs war es weder für Sybille einfach, mit Polizistenehepaaren Smalltalk zu betreiben, noch kam Bert mit dem elitären Gehabe von Sybilles Freundinnen zurecht. Ein Problem war das aber nur zu Beginn ihrer Beziehung. Inzwischen haben die beiden einen Weg gefunden – auf die gleiche Art übrigens, wie sie immer einen Weg finden: überwiegend problemlos. Die Bekannten- und Kollegenkreise bleiben säuberlich getrennt, werden aber von dem Paar gemeinsam gepflegt.

«Wir streiten uns wenig über Wesentliches», sagt Sybille. «Wenn es um Lebenseinstellungen, um große Anschaffungen, Berufspläne oder Sinnfragen geht, sind wir uns sehr einig.»

Auch die klassischen Streitpunkte, über die andere Paare regelmäßig aneinander geraten – etwa wer im Haushalt welche Aufgaben übernimmt –, gibt es zwischen Sybille und Bert nicht. Irgendwie verteilt sich die Haus- und Alltagsarbeit von allein: Beide kochen, beide kümmern sich um den Einkauf, wer mehr Zeit hat, wäscht und putzt.

Wenn das harmonische Geben und Nehmen gestört ist, weil einer gerade sehr gestresst ist, kommt es allerdings auch in diesem Haus zum Streit. Fast immer ist Bert derjenige, der anfängt. «Im Gegensatz zu mir scheut er keine Auseinandersetzung. Er ist einfach lauter und temperamentvoller als ich», sagt Sybille und fügt nach einer Weile hinzu: «Und er bleibt nicht immer sachlich ...»

Sie begegnet den feurigen Ausbrüchen ihres Partners mit der ihr eigenen Ruhe, bewahrt den Überblick – und manchmal etwas zu viel Humor. Hin und wieder muss sie nämlich über seine «abstrusen Argumente» lachen, was der Sache nicht unbedingt dienlich ist. Meistens beendet Sybille die unerfreulichen Gespräche, indem sie einfach weggeht. «Das ist die einzig wahre Art, mit seiner Wut umzugehen. Es nimmt den Diskussionen die Schärfe.»

Dass den Ehekrächen immer wieder eine Versöhnung folgt, hat drei wesentliche Gründe. Erstens pflegen Sybille und Bert eine Streitkultur, in der sie bewusst darauf achten, sich nicht unter der Gürtellinie zu treffen, zweitens sind beide finanziell voneinander unabhängig, könnten also theoretisch sofort auf eigenen Beinen stehen, wenn es ernst würde. Und drittens kann Bert sich hinterher entschuldigen. Das findet Sybille so gut, dass sie es auch lernen will.

Worum streiten die beiden? Meistens um Geld, zu dem Sybille ein wesentlich «kreativeres Verhältnis» hat, wie sie es ausdrückt. Bert ärgert sich zum Beispiel, wenn sie ihre Steuerabrechnungen nicht pünktlich und ordnungsgemäß erledigt oder Geld ausgibt, das sie (noch) nicht hat. Sybille nimmt finanzielle Engpässe eher gelassen. Sie kann auch einmal eine Rechnung liegen lassen und sich für die dadurch «eingesparte Summe» ein Paar Schuhe kaufen, weil sie das für dringender hält. «Ich bin nun mal eine Hedonis-

tin und vergesse keinen Augenblick zu leben», erklärt sie
ihre Genuss-Sünden. «Wenn mich diese Schuhe glücklich
machen, dann gibt mir das die Energie, wieder mehr zu arbeiten und mehr Geld zu verdienen.»

Auch wenn er dieser weiblichen Logik nichts entgegenset-
zen kann – schließlich gibt Sybille ausschließlich ihr selbst
verdientes Geld aus –, fehlt Bert die Toleranz für ihre
«lustbetonte Haltung». Sein Motto in Sachen Geld klingt
eher militärisch knapp: «Situation konsolidieren, Schulden
abbezahlen.»

Doch wie gesagt: Diese Meinungsverschiedenheiten be-
treffen Banalitäten des Beziehungsalltags. Wesentliche
Themen und Probleme konnten Sybille und Bert immer
einvernehmlich lösen. So hat sich zum Beispiel ihr großer,
gemeinsamer Kinderwunsch nicht erfüllt. Nach langen
Jahren der Hoffnung haben sie aber inzwischen ihren
Frieden damit geschlossen. «Das Thema ist von beiden
Seiten bewältigt», sagt Sybille, «wir sehen jetzt die posi-
tiven Seiten und tun unbeschwert die Dinge, auf die wir
Lust haben.»

Das ist eine ganze Menge. Beide haben zum Beispiel ein
sehr enges Verhältnis zur Natur, lieben ausgedehnte Spa-
ziergänge, Pflanzen und Blumen und können sich an ihrem
Garten freuen. Sie schätzen ein schönes Zuhause, laden
gerne Freunde ein, gehen viel auf Reisen, essen und trinken
mit Genuss. Fragt man Sybille, was Bert ihr geschenkt hat,
kommt spontan: «Er hat mir etwas weggenommen: das,
was mich stresst.»

Fragt man Bert, was Sybille ihm gibt, sagt er: «Sie entspricht meinem Ideal von einer Frau.»

## Der Souveräne und der Glückliche Typ im Job

Dieses Duo ist auf Erfolg programmiert: Es müssten große karmische Hindernisse vorliegen oder schwere Schicksalsschläge passieren, um zwei so selbstsichere, gefestigte Charaktere wie diese auf dem Weg nach oben zu bremsen. Beide Typen besitzen kraft ihrer Intelligenz und Weitsicht einen unübertroffenen Riecher für geschäftliche Nischen und Karrierechancen. Sie verfügen über Mut, Abenteuerlust und die nötige Risikofreude, um Neues auszuprobieren. Außerdem besitzen sie den nötigen langen Atem, um Engpässe zu überstehen.

### Eine perfekte Ergänzung

Es gibt wohl kaum einen Karrieregipfel, der diesem Erfolgsduett zu hoch wäre, und keine Branche, in der zwei so siegesgewisse Naturen nicht reüssieren würden. Sie ergänzen einander perfekt: Gibt der Glückliche nach, weil ihm eine Konfrontation zu anstrengend ist, wird der Souveräne streitbar und setzt die Ziele durch. Geht es andererseits darum, mehr auf die Intuition zu hören, kann sich der Souveräne auf seinen Glücklichen Kollegen verlassen.

Auch wenn einer der beiden auf einer höheren Hierarchiestufe steht: Ihr Verhältnis ist stets von gegenseitigem Respekt und Sympathie getragen.

Heidi, 13 Lung, 36 Tripa, 51 Bäken, und
Beate, 32 Lung, 34 Tripa, 34 Bäken
Heidi und Beate haben sich in der Redaktion einer renommierten Tageszeitung kennen gelernt, wo beide als Redakteurinnen angestellt waren. Beate schrieb für das Feuilleton, Heidi war im Wissenschaftsressort. Obwohl es bei der Arbeit kaum Überschneidungen gab, schätzten Heidi und Beate ihre gegenseitigen Fähigkeiten hoch. Beide verfassten sehr anspruchsvolle Beiträge. Mit der Zeit erwuchs aus der gegenseitigen Sympathie und dem Respekt vor dem

Können der anderen immer stärker der Wunsch, einmal etwas gemeinsam zu machen. Bei einer Pressereise, zu der beide eingeladen waren, beschlossen sie, zusammen ein Buch zu schreiben. Sowohl Heidi als auch Beate hatten sich seit längerem mit dem Gedanken getragen, allein ein Buch über ihr Spezialgebiet zu schreiben, aber nie eine zündende Idee gehabt. Nun sahen sie ihre Chance, gemeinsam etwas Neues zu entwickeln. Wochenlang besprachen sie in der Mittagspause ihre Ideen, entwarfen und verwarfen Konzepte. Es sollte ja nicht irgendein Buch werden, sondern ein Knüller. Und dann hatten sie das Thema: Sex. Heidi trug die wissenschaftlichen Daten und Erkenntnisse zusammen, Beate war für den philosophischen Überbau zuständig. Der Buchverlag, dem sie ihr Konzept unterbreiteten, war begeistert. Ein halbes Jahr lang schrieben die beiden an ihrem Erstling, und als er erschien, wurden sie in Talkshows und zu Diskussionen eingeladen. Sie waren die Stars der Redaktion. Und das Buch verkaufte sich hervorragend: 30 000 Exemplare in den ersten vier Monaten, nach einem Dreivierteljahr weitere 30 000. Es war tatsächlich ein Bestseller geworden.

Von dem Geld, das sie damit verdienten, machten sich Heidi und Beate ein Jahr später selbständig. Sie eröffneten eine Autorenwerkstatt mit ihrem neuen Spezialgebiet: Sex, Liebe und Partnerschaft, und sie verfassten Beiträge für verschiedene Magazine und fürs Fernsehen. Zwischendurch moderierten sie Veranstaltungen. Da beide sehr eloquent und selbstbewusst auftraten und sehr differenzierte, mutige Meinungen vertraten, lud man sie gerne zu Fernsehauftritten ein.

Nach dem zweiten gemeinsamen Bestseller bot man Heidi und Beate die Chefredaktion eines Magazins an, das neu auf den Markt kommen sollte. Ein finanziell sehr lukratives Angebot mit einigen Haken: Nun wurden plötzlich ganz andere Fähigkeiten verlangt als beim Bücherschreiben. Mitarbeiter mussten eingekauft, ein Konzept erarbeitet, Themenpläne erstellt werden. Das Blatt lief gut an, und Beate und Heidi ergänzen sich nach wie vor sehr gut. Sie reden sehr offen miteinander, wenn etwas zwischen ihnen schief läuft. Aber schon jetzt wissen sie, dass sie diesen Job nicht mehr lange machen werden. Der Verlag beansprucht zu viel Mitspracherecht, und die Anzeigenkunden machen so viel Druck, dass die Inhalte oft viel zu kurz kommen. Über kurz oder lang, haben Heidi und Beate sich vorgenommen, werden sie sich wieder selbständig machen, um ihr drittes Buch zu schreiben. Sie werden es so anlegen, dass es später einmal verfilmt werden kann.

## Die vollkommene Souveräne Natur

Der Souveräne Charakter ist eine herausragende Persönlichkeit, zweifellos ein Charismatiker, der Menschen anzieht und lenkt, ganz ohne es zu wollen, weil sein Auftreten so bestimmt, seine Ausstrahlung so stark und seine Worte so überzeugend wirken. Sein Charakter wird von Natur aus von zwei Elementen bestimmt, die sich optimal vereinen: Die Kraft des Feuers wird durch die Solidität der Erde fest verankert. Das verleiht diesem Naturell seine bodenständige Kraft, sein tief verwurzeltes Selbstwertgefühl und Bärenkräfte – psychisch wie physisch.

Mit diesen handfesten Gaben gesegnet, kann der Souveräne Charakter große Taten vollbringen. Unbeirrbar verfolgt er seine Ziele und erreicht sie unter vollem Einsatz. Wahre Zufriedenheit beschert ihm sein Erfolg aber nur, wenn es ihm gelingt, die Fallen seiner Persönlichkeit zu umgehen.

## Herunter vom hohen Ross

Statt am Ende seines Weges einsam auf seinem Thron zu sitzen, hat sich der vollkommene Souveräne Charakter rechtzeitig darauf besonnen, die Mauern seines Hochmuts einzureißen. Uneitel ist er herabgestiegen von seinem hohen Ross und beschenkt die, die ihm die Steigbügel gehalten haben, weil er begriffen hat, dass er nichts wäre ohne die Menschen, die zu ihm stehen. Sie halten die Neider fern, von denen Erfolgsmenschen wie er immer wieder angefeindet werden. Er lehnt es ab, nur sich selbst von seinem Erfolg bestrahlen zu lassen, und stellt die, die an seiner Seite stehen, ins Licht, denn er weiß: Nur ihre Loyalität wärmt ihn in den kalten Höhen seiner Macht.

## Mut zum Gefühl

Auf dem Weg zum besseren Menschen hat dieser Siegertyp längst begriffen, was es ihm einbringt, andere zu unterwerfen: nichts als schlechte Energien wie Hass und Feindseligkeiten, gegen die er sich nur immer wieder neu wappnen muss. Dabei ist sein Panzer schon dick genug. Ein wenig mehr Dünnhäutigkeit und Sensibilität würden seinen Charakter verfeinern und menschlicher machen. Seine Lebensaufgabe lautet: Öffne dich für die feingeistigen Schwingungen.

## Sich den Gegebenheiten fügen

Fakten und Realitäten hat der Souveräne Charakter lange genug geschaffen, andere mussten sie akzeptieren. Mithilfe seines geschulten Bewusstseins macht er sich nun daran, sich in sein Schicksal einzupassen. Das ist für ihn Neuland, und es kostet ihn immer wieder Überwindung, es zu betreten.

Die alten Überheblichkeiten, mit denen er sein Weltbild zementiert hat, hat der vollkommene Souveräne Mensch längst überwunden. Fremde Meinungen, Kritik und die Andersar-

tigkeit der anderen wertet er jetzt als Prüfung, ob er seine Lektion in Sachen Offenheit gelernt hat. Seine neue Übung heißt: Mit unvoreingenommenen Augen schauen, was kommt, Dinge an sich heranlassen, ganz ohne sie zu werten.

## Die Entdeckung des Elfenhaften

Lange Zeit konnte der vollkommene Souveräne Typ mit Künstlern und Chaoten nichts anfangen. Für sein solides Weltbild waren diese Charaktere zu windig. Manche faszinierten ihn vielleicht, aber dennoch blieben sie ihm fremd. Doch mittlerweile hat der Souveräne begriffen, dass die rätselhaften, unberechenbaren Elfenwesen mit einer Dimension verbunden sind, die er nur vage erahnt. Diese Luftikusse schöpfen aus dem Reich der geistigen Welt, ihre Antennen erhalten Signale aus dem Äther.

Elfennaturen, das hat er nun begriffen, reißen ihn aus seiner Selbstzufriedenheit heraus, konfrontieren ihn mit Unwägbarkeiten und zeigen ihm seine Grenzen – aber nur, wenn er bereit ist für ihre Botschaft. Bevor er sich auf den Weg zur Vollkommenheit machte, hatte der Souveräne die Elfen nicht ernst genommen. Sie erschienen ihm zu unzuverlässig, zu labil oder zu schwach, und er hatte keinen Respekt vor Leuten, die nicht so waren wie er.

Doch das war in der Zeit, als er sich für den Maßstab für den Menschen schlechthin hielt.

## Freiheit für das Chaos

Im vollkommenen Zustand hat sich das Weltbild des Souveränen Naturells gewandelt. Sein Bedürfnis, die Natur zu unterwerfen, ist transformiert. Macht und Kontrolle übt er nur noch aus, um Gefahren abzuwenden und negative Entwicklungen zu stoppen. Ansonsten hat er gelernt, was Respekt vor dem Leben bedeutet. Er begreift sich als kleines Rad in einem großen Gefüge. Chaos ist nun nicht länger etwas, was es zu bekämpfen, sondern etwas, was es zu integrieren gilt. Es ist der kostbare Teil des Lebens, der Kreativität gebiert, aus dem sich neue Wege, neue Lösungen, ungeahnte Möglichkeiten eröffnen.

Deshalb zwingt sich der Souveräne Typ dazu, das Chaos zu ertragen. Er lässt sich mitreißen vom Strom der Unwägbarkeiten.

Kapitel VIII

# Die Glückliche Persönlichkeit

Mischtyp Lung-Tripa-Bäken
Elemente Luft und Raum, Feuer, Wasser und Erde

## Wer sind Sie?

Ihr größtes Geschenk wurde Ihnen in die Wiege
gelegt: Sie gehören zu den Auserwählten, die mit
dem Gleichgewicht der drei Energien Lung, Tripa und
Bäken geboren wurden. Damit haben Sie die besten
Voraussetzungen, glücklich zu werden.

## Ihre Lebensaufgabe

Alles, was Sie brauchen, um ein Leben in Harmonie zu führen, ist in Ihrem Charakter bereits vorhanden. Mit Ihren vielen Talenten und Fähigkeiten kommen Sie gut im Leben zurecht und bleiben von schweren Krisen weitgehend verschont. Doch auch Sie haben eine Lebensaufgabe: Nutzen Sie Ihr Kapital und gestalten Sie Ihr Leben so vielseitig wie möglich. Finden Sie heraus, was Ihnen wichtig ist, und setzen Sie sich für Ihre Ziele ein. Sie können sehr viel erreichen!

## Der Glückliche Typ auf einen Blick

Diese 25 Aussagen beschreiben den Glücklichen Charakter. Erkennen Sie sich wieder?

1. Ich bin recht ausgeglichen und habe ein lebensfrohes, bejahendes Naturell

2. Ich besitze eine starke Präsenz, wirke dabei aber nicht aufdringlich

3. Ich bin sehr vielseitig begabt und erschließe mir gerne neue Interessensgebiete

4. Sympathie und Anerkennung zu gewinnen war für mich nie ein Problem

5. Im Leben suche ich immer den goldenen Mittelweg. Fanatismus oder extremes Verhalten lehne ich ab

6. Ich neige nicht zu Süchten oder Abhängigkeiten und habe nicht allzu viele schlechte Gewohnheiten

7. Einer meiner größten Vorteile ist meine Anpassungsfähigkeit. Ich besitze die Fähigkeit, mich in allen Lebenssituationen zurechtzufinden

8. Insgesamt bin ich ein entspannter Mensch, aber ich kann mich auch leidenschaftlich engagieren

9. In einem neuen Job werden mir recht schnell wichtige Aufgaben anvertraut

10. Mein Freundeskreis ist groß, ich habe aber auch einige wirklich enge Freunde

11. Leben heißt für mich lernen. Deshalb verstehe ich Kritik als Anregung, etwas besser zu machen

12. Auch wenn ich manchmal Umwege gehe – irgendwie finde ich immer wieder auf meinen Lebensweg zurück

13. Obwohl ich es könnte, mag ich nicht um jeden Preis Karriere machen. Ich will das Leben mit all seinen Seiten genießen

14. Ich bin durchaus in der Lage, Menschen zu führen. Aber mir geht es dabei nicht um Macht

15. Ich halte mich nicht für dominant, aber wenn ich von einer Sache überzeugt bin, setze ich mich auch dafür ein

16. Ich habe bestimmte Ideale, die mir sehr wichtig sind und die ich unter die Menschen bringen will

17. Meine großen Ziele verliere ich nicht aus den Augen, auch nicht über einen längeren Zeitraum hinweg

18. Ich bin in der Lage, mir meine Bedürfnisse zu erfüllen, ohne anderen dabei Schaden zuzufügen

19. Meine Entscheidungen treffe ich meistens mit Kopf *und* Bauch

20. Es ist für mich kein Problem, meine Interessen einmal zurückzustellen. Ich vertraue darauf, dass ich irgendwann wieder an der Reihe bin

21. Ich habe eine recht gute Menschenkenntnis und kann mich auf meine Instinkte verlassen

22. In zwischenmenschlichen Beziehungen achte ich darauf, dass sich Geben und Nehmen ausgleichen

23. Mein Partner hat sich während unserer Beziehung zum Guten entwickelt

24. Ich kann gut allein sein, aber auch gut mit einem Partner und mit einer Gruppe zusammenleben – grundsätzlich ist für mich jede Lebensform in Ordnung

25. Man bestätigt mir oft, dass ich als Mutter/Vater ein sehr gutes Vorbild bin

## So ist der Glückliche Typ

**Als Glücklicher Charakter sind Sie ein harmonisches Individuum mit sympathischer Ausstrahlung. Sie sind ein seelisch und körperlich gesunder, leistungsfähiger Mensch, der sich gut im Leben zurechtfindet.**

### Alles an Ihnen ist ausgewogen

Was macht eine Glückliche Persönlichkeit aus? – Schwer zu sagen, denn Menschen wie Sie haben wenig Typisches an sich. Sie lassen sich nicht «klassifizieren», weil an Ihnen nichts Disharmonisches ist. Ihr Gesicht ist ebenmäßig und wohlgeformt, Stirn, Augen, Nase und Kinn stehen im richtigen Verhältnis zueinander. Auch Ihr Körper ist gut proportioniert, sportlich und beweglich. Keine Unregelmäßigkeiten schmälern Ihre Attraktivität. Als Frau sind Sie eine Vollfrau, als Mann ein sehr männlicher Typ. Ähnlich ausgewogen ist Ihre Persönlichkeit: Dominante Eigenschaften oder Reaktionen gibt es bei Ihnen kaum. Auffallend sind Sie eher in positiver Hinsicht, durch Ihr bejahendes, lebensfrohes Naturell zum Beispiel. Sie sind meistens gut aufgelegt und gehen offen auf Menschen zu. Nur wenige Situationen können Sie so aus der Bahn werfen, dass Sie Ihre positive Lebenseinstellung verlieren.

**Sie reagieren meist angemessen**

Sie haben den 100-Fragen-Test im Anhang auf Seite 260 gemacht, um Ihren Typ herauszufinden. Dabei ist Ihnen vielleicht aufgefallen, dass Sie viele Fragen nach Ihren Eigenschaften oder Neigungen nicht genau beantworten konnten, weil Sie oft ganz unterschiedlich reagieren: mal so wie Elf und Elfe (Lung-Typ), mal wie der Königstyp (Tripa) oder wie die Friedliche Natur (Bäken). Das spricht eindeutig für Ihren Glücklichen Charakter, denn Sie haben keine stereotypen Verhaltensmuster. Stattdessen reagieren Sie auf jede neue Situation angemessen, den jeweiligen Umständen entsprechend.

Und angemessenes Verhalten ist im Grunde das, wonach alle Menschen streben (sollten): Unbeeinflusst von belastenden Prinzipien oder vorgefertigten Meinungen handelt man intuitiv richtig, ohne dabei den Verstand auszuschalten. Genau dieses von Kopf und Bauch gleichmäßig gesteuerte Verhalten beherrschen Sie von Natur aus. Es ist Ihr großer Vorteil: Sie können aus einem großen Repertoire an Verhaltensweisen schöpfen.

**Ein vielseitiger Mensch mit vielen Begabungen**

Da in Ihnen alle drei Energieprinzipien gleich stark angelegt sind, vereinen Sie die Begabungen aller drei Grundtypen: Sie sind flexibel, intelligent, geistig beweglich und mit dem Sechsten Sinn des Elfentyps ausgestattet. Wenn Sie eine geniale Idee brauchen, schöpfen Sie aus dem Fundus Ihrer Lung-Energie.

Gleichzeitig besitzen Sie ein gesundes Selbstbewusstsein und eine vitale Ausstrahlung, können einen Sachverhalt kritisch beurteilen und sich konsequent durchsetzen. Diese Merkmale gehören zur Königlichen Natur und entstammen dem Prinzip Tripa. Sie helfen Ihnen unter anderem im Beruf auf die Erfolgsleiter.

Die Charakterzüge des Friedlichen Typs (Bäken) wiederum

verleihen Ihnen die nötige Stabilität und Nervenstärke: Auf Sie ist Verlass, Sie fallen selten aus der Rolle und besitzen die Fähigkeit, die Dinge gelassen auf sich zukommen zu lassen. Alles in allem ein dickes Paket an Begabungen, das Sie gut fürs Leben rüstet.

## Ihr Weg ist die goldene Mitte

Eine Ihrer großen Fähigkeiten besteht darin, nach Lösungen zu suchen, die maßvoll bleiben. Das geschieht aus Ihrer natürlichen Veranlagung heraus: Sie lehnen alles Extreme zutiefst ab und suchen stets nach eleganten Kompromissen, jedoch ohne dabei je Ihre Interessen zu vernachlässigen. Dieser goldene Mittelweg ist oft für alle Beteiligten optimal.

Auch ausschweifendes Verhalten ist Ihrem Naturell zuwider. Deswegen fallen Sie selten aus der Rolle und geraten kaum in Gefahr, abhängig oder süchtig zu werden.

Das klingt alles so schön, als wären Sie ein Mensch ohne Fehl und Tadel. Das sind Sie natürlich nicht. Sie haben Schwächen wie jeder andere auch, träumen von unerreichbaren Zielen, sind manchmal ungerecht oder fahren aus der Haut, treffen die falschen Entscheidungen oder überladen sich mit Arbeit und leiden unter Stress. Doch im Unterschied zu vielen anderen Menschen gehen Sie mit Streit, Stress und sonstigen Belastungen anders um: Sie pendeln sich immer wieder in der Mitte ein.

## Zurück ins Gleichgewicht

Wenn Sie etwa erschöpft sind, gehen Sie – im Gegensatz zu vielen anderen – Ihrem Erholungsbedürfnis tatsächlich nach. Sie nehmen sich vielleicht ein paar Tage Urlaub in einem Wellnesshotel, melden sich zur Massage nach Feierabend an, gehen spazieren oder tun einfach mal gar nichts. Diese gesunde Reaktion auf Stress haben nicht alle Typen. Selbstausbeutung bis zum Zusammenbruch – das passiert Ihnen nicht.

## Sie leben Ihre Vielseitigkeit aus

Ihre Neigung zur Mitte kommt Ihnen bei vielen wichtigen Entscheidungen zugute. Sie sind zum Beispiel nicht der Typ, der sein gesamtes Leben lang nur einer einzigen Tätigkeit nachgeht. Sie können beruflich zwar außerordentlich leistungsfähig sein und es sehr weit bringen, aber auf lange Sicht lehnen Sie es ab, Ihre ganze Energie ausschließlich in Ihre Karriere zu stecken. Mag sein, dass Sie sich phasenweise voll und ganz der Verwirklichung eines beruflichen Ziels widmen, aber sie würden das nicht für immer und ewig tun. Es kommt der Zeitpunkt, an dem Sie sich wieder für andere Bereiche des Lebens interessieren, neue Aufgaben Sie herausfordern oder Sie sich zu etwas berufen fühlen. Sie sind einfach zu vielseitig, um nur an einem Ort sitzen zu bleiben.

## *Wenn der Glückliche Typ aus der Balance gerät*

**Als echtes Glückskind bleiben Sie von schweren körperlichen und seelischen Krankheiten weitgehend verschont.**

### Immer nur leichte Beschwerden

Durch Ihr angeborenes energetisches Gleichgewicht sind Sie gesundheitlich extrem stabil. Wenn Sie einigermaßen auf sich achten, können Sie davon ausgehen, dass Sie kaum je ernstlich aus der Balance geraten. Wie andere Menschen auch werden Sie zwar immer wieder mit ihren negativen Emotionen konfrontiert. Sie leiden unter Ängsten, Schuldgefühlen, Ärger, Neid, sind eifersüchtig und wissen manchmal keinen Rat. Aber dank Ihres tief verwurzelten Selbstvertrauens und Ihres guten Drahts zu sich selbst wissen Sie sich meistens schnell zu helfen. Seelische Konflikte gehen also nur selten tief.

## Schwachpunkt Darm

Für Ihre körperliche Gesundheit gilt Ähnliches: Menschen mit Ihrer Persönlichkeit bekommen wie alle anderen auch mit der Zeit Beschwerden, wenn sie sich ungesund ernähren oder sich nicht regelmäßig bewegen. Besonders typisch für Ihren Typ: Verdauungsbeschwerden, die mit der Zeit chronisch werden – zum Beispiel ein Reizdarm oder Dysbiosen (bakterielle Fehlbesiedlungen) im Dickdarm. Aber auch hier gilt, dass diese Probleme nur selten gravierend werden. Sie sind schlau genug, mehr auf Ihre Gesundheit zu achten, sobald Ihnen Ihr Körper entsprechende Warnsignale gibt.

Die tibetische Harmonielehre warnt, dass in bestimmten Fällen auch Menschen in Disharmonie geraten können, die durch drei ausgewogene Energien bestimmt werden. Sie nennt dafür zwei Gründe:
Entweder sie tragen eine karmische Schuld aus einem vergangenen Leben, oder sie haben ein ererbtes Leiden.
Wenn einer dieser beiden Auslöser zu einer Krankheit führt, ist diese nach Ansicht der Tibeter nur schwer behandelbar. Wir alle kennen solche Fälle: Ein Mensch war sein Leben lang gesund und hatte keinerlei Beschwerden. Doch plötzlich wird er schwer krank, kommt ins Krankenhaus und keine Therapie hilft mehr. Aber das sind Ausnahmen. Im Normalfall bleibt die Glückliche Persönlichkeit bis ins hohe Alter an Leib und Seele gesund.

## Was den Glücklichen Typ aus dem Gleichgewicht bringt

Spezielle Vorsichtsmaßnahmen brauchen Sie als Glücklicher Charakter nicht zu treffen: Meiden Sie einfach zu starke Belastungen.

### Extreme Lebensveränderungen

Das Auseinanderbrechen einer Familie, ein Umzug in ein entferntes Land mit fremder Kultur, Flucht, Krieg, Obdachlosigkeit, ein plötzlicher sozialer Abstieg: Alle anhaltenden extremen Krisen und Lebensveränderungen belasten die menschliche Psyche. Da Sie gegen widrige Umstände nichts ausrichten können, hilft nur eines: Nehmen Sie Ihr Schicksal an. Machen Sie das Beste daraus.

### Ein ungesunder Lebensstil

Sie sind von Natur aus stark und widerstandsfähig, aber nur eine Zeit lang. Wenn Sie viel rauchen, wenig oder unregelmäßig schlafen, sich überarbeiten oder nur von Fastfood ernähren, ist es eine Frage der Zeit, bis auch Ihr Körper nicht mehr mitspielt. Die dann auftauchenden Beschwerden und Störungen sind aber ausschließlich Ihren gewählten Verhaltensweisen zu verdanken.

Als Glücklicher Typ müssen Sie mit der unbequemen Wahrheit leben, dass Sie für die meisten Krankheiten, die Ihnen im Leben widerfahren, selbst verantwortlich sind. Sie können sich nicht wie die anderen Typen auf ein ererbtes Ungleichgewicht berufen. Um Körper und Seele im Gleichgewicht zu halten, sollten Sie die allgemeinen Gesundheitsregeln beherzigen.

## Meiden Sie krank machende Lebensumstände

Die Kunst gesunden Lebens besteht im Großen und Ganzen darin, ungesunde Faktoren zu meiden. Überlegen Sie also, welchen krank machenden Einflüssen Sie ausgesetzt sind, und versuchen Sie diese so weit wie möglich zu eliminieren. Denken Sie an Stressfaktoren wie Lärm und Zeitdruck, an Umweltgifte wie Autoabgase, aber auch an «psychische Gifte», etwa an den Dauerstreit mit dem Partner oder den Frust im Job bei harten Arbeitsbedingungen und hohem Erfolgsdruck.

## Helfen Sie sich mit Selbstsuggestion

Glückliche Typen wie Sie reagieren gut auf Selbstsuggestion. Sie können sich also sehr gut selbst motivieren, wenn Sie vor einer großen Aufgabe stehen. Nutzen Sie diese Veranlagung besser und üben Sie Techniken der Suggestion, die Sie auch im Alltag anwenden können. Sagen Sie sich vor einem schwierigen Gespräch: «Ich schaffe es heute, dieses und jenes Thema zur Sprache zu bringen und in meinem Sinne zu klären.»

## Tun Sie nichts, was Sie nicht wollen

Jedem sensiblen, selbstbestimmten Menschen ist es zuwider, an einem Ort zu verweilen, den er nicht mag, mit Menschen zu verkehren, die ihm unangenehm sind. Nicht immer lassen sich solche Situationen vermeiden, aber Sie sollten darauf achten, Ihren instinktiven Abneigungen zu folgen. Das ist eine wichtige Maßnahme der Seelenhygiene.

## Folgen Sie Ihrem inneren Ruf

Menschen Ihres Typs fühlen sich manchmal zu einer ungewöhnlichen Aufgabe oder einem Beruf hingezogen, mit dem sie vielen Menschen einen großen Dienst erweisen. Wenn dies bei Ihnen der Fall ist, sollten Sie Ihren inneren Ruf unbedingt ernst nehmen. Vielleicht sind Sie vom Schicksal auserwählt, eine besondere Aufgabe zu übernehmen.

## Gestalten Sie Ihr Leben vielseitig

Viele von uns leiden unter der Eindimensionalität ihres Lebens: Ein einziger Bereich ihrer Existenz fordert fast ihre gesamte Zeit und Energie. Entweder frisst der Beruf sie auf, oder die Elternrolle als Alleinerziehende lässt keine Kraft mehr übrig für andere Interessen, oder aber die Partnerbeziehung ist so schwierig, dass keine Energie mehr übrig bleibt, um den Freundeskreis zu pflegen. So kommen wichtige Anteile der Persönlichkeit zu kurz und verkümmern. Ihre Seele verlangt aber danach, das Leben von vielen Seiten kennen zu lernen. Geben Sie diesem Drang nach und haben Sie den Mut zur «Selbstkomplexität»: Sie besitzen viele Talente, viele Eigenschaften, viele Interessen, viele Lebensziele. Je mehr Sie davon entfalten, je mehr Rollen Sie spielen, je mehr Ihrer Facetten Sie ausleben, desto widerstandsfähiger werden Sie gegenüber Krankheiten und anderen Lebensrisiken. Leben Sie Ihre Vielseitigkeit! In Zeiten von Krisen und Rückschlägen sind Sie dann in der Lage, Verluste zu kompensieren, weil es ausreichend andere Lebensbereiche gibt, aus denen Sie Ihr Selbstwertgefühl beziehen können. Der Rausschmiss aus der Firma wirft Sie nicht aus der Bahn, wenn Sie noch eine intakte Beziehung oder eine Familie haben, einen guten Freundeskreis und vielleicht sogar noch ein Hobby, das man zum Beruf machen könnte. Dass Selbstkomplexität sehr wichtig für die Lebensqualität und die Lebensdauer ist, hat eine amerikanische Studie bewiesen, bei der die Lebenswege von Frauen über 30 Jahre hinweg beobachtet wurden. Vielseitige Frauen lebten deutlich länger und zufriedener als Frauen, die sich auf einen Bereich ihres Lebens beschränkten.

# Der Glückliche Typ und die anderen

**Der Glückliche Charakter kann ungewöhnlich harmonische Partnerschaften erleben.**

## *Zwei Glückliche Charaktere als Paar*

Die statistische Wahrscheinlichkeit, dass zwei Menschen Ihres Typs sich finden und ein Liebespaar werden, ist relativ gering. Unter hundert Menschen haben nur zehn eine Glückliche Persönlichkeit. Und unter diesen zehn Personen dann noch jemanden zu finden, der zu einem passt, ist sehr schwierig.

### Der Traum von der großen Liebe

Sollte es Ihnen dennoch gelingen, einen Partner vom gleichen Typ zu finden, danken Sie Ihrem Schicksal: Es könnte Ihr größter Wurf sein. Zwei Glückliche Persönlichkeiten in Liebe vereint – das bedeutet doppeltes Lebensglück. Ihre Chancen stehen gut, den Traum aller frisch verliebten Paare zu realisieren: die große Liebe zu leben, ein ganzes Leben lang.

Ein Glückliches Paar ist ein auserwähltes Paar. Man hält es sich gerne vor Augen, wenn man ein Beispiel für zwei Liebende sucht, denen der Absprung von der romantischen Liebe in die Alltagstauglichkeit gelungen ist. Seite an Seite erarbeiten sich diese beiden «runden» Persönlichkeiten eine Form des Miteinanders, die ihren Lebensbedingungen entspricht. Sie sind klug genug, die Fallstricke jeder Ehe zu umgehen, nämlich mit der Heirat in die Rolle der eigenen Mutter beziehungsweise des eigenen Vaters zu schlüpfen und die Fehler der Eltern zu wiederholen. Zwei Glückliche besitzen genügend Bewusstsein, sich ein Beziehungsmodell zu schaffen, das frei von alten Rollenvorbildern ist.

Isa, 27 Lung, 34 Tripa, 35 Bäken

Die 54-jährige Isa ist Lehrerin für buddhistische Meditation und Energiearbeit. Sie hat ungewöhnliche Ansichten
und blickt auf ein Leben mit vielen Erfahrungen zurück.
Beruflich macht Isa heute «eigentlich nicht viel». Und das
findet sie gut, denn damit hat sie die Zeit, das zu tun, was
sie eigentlich tun will: «Ich interessiere mich für Menschen, ihre Psyche und Spiritualität, für die Zyklen des Lebens und ihre Bedeutung.»

Isa setzte sich schon in jungen Jahren sehr bewusst mit den
Dingen hinter den Dingen auseinander. Sie hatte nie große
Lust, Karriere zu machen. Sie ist zwar gelernte Fremdspra-
chensekretärin, aber dieser Beruf langweilte sie schnell.
Nach einigen Jahren hörte sie damit auf und studierte
Psychologie, dann befasste sie sich mit Körperarbeit und
machte Ausbildungen in Energieheilung.

Isa gibt offen zu, dass sie beruflich und finanziell wohl nie
auf einen grünen Zweig kommen wird: «Mir fehlt einfach
der Ehrgeiz, etwas durchzusetzen. Bevor ich eine Sache an-
gehe, frage ich mich immer zuerst nach dem Sinn meines
Strebens. Was hätte es mir gebracht, mich beruflich zu
entwickeln? Ich hätte meine ganze Energie dafür einsetzen
müssen.»

Soll sie das, was ihr wichtig ist, auf einen Nenner bringen,
hört sich das so an: «Entscheidungen, die das äußere Leben
betreffen, sind für mich eher nebensächlich. Da kann ich
gut nachgeben. Mir bedeuten zwei Dinge sehr viel. Eines
davon ist meine innere Wahrheit, der ich viel Raum gebe.
Alles, was dafür wichtig ist, setze ich durch. Das andere ist
die Natur. Sie ist wie ein Partner für mich, mit ihr führe
ich richtige Zwiegespräche.»

Isa glaubt, dass ihr enges Verhältnis zur Natur ihr menschliche Beziehungen inzwischen ersetzt. «Eine Partnerschaft
ist mir heute zu wenig. Ich binde mich nicht mehr so gerne

an einzelne Menschen. Von außen betrachtet mag das asozial oder verschroben wirken, aber ich bin nun mal lieber bei mir. Vielleicht wissen viele gar nicht, wie schön es ist, mit sich im Einklang zu sein.»

Für Isa war es immer in Ordnung, bescheiden zu leben: «Wenn ich einen Wunsch habe und alles tue, um ihn mir zu erfüllen, weiß ich bereits: Kaum ist dieser Wunsch erfüllt, entstehen daraus weitere. Also – was soll das Ganze? Es bringt nichts, mir meine Wünsche zu erfüllen.»

Isa war zweimal verheiratet, und aus jeder Ehe hat sie ein Kind. Die erwachsene Tochter lebt längst allein, ihr 13-jähriger Sohn wohnt mit ihr in einer Dreizimmerwohnung in einem kleinen Ort in der Nähe einer Großstadt.

Isa hat einige Partnerschaften und Liebesbeziehungen hinter sich, wobei sie einen großen Unterschied zwischen diesen beiden Begriffen macht: «Verliebtheit habe ich nur mit Männern erlebt, mit denen ich nicht leben konnte. Leidenschaft entsteht aus Fremdheit. Das schließt eine Partnerschaft aus.»

Isa hat sich auch in ihren Beziehungen nie gescheut, den schwierigeren Weg zu gehen: Sie wies die Heiratsanträge von drei Millionären ab, weil sie fühlte, dass sie sie an ihrer Entwicklung gehindert hätten. Aus ihrer zehnjährigen Ehe mit Haus, Kind, Hund und Katze stieg sie aus, weil sie das Gefühl hatte, ihr Leben nicht genug leben zu können.

Zur Zeit hat Isa zwei Jobs. Einen Tag in der Woche arbeitet sie in einer Praxis. Sie betreut einen festen Stamm von Menschen, die sie geistig berät und mit denen sie meditiert und Energiearbeit macht. Zwei Tage arbeitet sie in einer Firma für Naturheilmittel. Viel Geld verdient sie nicht, aber die Arbeit macht ihr Spaß.

Isa meditiert mehrmals am Tag. Morgens kurz nach dem

Aufwachen nimmt sie sich Zeit, ihren Träumen nachzuspüren. «Wenn ich einen Traum erst noch fertig träumen muss, lasse ich mich von nichts abhalten, ihn zu Ende zu bringen», sagt sie.

Träume sind für Isa ihre eigene innere Welt. Sie glaubt, dass sie sich mit der Realität der äußeren Welt verweben und das Bild des Lebens formen. Über diese Zusammenhänge sinniert sie bei ihren ausgedehnten Spaziergängen mit dem Hund nach.

Seit sie denken kann, hat sie sich nie von gesellschaftlichen Normen beirren lassen: «Schon als Kind spürte ich in mir eine Wahrheit, aber ich musste mit meiner Mutter eine andere Rolle spielen.»

Immer wieder gab es Begegnungen mit Menschen, mit denen ihr Leben eine neue Wendung bekam. 1979 zum Beispiel lernte sie einen Aikido-Meister kennen. Ihr war damals sofort klar: «So wie der sich bewegt, will ich mich auch bewegen.» Sechs Jahre lang nahm sie Unterricht bei diesem Meister, bis sie den 2. DAN hatte, einen schwarzen Gürtel. Vier Jahre lang unterrichtete sie dann andere in Aikido, doch 1989, zehn Jahre nachdem sie damit angefangen hatte, war ihre Aikidophase vorbei. Ganz plötzlich, von einem Tag auf den anderen.

Mit 29 kam Isa zum ersten Mal mit dem Buddhismus in Berührung. Dort fand sie die Bestätigung für alles, was sie von Anfang an in sich gespürt hatte. Diese Philosophie ist seitdem ihr Leitfaden für das Leben. Isa wurde Mitglied einer spirituellen Gemeinschaft und Schülerin verschiedener Lamas und fuhr regelmäßig nach Indien zu Retreats und Belehrungen über Buddhismus.

Isa lebt heute mehr denn je in der Gegenwart: «Ich lasse Probleme auf mich zukommen. Was nicht mehr stimmt für mich, kann ich sehr gut loslassen. Aber es gibt für mich keine Standardreaktionen. Ich entscheide immer nur im

Augenblick, was ich zu tun habe, ganz aus dem Bauch heraus.» Isa weiß, dass sie in jedem Moment mit jedem Problem fertig wird.

## Zwei Glückliche Persönlichkeiten im Job

Menschen dieses Typs sind unkonventionelle Freigeister. Sie
lieben ihre Arbeit, wenn sie viel mitreden, frei über ihre Zeit
verfügen und ihre eigenen Ideen realisieren können. Deshalb
trifft man sie höchstens vorübergehend in langweiligen Rou-
tinejobs an.

Am liebsten macht der Glückliche Typ seine Berufung zum
Beruf. Ganz gleich, ob er sich für einen bewussteren Umgang
mit der Natur einsetzt, für mehr Kreativität im Management
oder für holistische Denkansätze in der Schulmedizin: Er will
sich für seine Sache engagieren. Sein Beruf dient ihm nur als
Mittel zum Zweck, um das zu verbreiten, was ihm am Herzen
liegt.

Das, was nur wenigen Menschen beschieden ist, kann ihm
durchaus gelingen: ein persönliches Interessengebiet so auf-
zubereiten, dass es Geld einbringt. Forscher und Erfinder, die
sich in eine grandiose Idee verliebt haben und dabei ganz unbeabsichtigt reich werden, gehören zu diesem Typ.

## Zu Höherem berufen

Glückliche Persönlichkeiten haben oft höhere Ziele vor
Augen, etwa ein inneres Anliegen oder eine Botschaft, die das
Leben vieler Menschen bereichert. Einige Glückliche bringen
es darin sogar zur Meisterschaft. Die tibetische Harmonielehre besagt, dass Typen mit drei ausgewogenen Energien sich
oft zu spirituellen Aufgaben berufen fühlen. Als Beispiele
führt sie die Gründer von Glaubensgemeinschaften und Lehrer des Buddhismus an. In unserer westlichen Welt könnten
das Idole sein oder charismatische Leitfiguren, die große
Heil- und Meditationszentren leiten.

### Ein Siegerteam mit großem Potential

Wenn zwei Menschen des Glücklichen Typs beruflich aufeinander treffen und willens sind, miteinander zu arbeiten, können sich ihre Fähigkeiten potenzieren. Wenn die Chemie
stimmt – und davon kann man eigentlich ausgehen –, entsteht ein Siegerteam, dem sich fast alle Türen öffnen. Ein Duo
mit diesem Charme und dieser positiven Ausstrahlung gehört
zu den Gewinnern der Gesellschaft: telegen, flexibel, witzig,
intelligent und überzeugend. Ob die beiden ins Showbusiness
einsteigen, Umweltschützer werden oder ganz zurückgezo-
gen kreativ arbeiten – sie haben Chancen in jeder Branche.

### Berufswege mit überraschenden Wendungen

Aber kein Glücklicher wird für immer auf einem Posten sitzen bleiben. Dazu ist er einfach zu lebendig. Er will ja noch so
viele seiner vielen Fähigkeiten ausprobieren. Vielleicht legt er
zwischendurch ein Sabbatical ein und reist um die Welt, vielleicht bleibt er einfach irgendwo, wo es ihm besser gefällt.
Insgesamt sind die beruflichen Wege Glücklicher Charaktere
oft verschlungen und voller Überraschungen.
Im Übrigen sind viele dieser Individualisten sehr hedonis-
tisch veranlagt. Sie legen sich rechtzeitig etwas auf die hohe
Kante, um möglichst früh aus dem Berufsleben auszusteigen
und das Leben zu genießen.

## Die vollkommene Glückliche Natur

Dem Glücklichen Typ dürfte es schwer fallen, im Leben eine
völlig falsche Richtung einzuschlagen. Er besitzt einfach zu
viele gesunde Instinkte. Und macht er doch einmal einen
Fehlschritt oder landet in einer Sackgasse, ist er klug genug,
rechtzeitig umzukehren und aus Fehlern zu lernen.

## Alle Anlagen sind vorhanden

Der Glückliche ist ein Mensch mit beneidenswerten Gaben. Er muss sich nicht darum bemühen, bestimmte Defizite auszugleichen, denn seine Anlagen sind perfekt. Drei harmonisch fließende Energien geben eine gute Basis für harmonische Beziehungen, für viel Freude und Genuss, für ein sinnerfülltes Dasein.

Aber diese Anlagen sind nur ein Fundament. Das Haus des Lebens, das der Glückliche darauf baut, konstruiert er selbst. Mit anderen Worten: Anlagen wollen entfaltet werden.

## Der Glaube an sich selbst

Die größte Lebensaufgabe des Glücklichen Charakters besteht darin, an sich selbst zu glauben. Er muss seiner Intuition vertrauen lernen, die ihm schon so oft weitergeholfen hat, denn sie weist ihm den Weg nach innen. Außerdem muss er lernen, seine Bedürfnisse zu erkennen und ihnen so nachzugehen, dass anderen kein Schaden entsteht. Auch seine vielen Talente gilt es zu entwickeln, seinen Träumen und Visionen zu folgen. Die Seele eines Glücklichen will möglichst viele Facetten des Lebens kosten.

## Es gibt kein Patentrezept

Doch wie erreicht man solche Ziele? Für den Glücklichen Typ gibt es – leider – kein Patentrezept. Er muss den Weg zum guten Menschen allein gehen, denn seine Pfade sind sehr individuell und führen oftmals über einsame Strecken. Aber keine Angst: Das Wissen um den rechten Weg, der bei Glücklichen in der goldenen Mitte liegt, ist tief verwurzelt und stets abrufbar.

## Menschen mit Vorbildcharakter

Da sie ihr Leben frei von Normen und stark nach eigenen Vorstellungen gestalten, werden Glückliche Typen oft zu Außenseitern, ohne dabei unangenehm aufzufallen oder asozial zu wirken. Im Gegenteil: Ihr Verhalten wirkt so überzeugend, dass sie eine Menge Nachahmer finden dürften. Selbst im engen Kreis der Familie oder im Freundeskreis erobern sich diese Charaktere sehr schnell eine Vorbildfunktion, an der sich andere in der Gruppe orientieren.

## Ein Meister von hohem Bewusstsein

Der vollkommene Glückliche Typ hat eine Bewusstseinsschulung durchgemacht. Er praktiziert spirituelle Techniken, die die Kanäle seines Bewusstseins für höheres Wissen öffnen. So findet er immer wieder Mittel und Wege, sich neue Quellen der Kraft zu erschließen. Er ist ein Mensch auf hoher, wenn nicht gar auf höchster Bewusstseinsstufe, einer, den man gerne um Kraft oder um Rat bittet und dem man sein Leben anvertraut. Er kann es bis zur höchsten Meisterschaft in diesem Leben bringen.

# Kapitel IX

# Welcher Typ sind Sie?

Bitte beantworten Sie jede der 100 Fragen. Entscheiden Sie sich jeweils für eine der drei möglichen Antworten. Wenn Sie finden, dass keine genau auf Sie zutrifft, kreuzen Sie bitte die Antwort an, die *am ehesten* passt.

Manchmal verändern Krisen oder Krankheiten unser Aussehen oder Verhalten. Solche Veränderungen sollten Sie nicht berücksichtigen. Hier geht es darum, wie Sie von Natur aus gemeint sind – also um Ihre Grundkonstitution im gesunden Zustand.

# Welcher Typ sind Sie?

| Merkmale | Lung | Tripa | Bäken |
|---|---|---|---|
| **1. Körpergröße** | sehr groß oder sehr klein | durchschnittlich | groß oder klein |
| **2. Körperbau** | feingliedrig | durchschnittlich | grobgliedrig |
| **3. Neigung zu** | Untergewicht | Normalgewicht | Neigung zu Korpulenz |
| **4. Kopfform** | schmal | oval, kantig | rund |
| **5. Schultern** | schmal, knochig | mittel, eckig | breit, eher rund |
| **6. Brust** | flach, kl. Busen | gut entwickelt | voll entwickelt, üppig |
| **7. Hüfte** | schmal | mittel | breit |
| **8. Haut** | rau, dünn, kühl | schimmernd, warm | weich, glatt, kalt |
| **9. Hautton** | dunkler als andere Familienmitglieder | rötlich, gelblich, bronzefarben | weiß, blass |
| **10. Schweiß** | wenig, fast geruchlos | viel, stark riechend | normal, angenehm riechend |
| **11. Kopfhaut** | trocken, schuppig | keine Schuppen | ölige Schuppen |
| **12. Kopfhaar** | trocken | schnell fettend | ölig |
| **13. Haarstruktur** | lockig, kraus | glatt | gewellt |
| **14. einzelnes Haar** | mittlere Dicke | fein, seidig | kräftig |
| **15. Gesichtshaut** | trocken, Neigung zu Falten | Mischhaut-, empfindlich, wenig Falten | eher fett, grobporig, glatt und faltenfrei |

| Merkmale | Lung | Tripa | Bäken |
|---|---|---|---|
| 16. Augengröße | eher klein | mittlere Größe | groß |
| 17. Augäpfel | bläulich schimmernd | teils gelblich | milchig, bleich |
| 18. Augenfarbe | blau, grau, braun | gelbliche Sprenkel | blasse Farbe |
| 19. Iris | klein, teils unterschiedliche Größe | mittel | groß |
| 20. Blick | unruhig, seelenvoll | durchdringend, direkt | leuchtend, klar offen |
| 21. Nasengröße | klein | mittelgroß | groß |
| 22. Nasenform | zierlich, fein evtl. schief | gerade, spitz | grob, stumpf |
| 23. Lippen | schmal, fein trocken | durchschnittlich, gut durchblutet | prall, feucht, blass |
| 24. Zähne | klein, evtl. unregelmäßig | mittel, gerade | groß, regelmäßig |
| 25. Hände | schmal, knochig, spitze Finger | sehnig, kräftig mittelgroß | breit, rundlich fleischig |
| 26. Nägel | brüchig, teils erhaben | biegsam | kräftig, fest |
| 27. Füße | zierlich, schmal | kräftig, mittelbreit | breit, gut gepolstert |
| 28. Hände und Füße | meist kühl und trocken | warm, oft verschwitzt | feucht und kalt |
| 29. Stimme | schwach, leise, teilweise rau | kräftig, durchdringend | angenehm, tief, sonor, melodiös |
| 30. Sprache | sprudelnd, rede viel und schnell | klar, eloquent, bestimmt | ruhig, nicht sehr gesprächig |

| Merkmale | Lung | Tripa | Bäken |
|---|---|---|---|
| **31. Venen** | gut sichtbar | sichtbar | kaum sichtbar |
| **32. Fettpolster** | wenig oder gar nicht | nicht viel, mehr am Oberkörper | überall am Körper |
| **33. Muskulatur** | schwach ausgeprägt | sportlich, athletisch | sehr viel Kraft, trotz evtl. Korpulenz |
| **34. Haltung** | oft nach vorn gebeugt, Neigung zum Rundrücken | normal gerade | betont aufrecht |
| **35. Gang** | eher schnell, tänzelnd | dynamisch, energisch | langsam, bedächtig |
| **36. Aktivität** | hyperaktiv und schnell erschöpft | normal aktiv | wenig aktiv, langsam |
| **37. Nach extremer körperlicher Anstrengung** | bin ich schnell erschöpft und/ oder überdreht | fühle ich mich überhitzt und unwohl | fühle ich mich wohl, bin müde |
| **38. Schlaf** | leicht und störbar, eher unruhig, wache nachts auf | in der Regel tief, brauche wenig Schlaf | schlafe wie ein Stein, oft sehr lange, großes Schlafbedürfnis |
| **39. Einschlafen** | schwer | kein Problem | schlafe sofort ein |
| **40. Aufstehen am Morgen** | unterschiedlich | stehe mühelos auf | stehe oft nur mit Mühe auf |
| **41. Kreativität** | erfinderisch, phantasievoll, sprunghaft | gute Ideen – analytisches Denken | wenig Ideen, bleibe ihnen treu, denke eher praktisch |
| **42. Energie** | verausgabe mich schnell | im Gleichgewicht, ausdauernd | träge, aber sehr ausdauernd |
| **43. Konzentration** | wechselhaft | gut | mittelmäßig |

| Merkmale | Lung | Tripa | Bäken |
| --- | --- | --- | --- |
| 44. Gedächtnis | Kurzzeit gut, Langzeit schlecht | gut | Langzeit gut, Kurzzeit schlecht |
| 45. Entschluss-kraft | unentschlossen, werfe Entscheidungen oft um | schnell, sicher, treffe eindeutig Beschlüsse | langsam, vorsichtig, bleibe bei meiner Entscheidung |
| 46. Verstand | fasse schnell auf, vergesse leicht | denke kritisch, scharfer Verstand | denke gründlich nach, vergesse nichts, was ich einmal gelernt habe |
| 47. Glaube an etwas | leichtgläubig, aber unstet, hinterfrage immer wieder | intensiv, mit Hang zum Fanatismus | unerschütterlich bis blind |
| 48. Einstellung zu Regel-mäßigkeit | bin leider chaotisch veranlagt | organisiere und strukturiere mir meinen Alltag | mag Routine und regelmäßigen Tagesablauf |
| 49. Einstellung zu schlechten Gewohnheiten | kann Gewohnheiten nicht lange beibehalten | kann sie mir durch Willen abtrainieren | habe große Probleme, von ihnen zu lassen, werde immer wieder rückfällig |
| 50. Verhalten im Streit | flüchte oder diskutiere, bin manchmal irrational | fordere Klärung, verteidige meinen Standpunkt, kann aggressiv werden | behalte die Nerven, meide Konfrontation |
| 51. Umgang mit Geld | verschwenderisch | methodisch | sparsam |
| 52. Vorwiegende Geldausgabe für | Informatives, Spontankäufe, Vergnügen | Projekte, Geschäfte, Prestigeobjekte | praktische Investitionen für Haus(halt) |

| Merkmale | Lung | Tripa | Bäken |
|---|---|---|---|
| 53. Geschäfts- sinn | schlecht, aber gute Ideen, innovativ | ausgezeichnet, kann Ideen gut umsetzen und verkaufen | übernehme Verantwortung, spezialisiere mich auf ein Gebiet |
| 54. Ich bin eher | ängstlich, besorgt | mutig, kühn | ruhig, stabil |
| 55. | raffiniert, trickreich | eifersüchtig, wütend | beleidigt, will es lieber nicht so genau wissen |
| 56. | leichtgläubig | logisch, kritisch | stur |
| 57. | chaotisch | strategisch | ordentlich |
| 58. | gierig | neidisch | gleichgültig |
| 59. | defensiv | provokativ | abwartend |
| 60. | nervös | stürmisch | lethargisch |
| 61. | zukunfts- orientiert | gegenwarts- bezogen | vergangenheits- orientiert |
| 62. | rational | engagiert | sentimental |
| 63. | ohne Selbst- vertrauen | selbstbezogen | selbstzufrieden |
| 64. | selbstlos | egoistisch, fordernd | fürsorglich |
| 65. | idealistisch | analytisch | praktisch |
| 66. | intuitiv | kritisch | nachgiebig |
| 67. | labil | aufbrausend | konformistisch |
| 68. | empfindsam | leidenschaftlich | tolerant |
| 69. | übersensibel | intolerant | unsensibel |

| Merkmale | Lung | Tripa | Bäken |
|---|---|---|---|
| 70. Ich neige zu | Ängsten, Unruhe, Funktionsstörungen von Herz und Kreislauf, Verspannungen | Leber- und Galleproblemen, fiebrigen Infektionen, Pickeln, Furunkeln | Atemwegsbeschwerden, chronischen Nebenhöhlenentzündungen, Erkältungen, Stoffwechselstörungen wie Diabetes, Ödeme u. a. |
| 71. Durst | unterschiedlich | sehr viel | wenig |
| 72. Appetit | unterschiedlich | stark | wenig |
| 73. Wenn eine Mahlzeit ausfällt | werde ich nervös und fahrig | fühle ich mich unwohl und gereizt | ich kann leicht auf eine Mahlzeit verzichten |
| 74. Essverhalten | esse unregelmäßig, manchmal sehr viel, manchmal vergesse ich es | ich habe starken Appetit, esse häufig | ich esse gern und bin hinterher müde |
| 75. Vertrage gut | eiweißbetonte, gekochte Nahrung und warme Getränke | kühlende Nahrung wie Rohkost oder Obst und kühle Getränke | warme, leicht verdauliche Nahrung und warme Getränke |
| 76. Verdauung | unterschiedlich, störbar | sehr gut | träge, schwach, neige zu Verstopfung |
| 77. Morgenurin* | klar | kann scharf riechen | trübe |
| 78. Sexualität | Verlangen unterschiedlich, leicht erregbar, bin phantasievoll und sehr aktiv | spüre starkes Verlangen, bin leidenschaftlich und dominant | gleichmäßiges sexuelles Verlangen, brauche Stimulation, der Akt ist lang und ausdauernd |

| Merkmale | Lung | Tripa | Bäken |
|---|---|---|---|
| 79. Fruchtbarkeit | unterdurchschnittlich | durchschnittlich | ausgezeichnet |
| 80. Erinnerung an Träume | vergesse leicht, erinnere mich nur teilweise | erinnere mich gut bis ins Detail | erinnere mich nur an emotionale Träume |
| 81. Im Gespräch mit anderen | kann mit mehreren gleichzeitig sprechen, halte gerne Monologe | führe herausfordernde, auch kontroverse Gespräche | höre lieber zu, als selbst zu sprechen, denke kritisch über das Gehörte nach |
| 82. Sozialverhalten | bin neugierig auf neue Menschen, aber nicht besonders zuverlässig | gut, aber ich achte darauf, mit den richtigen Menschen befreundet zu sein | gesellig, habe gerne vertraute Menschen um mich, bin ein Gruppenmensch |
| 83. negative Eigenschaften im Umgang mit anderen | bin zu wechselhaft | bin zu ungeduldig oder unfair | bin zu stur oder desinteressiert |
| 84. Freundschaften | schließe schnell Freundschaften, habe aber meist kurzlebige Beziehungen | schließe leicht Freundschaften, aber vor allem, wenn die Freunde nützlich sind | schließe nicht so leicht Freundschaften, prüfe lange, aber dann pflege ich die Beziehung |
| 85. empfindlichstes Sinnesorgan | Ohren: Empfinde Lärm als störend, erinnere mich zuerst an Geräusche oder Klänge | Augen: Denke sehr bildlich, starke Farben wirken reizend auf mich, erinnere mich zuerst an Bilder | Tastsinn: Mag mich nicht immer anfassen lassen, erinnere mich zuerst an Empfindungen/Formen |
| 86. praktische Veranlagung | bin ein hoffnungsloser Theoretiker | bin praktisch und theoretisch veranlagt | bin sehr praktisch veranlagt |

| Merkmale | Lung | Tripa | Bäken |
|---|---|---|---|
| 87. Einkaufsstil | kaufe ziellos ein, tausche vieles um | mache mir einen Plan und kaufe gezielt ein | achte sehr auf Preise und kaufe auf Vorrat ein |
| 88. Fahrstil | fahre ungleichmäßig | fahre schnell, oft rasant | fahre gleichmäßig und auf Sicherheit bedacht |
| 89. Auswirkung von Stress | Angst, Panik, Übelkeit, Kopfschmerzen | Wut, Aggression, Gastritis | Hunger, Schwindel |
| 90. Wo machen sich die meisten Beschwerden fest? | unterhalb des Nabels: Verstopfung, Durchfall, Blähungen | zwischen Nabel und Zwerchfell: Magenbrennen, Oberbauchbeschwerden | oberhalb des Zwerchfells: Atemnot, chronisch verschleimte Nebenhöhlen und Bronchien |
| 91. Zu welchen Tageszeiten verschlimmern sich die Beschwerden? | Morgendämmerung und/oder früher Abend | um Mittag und/oder Mitternacht | vormittags und/oder später Abend |
| 92. Bei Problemen mit den Gliedmaßen | Schmerzen, keine Schwellungen | Schwellungen und Schmerzen | geschwollene, steife Glieder und Gelenke |
| 93. Hobbys | kreative Tätigkeiten | Leistungssport oder Wettkämpfe | Faulenzen, ruhige Tätigkeiten, Lesen |
| 94. Schwimmen | weniger gern | sehr gern | ungern |
| 95. Sonnen | gern | ungern | sehr gern |
| 96. Ich liebe dieses Wetter | warm und sonnig, es kann auch warm-feucht sein | kühle, klare Tage, auch leichten Wind | warm und trocken |

| Merkmale | Lung | Tripa | Bäken |
|---|---|---|---|
| 97. Ich hasse dieses Wetter | eiskalten Wind | starke Hitze | kaltes, neblig-feuchtes Wetter |
| 98. Verhalten in den Bergen | wandere gern, bin oft unzweck-mäßig ausge-rüstet | erklimme ziel-strebig den Gipfel | erkunde die Berghütten |
| 99. am Meer | schwimme, sonne mich, plaudere | surfe, will Action | plansche, sammle Muscheln |
| 100. im Wald | philosophiere über die Natur | suche Tierspuren, erobere den Wald | liege auf der Lich-tung und träume sammle Tannen-zapfen |

Nach einer Originalvorlage von Dr. Kalsang Shak

\* Um diese Frage beantworten zu können, gehen Sie bitte wie folgt vor: Trinken Sie tagsüber genau so viel Flüssigkeit, dass Sie in der Nacht nicht aufstehen müssen, um etwas zu trinken. Am nächsten Morgen haben Sie dann den Urin für Ihre Diagnose.

## Auswertung

Sie haben alle Fragen beantwortet? Dann zählen Sie die ange-kreuzten Punkte in jeder der drei Kategorien zusammen. Als Ergebnis müssten Sie drei Zahlenwerte erhalten, die zu-sammengezählt genau 100 ergeben – zum Beispiel 16 Lung, 35 Tripa, 49 Bäken.

Diese Werte sagen aus, wie die drei Energien Lung, Tripa und Bäken in Ihnen verteilt sind. Daraus ergibt sich Ihr Typ.

## Grundtyp, Mischtyp oder Dreier-Kombination?

Wenn Sie in einer Rubrik über 60 Punkte erzielt haben, sind Sie ein Grundtyp. Das bedeutet: Bei Ihnen dominiert deutlich eine Energie. Es gibt drei Grundtypen:

- ☉ Liegt Ihre höchste Punktezahl in der Lung-Sparte, sind Sie eine *Elfennatur.*
- ☉ Haben Sie über 60 Punkte in der Kategorie Tripa, sind Sie eine *Königsnatur.*
- ☉ Bei den meisten Punkten in der Kategorie Bäken entspre-chen Sie der *Friedlichen Persönlichkeit.*

Mit höchstens 60 Punkten in einer der drei Rubriken gehören Sie zu den Mischtypen. Ihre Persönlichkeit wird damit von zwei Energien beherrscht, während die dritte Energie unter-repräsentiert ist. Man unterscheidet zwischen drei Misch-typen:

- ☉ Hohe Zahlenwerte bei Lung und Tripa bedeuten: Sie sind der *Impulsive Typ.*
- ☉ Eine überwiegende Punktezahl bei Lung und Bäken heißt: Sie gehören zur *Nachdenklichen Persönlichkeit.*
- ☉ Haben Sie die höchsten Werte bei Tripa und Bäken, sind Sie ein *Souveräner Typ.*

Liegen bei Ihnen alle drei Zahlenwerte bei höchstens 40 Punkten und mindestens 30 Punkten, sind Sie eine Dreier-Kombination: Beim *Glücklichen Naturell* sind alle drei Ener-gien fast gleich stark ausgeprägt.

## Typische Beispiele

Sie haben die drei Zahlenwerte 58 Lung, 32 Tripa, 10 Bäken erreicht. Damit sind Sie eine *Impulsive Persönlichkeit*.

Bei den Ergebnissen 18 Lung, 46 Tripa, 36 Bäken sind Sie ein *Souveräner Typ*.

Haben Sie 31 Lung, 34 Tripa, 35 Bäken erreicht, sind Sie ein *Glückliches Naturell*.

## Untypische Beispiele

Manche Menschen erhalten Zahlenwerte, die nicht eindeutig einzuordnen sind – etwa 46 Lung, 26 Tripa, 28 Bäken. Rein rechnerisch liegt hier zwar ein *Nachdenklicher Typ* vor (Mischtyp aus Lung und Bäken), aber die Grundidee des Mischtyps, dass zwei Energien dominieren müssen, stimmt nicht. Stattdessen besitzt dieser Mensch eine Hauptenergie und zwei untergeordnete Energien. Wenn Sie ein solches untypisches Ergebnis erzielen, gehen Sie bitte die Checkliste in einer ruhigen Stunde noch einmal durch, am besten zusammen mit einer Person, die Sie sehr gut kennt. Ist nach dem zweiten Durchgang immer noch keine eindeutige Dominanz einer zweiten Energie zu erkennen, geht die tibetische Harmonielehre davon aus, dass Sie Ihr zweites Energieprinzip noch nicht genügend ausleben. Um bei unserem Beispiel am Beginn des Absatzes zu bleiben: In diesem Fall sollten Sie sich Ihrer Bäken-Energie stärker bewusst werden. Lesen Sie hierzu bitte die Persönlichkeitsbeschreibung der Friedlichen Persönlichkeit (Grundtyp Bäken, Seite 95) und überlegen Sie, wie Sie deren positive Eigenschaften stärker in Ihr Leben integrieren können.

## Kann man im Laufe des Lebens ein anderer Typ werden?

Nein. Unsere Konstitution steht ab dem Zeitpunkt der Geburt fest und bleibt ein Leben lang gleich. Trotzdem kann es passieren, dass Sie die 100 Fragen dieser Checkliste immer wieder unterschiedlich beantworten. Wenn Sie dadurch zu verschiedenen Ergebnissen kommen, heißt das aber nicht, dass Ihr Typ sich verändert hat. Wahrscheinlich sind Ihre Selbstwahrnehmung und Ihr Verhalten anders geworden. Der Grund ist folgender: Wenn es uns gut geht und unsere Energien harmonisch fließen, treten andere Persönlichkeitsmerkmale in den Vordergrund als im unharmonischen Zustand. Jeder von uns kennt das: Ist man im Stress, reagiert man anders, als wenn man gerade aus dem Urlaub zurückkommt. Ein Impulsiver Typ zum Beispiel, der gerade in einer Lebenskrise steckt, kann sich als labil und unberechenbar empfinden. Lebt er jedoch in geregelten, klar strukturierten Verhältnissen, kreuzt er die entsprechenden Merkmale sicher nicht an.

Wenn Sie den Checktest also öfter machen und feststellen, dass die drei Zahlenwerte immer wieder etwas anders ausfallen, ist das ganz normal. Unsere drei Energien sind nun mal immer in Bewegung – wie das Leben selbst.

## Verändern Krankheit und Schicksalsschläge den Typ?

Auch hier lautet die Antwort: Nein. Selbst wenn Sie durch eine Krankheit deutlich zu- oder abgenommen haben, wenn sich Ihr Äußeres durch Medikamente verändert hat (z. B. Hautbeschaffenheit oder Haardichte) oder wenn Ihre Persönlichkeit nach einem schweren menschlichen Verlust eine andere geworden ist, bleibt Ihre Grundkonstitution trotzdem bestehen.

Ein Beispiel: Sie sind ein zart gebauter, nachdenklicher Typ. Doch während einer Krise nehmen Sie deutlich an Gewicht zu. Ein tibetischer Arzt würde sagen, dass Sie unter einer Bä-ken-Disharmonie leiden. Ihre Bäken-Energie weist also Stö-rungen und entsprechende Symptome auf. Hier handelt es sich aber um eine Krankheit und nicht um eine Veränderung der grundsätzlichen Konstitution.

# Informationen und Adressen

**Zu Kapitel II**
**Der Elfentyp und der Impulsive Typ als Paar**
In der Fallgeschichte zwischen Elfentyp Anabel und impulsivem Typ Winfried wird ein Seminar zum Familienstellen nach Bert Hellinger erwähnt.
Ein empfehlenswerter Therapeut, der nach dieser Methode arbeitet, ist Karl Heinz Kohler, Wiesenstr. 61/1, 79312 Emmendingen, Tel.: 07641–47580, Fax: 07641–932372. Karl Heinz Kohler veranstaltet regelmäßig Seminare in München. Anmeldungen hierfür nimmt Ute Pappenberger, Tel.: 089–27371129, entgegen.

**Zu Kapitel V**
**Die Persönlichkeit des Impulsiven Typs –**
**Koordination der beiden Gehirnhälften**
Eine Möglichkeit, die Koordination der rechten und linken Gehirnhälfte zu verbessern, bietet die speziell zu diesem Zweck entwickelte CD «Blaues Licht» des Münchner Gehirnforschers Michael Pahl. Die auf verschiedene Stufen aufgebaute Entspannungsmusik wird zusammen mit speziellen 3-D-Kopfhörern angeboten, die das Gefühl räumlichen Hörens vermitteln. Während des Musikhörens werden beide Gehirnhälften eingeschaltet. Man kann dabei malen oder sich einfach nur entspannen und innere Bilder entstehen lassen. Zur Steigerung der Kreativität empfiehlt Michael Pahl, die Musik ein- bis zweimal die Woche zu hören. Die CD «Blaues Licht» kostet 35,– Mark und die dazugehörigen 3-D-Kopfhörer 149,– Mark. Zu bestellen bei Blue Liners Institut für angewandte Bewusstseinsforschung, Am Birkicht 12 A, 81827 München, Tel./Fax: 089/4311359.

## Wenn der Impulsive Typ aus der Balance gerät
### Achtsamkeit

Stressbewältigungskurse in der Achtsamkeitsmethode nach Jon Kabat-Zinn kann man in Deutschland über Ulrike Kesper-Grossmann machen: Breathingspace, Institut für Yoga, Meditation und Gesundheit, Tel.: 0761–707-1788, Fax: -1782, E-Mail: breathspace@hotmail.com

Das amerikanische Institut von Jon Kabat-Zinn: Center for Mindfulness, University of Massachusetts Memorial Medical Center, 55 Lake Avenue North, Worcester, Massachusetts 01655, USA, Tel.: 001–508–856-5849, Fax: -1977, Website: www.Umassmed.edu/cfm

### Lachclubs

Adressen von Lachclubs in Wohnortnähe über
Kirche des Humors, c/o Harlekin, Wandersmannstr. 39, 65205 Wiesbaden-Erbenheim, Tel.: 0611–74001, Fax: 0611–711406
Über dieselbe Adresse ist auch das Buch «LACHmal-Dokumentation der Lachbewegung in Deutschland», Wiesbaden 1999 zu bestellen.
Weiterführende Literatur:
Branko Bokun; Wer lacht, lebt, Emotionale Intelligenz und gelassene Reife, Ariston Verlag, 1996

## Zu Kapitel VI
## Wenn der Nachdenkliche Typ aus der Balance gerät
### Strukturelle Körpertherapie

In Deutschland und Österreich arbeiten inzwischen etwa 100 Therapeuten nach dieser Methode. Eine Sitzung kostet zwischen 120 und 180 Mark. Private Versicherungen erstatten die Kosten im Rahmen der Heilpraktikertarife, gesetzliche Kassen zahlen nicht.

Adressen in der Nähe Ihres Wohnorts erhalten Sie über das Institut für Strukturelle Körpertherapie, Jagdstr. 12, 90419 Nürnberg, Tel.: 0911–536165, Fax: 0911–3937952 oder übers Internet unter www.strukturellekoerpertherapie.de

## Energieübertragung

Nähere Informationen zum Thema generell beim Dachverband Geistiges Heilen (DGH), Steigerweg 55, 69115 Heidelberg, Internet: www.dgh-ev.de (Behandlerliste, Kriterien für seriöse Heiler, Telefonliste für kostenlose telefonische Beratungen)

Spezielle Methoden der Energieübertragung:
Healing Touch Deutschland, Neisseweg 13, 85521 Ottobrunn, Tel./Fax: 089–6091610, E-Mail: ihenergy@mindspring.com oder sieglinde.bader@t-online.de, Internet: www.healing-touch.net

Deutsches Institut für Therapeutic Touch, Sabine Dietrich, Herchenbachstr. 11, 51491 Overrath, Tel./Fax: 02206–3944.

Flying Light – Akademie für Farb- und Körpertherapie, Hünistr. 1/1, 88046 Friedrichshafen, Tel./Fax: 07541–32123

Zum Einlesen: Dr. Harald Wiesendanger: Geistiges Heilen für eine neue Zeit, Kösel, DM 49,90

## Informationen über tibetische Medizin

Wenn Sie mehr über die tibetische Gesundheitslehre erfahren wollen oder wenn Sie einen Termin für typgemäße Lebens- und Gesundheitsberatung bei einem tibetischen Arzt wünschen, wenden Sie sich bitte an eine der folgenden Adressen:

Tibet-Kailash-Haus, Wallstr. 8, 79098 Freiburg i. Br., Tel.: 0761−66814, Fax: 0761−66813, www.kailash-institut.de
Unter dieser Adresse sind vereint:

○ Tibet. Förderkreis e.V.: Vorträge, buddhistische Gesprächskreise, Studienreisen nach Indien, Tibet, Nepal, Bhutan
○ Kailash-Institut für traditionelle tibetische Medizin: Einführungsseminare über tibetische Medizin, außerdem pulsdiagnostische Beratungen durch tibetische Ärzte.

DANA e.V. Gesellschaft zur Erhaltung tibetischer Kultur und Medizin, Rheinstr. 5, 80803 München, Tel.: 089−36105000 (11 bis 23 Uhr), Fax: 089−339596.
Der Verein unterstützt das Tibetische Medizininstitut Men Tsee Khang in Dharamsala und vermittelt Behandlungstermine bei tibetischen Ärzten.

Institut für Ost-West-Medizin
Deutsche Sektion des New Yuthok Institute for Tibetan Medicine in Milano
Praxis Dr. Walburg Maric-Oehler, Louisenstr. 15−17/Löwengasse 1, 61348 Bad Homburg, Tel.: 06172−21038, Fax: 06172−690441, E-Mail: maric-oehler.daegfa@t-online.de
Vorträge über tibetische Medizin und regelmäßige Konsultationen in tibetischer Medizin im Rahmen eines Ausbildungsprogramms für Ärzte. Dozent: Prof. Pasung Yonten Arya

Thomas Dunkenberger, Schwesternstr. 6, 87733 Markt Rettenbach
Einziger Heilpraktiker Deutschlands, der seine Patienten auf der Basis tibetischer Medizin berät und behandelt. Vorträge und Seminare über tibetische Medizin

Matthias Steurich, Im Oberndorf 1, 79292 Pfaffenweiler, Tel./Fax: 07664-60966, E-Mail: Matthias.Steurich@gmx.de Seminare über Tibetischen Heilyoga Kum Nye und Übungs-CD «Wache Stille», DM 42,–

In der Schweiz
Padma AG, Wiesenstr. 5, CH-8603 Schwerzenbach, Tel.: 0041-1-8870000, Fax: 0041-1-8870099.
Informationen über Tibetische Medizin und Heilmittel, speziell über die Präparate Padma 28, Padma Lax und die Padma-Tees

Praxiszentrum östlicher Naturheilverfahren Dr. Kalsang Shak, Arbachstr. 56, CH-6340 Baar, Tel./Fax: 0041-417608135, Tibetische Gesundheitsberatung, Seminare über tibetische Medizin und Buddhismus

Healing Jewel, c/o Antonia-Dechen Strub-Tusch, Hintere Grundstrasse 2, CH-8320 Fehraltorf, E-Mail: antonia-dechen@healing-jewel.ch, Website: www.healing-jewel.ch
Lebensberatung auf der Basis buddhistischer Philosophie und westlicher Psychologie, Training in der Gyu.Lam.Dol-. Methode

In Österreich
Wissenschaftliche Gesellschaft zur Förderung der Tibetischen Medizin, Thurngasse 8/16, AT-1090 Wien, Tel.: 0043-1-31943770, Fax: 0043-1-319437720, www.tibetischemedizin.org

In Italien
The New YuthokInstitute for Tibetan Medicine, Prof. Dr. Pasung Yonten Arya, Viale Spagna 77, Sesto San Giovanni, I-20099 Milano, Tel./Fax: 0039-02-2536266

In Holland
Das NSTG, die Niederländische Stiftung für Tibetische Medizin, unterhält zwei Zentren für Tibetische Medizin, in denen tibetische Ärzte beraten und behandeln: in Emst, eine halbe Stunde von Emmerich (Deutschland) entfernt, und in Amsterdam. Allgemeine Informationen und Beratungstermine für beide Zentren von Montag bis Donnerstag 10 bis 13 Uhr unter der Telefonnummer 0031–578–620030. Schriftliche Anfragen an das NSTG, Postbus 219, 8160 AE Epe, Holland.

In Indien
Tibetan Medical & Astro Institute, (Men-Tsee-Khang), Gangchen Kyishong, Dharamsala 176215, Himachal Pradesh/India, Tel.: 0091–1892–23113 oder 22618, Fax: 0091–1892–24116
Das vom Dalai-Lama gegründete Medizininstitut ist der offizielle Sitz Tibetischer Medizin außerhalb Tibets. Es hat 38 Zweigstellen in Indien, zwei in Nepal.

Dr. Namgyal Qusar, Qusar Tibetan Healing Centre, Nähe Norbulingka Institute, P. O. Sidhpur-176057, Dharamsala, (H.P.) Indien, Tel.: 0091–1892–28260, E-Mail: nqusar @yahoo.co.uk
Der tibetische Arzt Dr. Qusar hat in seinem Medizininstitut eine ambulante Praxis eingerichtet, in der er Patienten aus allen Ländern der Welt nach den Regeln der Tibetischen Medizin behandelt. Außerdem hält er Vorträge und veranstaltet Seminare. Wie alle tibetischen Ärzte ermittelt Dr. Qusar bei seinen Patienten den Konstitutionstyp per Pulsdiagnose und macht Beratungen zu Ernährung und Lebensstil.

## Bücher über die tibetische Gesundheitslehre

Badmajeff, Wladimir: Lung Tripa Bäken. Fabri, Ulm 1994

Choedrak, Tenzin: Ganzheitlich leben und heilen. Herder, Freiburg i. Br., 1994

Clark, Barry Dr. (Hrsg.): Die Tibeter-Medizin. O. W. Barth, Scherz Verlag Bern, München, Wien, 1. Aufl. 1997

Dalai Lama: Die Essenz der Meditation, Ansata, München 2001

Donden, Yeshi: Tibetisches Heilwissen. Herder, Freiburg i. Br. 1998

Dunkenberger, Thomas: Das tibetische Heilbuch. Windpferd, Aitrang 1999

Pfeffer, Wilfried: Vision Tibet. Hans-Nietsch, Freiburg i. Br. 1998

Qusar, Namgyal Dr.; Sergent, Jean-Claude: Tibetische Medizin und Ernährung. Droemersche Verlagsanstalt Th. Knaur Nachf., München 1997

Reichle, Franz (Hrsg.): Das Wissen vom Heilen. Paul Haupt, Bern, Stuttgart, Wien 1997

Samel, Gerti: Die sieben Tibeterinnen. Wunderlich, Reinbek 2001

Tibetische Medizin. Mosaik, München 1998

Sogyal Rinpoche: Das Tibetische Buch vom Leben und vom Sterben. O. W. Barth, Scherz, Bern, München, Wien, 21. Aufl. 1998

Steurich, Matthias: Tibetisches Heilyoga – Kum Nye. Herder, Freiburg i. Br. 1999

Tarthang Tulku: Selbstheilung durch Entspannung. O. W. Barth, Scherz, Bern, München, 10. Aufl. 1995

© Euno Kapitza

**Gerti Samel** ist Mitbegründerin der Zeitschrift «Cosmopolitan» und leitet dort das Ressort Medizin, Wellness und Ernährung.
Für ihr erstes Buch «Die sieben Tibeterinnen» (Wunderlich) hat sie die tibetische Typenlehre weiterentwickelt und auf die Bedürfnisse westlicher Leser nach Wellness und Gesundheit abgestimmt. In «Die sieben Gesetze des Glücks» wendet sie ihr Wissen auf Charakter und Seele an. Über das tibetische Heilsystem recherchierte Gerti Samel jahrelang.

*Gerti Samel*

**Die sieben Tibeterinnen**

Das Geheimnis der Lebenslust

272 Seiten, gebunden

## Diese Typenlehre wird Ihr Leben verändern

Eine liebevolle Beziehung, den richtigen Job und Gesundheit
– wer wünscht sich das nicht? Von den «Sieben Tibeterinnen»
lernen wir, das Leben unserem Typ entsprechend zu gestalten
und so rundum zufriedener zu werden.

*Wunderlich*

# Die Musik zu den Sieben Tibeterinnen

Musik wirkt auf unser gesamtes Befinden, meist viel stärker, als uns bewusst ist. Deshalb setzt die tibetische Medizin Musik sehr gezielt zur Harmonisierung der Energien ein. Und unsere westliche Medizin zieht inzwischen nach – mit immer neuen Forschungsergebnissen. Die drei Musik-CDs stimmen sich auf jeweils eine der Grundenergien Lung, Tripa und Bäken ein. Die luftige Lung-Energie wird durch Mantren und Lieder ins Herz gebracht, die feurige Tripa durch meditatives Hören auf Mitgefühl eingestimmt, die zufriedene Bäken etwas aus dem Schlaf gerüttelt, z. B. durch starke Rhythmen und überraschende Wendungen. Doch auf allen CDs führt die Musik zur Mitte, zum Herzzentrum. Von dort geschieht das Ausbalancieren, wie es für jeden gerade jetzt richtig ist.

## Die Musiker

Einige der bekanntesten westlichen Meditationsmusiker bringen ihre musikalisch umgesetzten Erfahrungen ein:
Deva Premal & Miten, Deuter, James Asher, Prem Joshua, Karunesh, Opera to Relax u. a.
TIBETAN SECRETS: THE FLOW OF LOVE

**Lung – Relaxing into the Heart**
Bestell-Nr. CD 33136
EAN: 4036067331364

**Tripa – Being in Compassion**
Bestell-Nr. CD 33137
EAN: 4036067331371

**Bäken – Dancing
with Inspiration**
Bestell-Nr. CD 33138
EAN: 4036067331388

Alle CDs erscheinen ab
Mitte November 2001
bei Medial/Silenzio